线装中华国粹

商君书·慎子·邓析子

（战国）商鞅
（战国）慎到
（春秋）邓析◎著
田国梁◎译注

二十一世纪出版社集团
21st Century Publishing Group
全国百佳出版社

前言

本书收录了先秦三部法家名著，分别是《商君书》《慎子》《邓析子》。其中《邓析子》一书，《汉书·艺文志》《旧唐书·经籍志》《新唐书·艺文志》等都将其列为名家之作，但今本《邓析子》的内容展现出极其明显的法家思想的倾向，因此《四库全书》将其改列为法家之作。

一

《商君书》，又称《商子》，为中国战国法家人物商鞅及其后学的著作汇编，是法家学派的代表作之一。商鞅（前395—前338），是卫国国君的后裔，姬姓，故称为卫鞅，又称公孙鞅。后因在河西之战中为秦国立下大功，获封于商15邑，号为商君，故又称商鞅。商鞅早年学习法家、兵家、杂家思想，后侍奉魏国国相公叔痤任中庶子，秦孝公在秦国国内颁布求贤令后由魏入秦，通过变法改革将秦国改造成富裕强大之国，史称“商鞅变法”。政治上，商鞅改革了秦国的户籍、法律、军功爵位、土地制度、行政区划、税收、度量衡以及民风民俗；经济上，商鞅主张重农抑商、奖励耕织；军事上，商鞅作为统帅率军收复了河西地区（今山西、陕西两省间黄河南段以西地区）部分失地。然而，商鞅在变法改革过程中严重损害了旧贵族的利益，招致了旧贵族的怨恨，商鞅本人也遭到旧贵族势力的报复，最终身亡。

《商君书》在《汉书》中录有29篇，但现在仅存24篇（另有2篇有目无文）。其中有些篇所述史实在商鞅死后，说明部分篇目并不是商鞅本人所作，但书中保留了商鞅法家思想遗著，并记录了商鞅的言行，约为战国末年商鞅后学编成。

关于《商君书》的作者，学术界颇有争论。第一种意见认为《商君书》基本是伪书，持这种看法的有郭沫若、黄云眉、顾实、刘汝霖等。第二种意见是基本肯定《商君书》的作者是商鞅，持这种看法的人除史志的编著者外，还有吕思勉、谭献等人。第三种意见认为《商君书》是商鞅遗著与其他法家遗著的合编，即此书非一人所作，也非写于一时，持这种看法的有高亨等人。也有人认为前两种意见有些牵强，第三种意见有一定道理。《韩非子·五蠹》曰："今境内之民皆言治，藏商、管之法者家有之。"这说明商鞅确著有此书。《韩非子·内储说上七术》引公孙鞅"行刑重其轻者。轻者不至，重者不来。是谓以刑去刑"之语，这与《商君书》中《靳令》篇、《说民》篇文字大致相同。司马迁在《史记·商君列传》最后说："余尝读商君开塞耕战书，与其人行事相类。"《商君书》正好有《开塞》篇、《农战》篇，这说明韩非和司马迁所见到的商鞅著作，基本都在此书之中。但此书在后人编纂或流传过程中，掺入了一些其他法家的言论，这是不可避免的。

《商君书》文字虽然不多，但内容庞杂，其中涉及经济、政治、军事、法治等诸多重大问题，可谓洋洋大观。其侧重记载了法家革新变法、重农重战、重刑少赏、排斥儒术等言论，主要反映了法家的政治思想。

《商君书》主要记载了商鞅的变法理论和具体措施。《开塞》篇提出了社会发展的四个阶段："上世亲亲而爱私，中世上贤而说仁，下世贵贵而尊官，今世强国事兼并，弱国务力守。"所以，商鞅认为，在当今之世，首要的任务是生存，但要生存就必须增强国力，实行"以力服人"的"霸道"，而不能实行儒家主张的"王道"。所以商鞅提出了"不法古，不循今"的主张，即变法要根据现在的具体情况，不能再守旧。

在具体措施上，商鞅主张：第一，加强君权，建立赏罚严明的法治制度，即"一赏""一刑""一教"。"一赏"就是统一赏赐的标准，只能给在农耕和作战中立功的人。"一刑"就是处罚不分等级，不照顾贵族特权，不随意赦免。正如商鞅总结前人教训时所说：“法之不行，自上犯之。”“一教”就是不能让道德教化替代国家法度，凌驾于国家法令之上，全国上下只能以国家法令的是非为标准。商鞅还认为儒家的“礼、乐，《诗》《书》，修善、孝弟，诚信、贞廉，仁、义，非兵、羞战”是“六虱”，反对根据这六种情况授予官职。第二，奖励军功，提倡耕战，取消贵族的世袭特权。商鞅认为，人都有“好利恶害”的本性，他解释说：“民之性，饥而求食，劳而求逸，苦则索乐，辱则求荣。”所以国家就可以利用这种本性，用奖赏的方法激励百姓努力生产，作战时努力杀敌。同时，取消没有军功的贵族特权。第三，推行法治要重视法治、信用和权势。执法要公平，要讲究信用，即使官员贵族犯罪也要处罚。为了加强君主的权势，必须尊君。第四，治理国家要用重刑，商鞅称为“以刑去刑”。他认为“行刑重其轻者，轻者不至，则重者无从至矣”，即对轻罪严厉处罚，人们因为害怕受罚而不敢犯法，从而就轻罪、重罪都能在很大程度上得以杜绝，杜绝了犯罪也就从客观上实现了避免刑罚的使用，即“去刑”，也最终实现了商鞅“法者所以爱民也”的法治理想。

《商君书》的校释，比较著名的有清代严可均校本，民国时期的王时润《商君书校诠》、朱师辙《商君书解诂定本》、蒋礼鸿《商君书锥指》、高亨《商君书注译》等，诸书在原文版本以及译注方面均有不同，这主要是和《商君书》原文本身文字的晦涩难懂以及长时间的流传过程导致的错漏、遗误有关。此本《商君书》的译注，译者未单独采用某一版本的校释，而是通过在各版本校释的比对，根据不同部分的不同内容，灵活依据较为合理的版本内容进行译注，力求还原《商君书》原著的真实面貌。也希望读者能在阅读中进行分析和思考，对译注的不足之处多多指正。

二

《慎子》是战国后期法家代表人物慎到的著作。慎到虽是赵国邯郸人，但主要活动地域却在齐国。齐宣王时，慎到长期在稷下讲学，是稷下学宫最具影响力的学者之一。至齐湣王末年，燕合五国联军伐齐，攻破齐都临淄，愍王出逃，稷下恐在战乱中为燕军所烧，慎到大约于此时离开齐国。之后慎到去向未定。一说慎子后赴楚国，为楚襄王太傅，曾为楚襄王献计应付齐国索地。但也有学者认为此慎子与慎到非一人。

与商鞅的主张相比，慎到的主张偏向于理论性，这与他们的个人经历有关，毕竟慎到自始至终只是在稷下讲学，而商鞅则曾掌一国之政。

慎到主张依法治国，即“民一于君，事断于法”，百姓、百官听从于君主的政令，而君主在做事时必须完全依法行事。在君主具体执法的过程中，慎到提倡法治，做到公平执法，反对人治。主张立法要为公，反对立法为私。他认为法治比人治优越，甚至说不好的法律也比没有法律好。

在治国方面，慎到还提倡重“势”和“无为而治”。重“势”是为了重视法律，君主只有掌握了权势，才能保证法律的执行。慎到的“无为而治”，即主张国君不要去做具体工作，具体工作应在“事断于法”的前提下，尽量让臣下去做，以调动臣下的积极性，发挥他们的才能。慎子还强调，如果国君刻意亲力亲为，不但做不好事，还有可能激化君臣矛盾。

在先秦的法家代表人物中，慎到、申不害和商鞅分别重视“势”“术”“法”，但都是在提倡法治的基础上提出的不同观点。“势”主要指权势，慎到认为，君主如果要实行法治，就必须重视权势，这样才能令行禁止。慎到把国家职能规范化，用规范的形式体现和保证统治阶级的利益，无疑是杰出的思想。慎到的法治思想有重要的理论价值：其一，他论述了君主与国家的关系，指出君主仅仅是国家职能的执行者，是法的工具；其二，他把国家职能规范化，使治理国家的方法由神秘转向公开，是中国行政管理学的一个创举。慎到的势、法、术互相制约、互相补充。尚法是处于中心地位的思想；而法之行，赖于统治者的威势；有威势，始能令行禁止，而达于至治。重势之说为韩非吸收继承。慎到的学说对稍后的法家具有启蒙的意义，也可以说是法家的开创者。

《慎子》本有42篇，一说10卷，一说1卷，宋代亡佚后的残本《慎子》仅存《威德》《因循》《民杂》《德立》《君人》5篇。5篇本《慎子》于明朝极为盛行。清代时，《群书治要》在日本被发现，严可均据《群书治要》新辑出2篇，即《知忠》与《君臣》，故今存《慎子》共7篇。

现流传下来的《慎子》版本主要有四个系统：明万历五年刊行的子汇本系统、《群书治要》本系统、元末明初陶宗仪编纂的说郛本系统和明朝万历年间的慎懋赏本系统。此外，《上海博物馆藏战国楚竹书（六）》中有《慎子曰恭俭》篇，经学者考证，确为慎子原作，但其文缺漏难解，学界对其校注尚未形成定论，编者不敢妄做点校，此情望读者周知。

《慎子》的注本，最早见于《群书治要》，为滕辅所注。慎懋赏本《慎子》虽被学者考证为伪作，但其中注文亦有可取之处，颇多卓见，对于理解内文有很大帮助。

本书原文、校注主要参考中华书局新编诸子集成续编《慎子集校集注》，此书以钱熙祚守山阁本为底本，并参考诸家版本及校注。饮水思源，敬意永驻，在此要特别感谢许富宏先生，并对前贤致以崇高敬意。本书注文除编者注释外，亦择滕辅、慎懋赏注之精到者而录之，读者可参考，帮助理解。《慎子》逸文以及存在疑问的逸文亦一并收录其中，读者自断。

三

《邓析子》是春秋时期思想家邓析的著作。邓析是春秋末年郑国人，曾任郑国大夫。他精通刑律，善于调处诉讼之事。邓析一生做过两件轰动天下的大事：一是私造“竹刑”，使法律不再由封建贵族独自掌握，而是走向了普通大众；二是助讼讲学，鼓励老百姓参政议政。

春秋时代，法律曾经完全是由贵族们独自掌握的“专利”，对平民百姓一直是秘而不宣的。子产当上郑国执政大臣后，以周朝的礼仪作为司法准据，“铸刑书于鼎，以为国之常法”，称为鼎刑。邓析成为郑国大夫后，反对以旧礼作为全社会的价值观念，要求摒弃旧制，进行刑法改革。他吸收了很多人的意见，私自拟定了一部新的法律条文，并把这些法律条文刻在竹简上，在民间传播，进行法治宣传，让人们学习和掌握法律，在守法的同时用法律保护自己的利益，受到群众的欢迎。人们称邓析私自拟定的法律为“竹刑”。邓析制定“竹刑”之举，揭开了法律的神秘面纱，促进了法律的传播，具有明显的历史进步性，使法律终于走向了大众。

邓析乐于为民讲理，他常常以自己的博学和雄辩，帮老百姓写诉状、打官司，是中国有史料记载的最早的讼师。帮人打官司，邓析约定按照案件的大小收费，大案件收取一件外衣，小案件收取一条短裤，类似今天的收费律师。当时，拿着外衣、短裤前来找邓析咨询诉讼者络绎不绝。据《吕氏春秋》记载，邓析代理的官司总是获胜，每场官司下来，“郑国大乱，民口欢哗”。

邓析还是个很有民主意识的人，他积极提倡平民百姓参政议政，引导群众用贴匿名帖的方法揭发当权贵族和大夫们的过失，议论国家的政事。邓析所为触犯了当权贵族们的利益，致使当权贵族们对邓析怀恨在心。当这种矛盾日益激烈时，邓析便惨遭杀身之祸。有一些当权贵族和大夫就跑到执政大臣驷歂那里说邓析的坏话，认为他只是“治怪说，玩奇辞”，把他称为“作伪之民”，驷歂视邓析为扰乱民心的祸首。前501年，为了维护当权贵族的利益，驷歂将邓析杀害，并展尸示众。然而，由于邓析的《竹刑》反映了当时社会的需要，驷歂“杀邓析而用其《竹刑》”，《竹刑》还是在郑国得到大力推行。

荀子评价邓析的思想曰：“不法先王，不是礼义；而好治怪说，玩绮辞。甚察而不惠，辩而无用，多事而寡功，不可以为治纲纪。然而其持之有故，其言之成理，足以欺惑愚众。是惠施、邓析也。”刘向《邓析子书录》又评曰：“邓析者，郑人也，好形名，操两可之说，设无穷之辩……其论‘无厚’者，言之异同，与公孙龙同类。”此言邓析“好治怪说，玩绮辞”，又将他与惠施、公孙龙并列，显然是将他列为名家人物的。《汉书·艺文志》亦将《邓析子》归于名家之列。名家以辩论名实问题为中心，并以善辩成名，邓析的事迹和某些思想确实与名家相合。

邓析的一个重要思想，就是“两可说”。在正统观点看来，这是一种“以非为是，以是为非，是非无度”的诡辩论，简单地说，就是模棱两可、混淆是非的理论。《吕氏春秋》记载了这样一个故事：洧水发了大水，淹死了郑国富户家的一员。尸体被别人打捞起来，富户的家人要求赎回。然而捞到尸体的人要价太高，富户的家人不愿接受，他们找邓析出主意。邓析说：“不用着急，除你之外，他还会卖给谁？”捞到尸体的人等得急了，也去找邓析要主意。邓析却回答：“不要着急，他不从你这里买，还能从谁那里买？”从这个故事来看，邓析对买卖尸体双方所说的话，确实有一点诡辩的嫌疑，但是，邓析在这件事情中只是一个中立者，所以他没有义务和责任一定要站在某一方的立场上说话。而且，得尸者和赎尸者各有正当的理由，邓析也没有理由偏袒任何一方。因此，双方在向邓析咨询的时候，他就只能为对方出有利于其权益的主意。邓析的回答都是正确的，而且反映出他已经具有了相当完整的朴素辨证观念。在邓析看来，辩论必须根据实际情况，不能任意胡说，否则就会带来祸患，特别是辩论必须要遵循一定的标准，所以“两可”虽然不失为一种辩说方法，但不可滥用。

然而，今本《邓析子》全篇都未见“两可说”，其开篇即申论“无厚”，但这个“无厚”与作为名家论题的“无厚”并不相干。今本《邓析子》第二篇以“转辞”为篇名，但其对辞义辨析的属意仅见于极少的文字，而且即使这类文字也并非从名家所取“两可”或“无厚”的角度说起。纵观今本《邓析子》，多为“法”、“术”、“势”张目，而“法”、“术”、“势”只是在战国时才渐次为法家人物所看重而成为这一思想流派最具代表性的观念。

经过考据，学界普遍认为著录于《汉书·艺文志》的古本《邓析子》当是名家、法家思想酝酿而至于滥觞时期的著述，其学说之大端当有二：一为“两可之说”，二为“无厚”之谈。而今本

《邓析子》非至战国晚期法家理论既臻成熟之后不可为。古本《邓析子》的散佚和今本《邓析子》的出现都在汉末至隋初这一时期，隋之后世传的《邓析子》即今颇有伪书之议的今本《邓析子》。《汉书·艺文志》将古本《邓析子》列为名家之作是恰当的，而《四库全书》以今本《邓析子》“于法家为近”而将其列为法家之作也是恰当的。鉴于今本《邓析子》的思想内涵及邓析在普法方面的贡献，此处将今本《邓析子》与《商君书》《慎子》相提并论，合为一册。

本书注译广泛借鉴了中华书局全本全译丛书之《公孙龙子》外三种中的《邓析子》。该书以清人钱熙祚辑《指海》本为底本，参校以江南图书馆藏之明初刊本、《百子全书》本与《意林》《艺文类聚》《太平御览》所辑之相关文字，以及王启湘、王恺銮、马叙伦诸家之校注。特此致谢先贤。

目录

contents

慎子

邓析子

商君书

更法[①]第一

孝公平画[②]，公孙鞅、甘龙、杜挚三大夫御于君[③]。虑世事之变，讨正法之本[④]，求使[⑤]民之道。

注释

①更法：变法。

②孝公：战国时秦国国君，秦献公之子，嬴姓，名渠梁。平画：即议定国家大计。平：通“评”，评议。画：通“划”，计划，谋划。

③公孙鞅：即商鞅。他是卫国国君的后裔，姬姓，公孙氏，故又称卫鞅、公孙鞅。甘龙：秦国世族名臣，变法反对派。杜挚：秦国守旧派代表，官拜左司空。御：侍奉。

④正：使……正，即整饰，改革。法：制度。

⑤使：治理，统治。

译文

秦孝公议定国事，召公孙鞅、甘龙、杜挚三位大夫到御前商议，分析时事的变化，探讨改革国家制度的根本方法和治理百姓的途径。

君曰：“代立[①]不忘社稷，君之道也；错法务明主长[②]，臣之行也。今吾欲变法以治，更礼以教百姓，恐天下之议我也。”

注释

①代立：君主接替君位，新君登基。

②错法：建立推行法令。错：通“措”，即施行。明：阐扬，光显。主长：即君上。云梦秦简中曾有：“臣邦人不安其主长而欲去夏者，勿许。”

译文

秦孝公说：“继承先人做了国君而不忘记国家，这是国君应当奉行的原则。在施行法令的过程中必须要凸显国君，这是做臣子的准则。现在我想要通过变法来治理国家，通过改变礼制来教化百姓，却又担心天下人非议我。”

公孙鞅曰：“臣闻之，疑行无成，疑事无功①。君亟②定变法之虑，殆无顾天下之议之也③。且夫有高人之行者，固见负于世④；有独知之虑者，必见骜⑤于民。语曰：‘愚者暗⑥于成事，知⑦者见于未萌。民不可与虑始，而可与乐成。’郭偃⑧之法曰：‘论至德者，不和于俗；成大功者，不谋于众。’法者，所以爱民也；礼者，所以便事也。是以圣人苟可以强国，不法其故；苟可以利民，不循其礼。”

孝公曰：“善！”

注释

①“疑行无成”两句：语出《战国策·赵策二》：“疑事无功，疑行无成。”疑行、疑事：即疑于行、疑于事，指做事犹豫不决。

②亟：急切，尽快。

③殆：语气副词，如《史记·赵世家》之“王既定负遗俗之

虑，殆无顾天下之议矣”。无：通“毋”，不要。

④固：本来。负：非议。

⑤骜：通“謷”，诋毁。

⑥暗：不清楚，不明了。

⑦知：通“智”。

⑧郭偃：晋文公时掌管卜筮之事的大臣，曾辅佐晋文公变法。

译文

公孙鞅说：“我听过这样一句话：行动迟疑不定就不会有什么成就，办事犹豫不决就不会有功效。国君应当尽快下定变法的决心，不要顾虑天下人的议论。何况比常人高明的人，本来就会被世俗非议，有独特见解的人也一定会遭到平常人的诋毁。俗语说：‘愚昧的人在事情办成之后还不明白是怎么回事，而有智慧的人却能先预测到那些还没有萌芽的事情。不必同普通人讨论怎么开始做一件事，与他们一起庆祝成功就可以了。’郭偃的办法就是：‘讲究崇高道德的人，不去附和那些世俗偏见；成就大事业的人，不去同其他人商量办法。’法度，是用来爱护百姓的；礼制，是为了方便办事的。所以圣明的人治理国家，如果能够使国家富强，就不会去遵照旧有的法度；如果能够有益于百姓，就不必去遵循旧的礼制。”

秦孝公说：“说得好！”

甘龙曰：“不然。臣闻之，圣人不易民而教[①]，知者不变法而治。因民而教者，不劳而功成；据法而治者，吏习而民安。今若变法，不循秦国之故，更礼以教民，臣恐天下之议君，愿孰察之[②]。”

注 释

①易：改变。民：民俗，习俗。

②孰：通“熟”，仔细，认真。察：考虑。

译 文

甘龙说：“不是这样的。臣听说这样一句话：圣明的人不会去改变百姓的旧习俗来施行教化，有智慧的人不会改变旧有的制度来治理国家。因袭民众旧有的习俗来实施教化，不用辛苦就能成就功业。根据旧有的制度来治理国家，官吏做起事来顺手，百姓也过得安宁。现在如果进行变法，不遵循秦国旧有的制度，要更改礼制教化百姓，臣担心天下人要非议国君了。希望您能认真考虑这件事。”

公孙鞅曰：“子之所言，世俗之言也。夫常人安于故习，学者溺①于所闻。此两者，所以居官而守法，非所与论于法之外也。三代不同礼而王②，五霸不同法而霸③。故知者作法，而愚者制④焉；贤者更礼，而不肖⑤者拘焉。拘礼之人，不足与言事；制法之人，不足与论变。君无疑矣。”

注 释

①溺：沉湎而无节制，此处指拘泥。

②三代：指夏、商、周三代。王（wàng）：作动词，指称王。

③五霸：战国人所谓“五霸”指的是齐桓公、晋文公、楚庄王、吴王阖闾、越王勾践。霸：作动词，指称霸。

④制：被控制，被制约。

⑤不肖：不贤，不才。

译文

公孙鞅说："您所说的这些话，是世俗的言论。平庸的人安于旧的习俗，读死书的人拘泥于所学的道理。这两类人，只适合做官守法，而不能和他们在现有制度之外讨论改革的事。夏、商、周三代的礼制各不相同却都能称王于天下，春秋五霸的制度并不一样却都能称霸诸侯。所以有智慧的人能创制新的制度，而愚蠢的人只能因制度而束手束脚；贤能的人变革礼制，而无能的人只能被礼制束缚。拘泥于旧礼制的人，不必同他商讨国家大事；被旧制度限制的人，不必同他讨论变法。国君就不要顾虑重重了。"

杜挚曰："臣闻之，利不百不变法，功不十不易器。臣闻，法古无过，循礼无邪①。君其图②之！"

注释

①邪：歪斜，此处指偏差。

②图：考虑。

译文

杜挚说："臣听说过，如果没有百倍的利益就不要改变制度，如果没有十倍的功效就不要更换使用工具。臣还听说，效法古代的制度不会有什么过错，遵循现有的礼制就不会有偏差。希望国君能对这件事仔细思考。"

公孙鞅曰："前世不同教①，何古之法？帝王不相复②，何礼之循？伏羲、神农教而不诛③，黄帝、尧、舜诛而不怒④，及至文、武⑤，各当⑥时而立法，因事而制礼。礼法以时而定，制令各顺其宜[⑦]，兵甲器备各便其用。臣故曰：治世不一道，便[⑧]国不必法古。汤、武之王也[⑨]，不循古而兴；殷、夏之灭也[⑩]，不易礼而亡。然则反古者未必可非，循礼者未足多是也[⑪]。君无疑矣。”

注　释

①教：政教。

②复：走旧的道路。

③伏羲、神农：皆属传说中的三皇。教：教化。诛：惩罚。

④黄帝、尧、舜：此三者皆属传说中的五帝之列。怒：通“孥”，动词，指一人犯罪，妻子和儿女连坐。

⑤文、武：指周文王和周武王。

⑥当：顺应，符合。

⑦宜：事宜。

⑧便：对……方便，引申为“对……有利”。

⑨汤：商汤，商朝开国君主。武：周武王。

⑩殷：即商朝。夏：夏朝。

⑪未足：算不得。是：动词，认为正确。

译　文

公孙鞅说：“以前的朝代政教各不相同，应该去效法哪个朝代的古法呢？帝王不相因袭，又应该遵循哪一种礼制呢？伏羲、神农施行教而不施行惩罚，黄帝、尧、舜施行惩罚而不株连妻子和儿女，到了周文王和周武王的时代，他们各自顺应时势而建立法度，根据具体情况制定礼制。礼制和法度都要根据当时的实际情况来制定，法律、命令都要顺应时代而制定，就像兵器、铠甲、器具、装备的制造都要方便使用。所以臣说：治理国家不是只有一种方式，只要对国家有利就不必效法古代。商汤、周武王称王于天下，并不是因为他们遵循古法才兴旺；殷朝和夏朝的灭亡，也不是因为他们更改旧的礼制才导致的。既然如此，违反旧的法度的人不一定就应当予以非议；遵循旧的礼制的人也不一定值得肯定。国君就不要对变法有疑虑了。”

孝公曰：“善！吾闻穷巷[①]多怪，曲学[②]多辩。愚者之笑，智者哀焉；狂夫之乐，贤者丧焉。拘世以议，寡人不之疑矣。”于是遂出垦草令[③]。

注　释

①穷巷：引申为“穷乡”。穷：偏僻。如《史记·平津侯主父列传》：“陈涉起穷巷，奋棘矜，偏袒大呼而天下从风，此其故何也？”

②曲学：偏颇浅陋的学说。

③垦草令：即开垦荒地的命令，秦孝公颁布的法令，内容是督促鼓励农民开垦荒地，详见下篇。

译　文

孝公说：“说得好。我听说从穷乡僻壤出来的人经常少见多怪，学识偏颇浅陋的人多喜欢诡辩。愚昧的人所讥笑的事，正是聪明人所感到悲哀的；狂妄的人高兴的事，正是有才能的人所担忧的。那些拘泥于世俗偏见的议论言辞，寡人不再因它们而疑惑了。”于是，孝公颁布了关于开垦荒地的命令。

垦令第二

无宿治[①]，则邪官[②]不及为私利于民，而百官之情不相稽[③]。百官之情不相稽，则农有余日[④]。邪官不及为私利于民，则农不败[⑤]。农不败而有余日，则草必垦矣。

注释

①宿治：指处理政务拖延。宿：留，拖延。

②邪官：居心不良的官员。

③情：事情，此处指政务。稽：延迟。

④余日：（从事农业生产的）空闲时间。

⑤败：毁坏，此处意指盘剥，利益受到损害。

译文

如果官员不存在拖延政务不办的情况，那么那些居心不良的官员就没有机会在百姓那里谋求私利，而且官员之间的政务也不会相互延误。假如官员之间的政务不相互延误，那么农民就会有充足的时间去从事农业生产。如果居心不良的官员没有机会在百姓中谋私利，那么农民就不会受到盘剥。农民不受到盘剥又有充足的时间去从事农业生产，那么荒地就一定能得到开垦。

訾粟而税[①]，则上壹而民平[②]。上壹则信[③]，信则臣不敢为邪。民平则慎[④]，慎则难变。上信而官不敢为邪，民慎而难变，则下不非上，中不苦官[⑤]。下不非上，中不苦官，则壮民疾农不变[6]。壮民疾农不变，则少民[7]学之不休。少民学之不休，则草必垦矣。

注释

①訾：通"赀"，计算，估量。粟：粮食作物的通称。

②壹：统一。平：这里指觉得公平。

③信：这里指有威信。

④慎：重视。

⑤中：内心。苦：苦于。

⑥壮民：壮年的百姓。疾：积极。

⑦少民：年轻的百姓。

译文

如果朝廷计算百姓粮食的产量来收税，那么国家的田赋制度就会统一，而且百姓承担的田赋也会公平。国家的田赋制度统一了，就会在百姓中产生威信，有了威信做保障，那些官员便不敢乘机做居心不良的事。同时，百姓的税负公平了，他们就会重视自己的职业，百姓重视自己的职业就不会轻易改变。国家的田赋制度有威信，官员也不敢做居心不良的事，并且百姓重视自己的职业也不轻易改变，那么百姓也就不会非议国家政策，心中也不会因为官员的盘剥而痛苦。百姓不非议国家政策，心中也不因官员的盘剥而痛苦，那么壮年百姓就会积极从事农业生产而不改行。壮年百姓努力从事农业生产，那么年轻百姓也一定会效仿他们。年轻人不断效仿前人从事农业生产，那么荒地就一定能得到开垦。

无以外权爵任与官[1]，则民不贵学问，又不贱农。民不贵学，则愚[2]；愚，则无外交；无外交，则国安不殆[3]。民不贱[4]农，则勉农而不偷[5]。国安不殆，勉农而不偷，则草必垦矣。

注　释

①无：通"毋"。外权：即外国势力。权：权势。如《管子·枢言》："贤大夫不恃宗，至士不恃外权。"当时各诸侯国贵族竞相招养游士，很多人有了学问便会跑到外国参与政治，而本国政府也就不得不"礼贤下士"，予以重用。这些人经常在一国政治上兴风作浪，并且如果放弃农耕去追求此类政治学问的人不断增加，对本国的农业劳动力也是一个损失。《管子·任法》就说到了这一问题："邻国诸侯，能以其权置子立相。"商鞅此处就是在说要采取对策，防止有人借外国势力得到官爵，并改变秦国国内当时重视游学和政治游说而鄙视农业生产的风气。

②愚：敦厚。

③殆：危险。

④贱：鄙视，轻视。

⑤勉：努力，尽力。偷：不苟且，不懈怠。如《周礼·地官·司徒》："以俗教安，则民不偷。"贾公彦注疏："偷，苟且也。"《荀子·王制》："使百吏免尽，而众庶不偷。"

译　文

国君不因为外国势力而给人封官进爵，那百姓就不会看重学问，也不会再鄙视农业生产。百姓不看重学问，就会敦厚；百姓敦厚，就不会去外国结交权贵，百姓不去外国结交权贵，那国家就安全没有危险。百姓不鄙视农业，就会努力从事农业生产而不懈怠。国家安全没有危险，农民又努力从事农业生产而不懈怠，那么荒地就一定能得到开垦。

禄厚而税多①，食口②众者，败农者也。则以其食口之数，赋而重使之③，则辟淫游惰之民④无所于食。民无所于食则必农，农则草必垦矣。

注释

①税：租税，这里指田租。当时贵族有封地，封地百姓要向贵族缴纳租税。

②食口：依附贵族的食客。

③赋：征收税赋。使：使唤，这里指役使，服徭役。

④辟淫游惰之民：游手好闲之人。当时秦国有大量的疲民和游侠，这里指的就是此类人。

译文

那些士大夫贵族不仅俸禄高而且收取的租税也多，豢养的食客也众多，这是严重危害农业生产的事。那国家就要根据他们豢养的食客人数来收税，并且分派繁重的徭役给他们，那么这些游手好闲的人就没有了混饭吃的地方。这些人没有混饭吃的地方，就必然从事农业生产，农业生产有了保障，那么荒地就一定能得到开垦。

使商无得粜①，农无得籴②。农无得籴，则窳惰③之农勉疾。商不得粜，则多岁不加乐④。多岁不加乐，则饥岁无裕⑤利。无裕利，则商怯⑥。商怯，则欲农。窳惰之农勉疾，商欲农，则草必垦矣。

注释

①粜（tiào）：卖出粮食。

②籴（dí）：买进粮食。

③窳（yǔ）惰：懒惰。

④多岁：丰年。乐：指丰厚的收入。

⑤裕：富足，充裕，此处指多余、剩余。

⑥怯：畏惧，害怕。

译文

商人不准卖粮食，农民不准买粮食。农民不准买粮食，那么懒惰的农民就会努力从事农业生产。商人不准卖粮食，到了丰年就不能获得丰厚的收入。丰年没有丰厚的收入，那么饥荒之年也没有过多的利润可图。没有厚利可图，那么商人一定会害怕经商，会想去务农。懒惰的农民努力从事生产，商人也想去务农，那么荒地就必然会得到开垦。

声服[①]无通于百县，则民行作不顾[②]，休居[③]不听。休居不听，则气不淫[④]。行作不顾，则意必一[⑤]。意一而气不淫，则草必垦矣。

注释

①声服：当作“声技”，“技”“服”形近而误。“声”指音乐，“技”指杂技。

②行作：外出劳作。不顾：看不到。

③休居：闲暇，休息。

④气：精神状态。淫：迷惑，此处指萎靡不振。

⑤一：专一。

译文

朝廷禁止音乐、杂技在各县流行，那么百姓外出劳作时就不会看见这些，在家里休息时也听不到这些，那么他们的精神就不会萎靡不振。劳动时看不见这些，那么他们的意志就能专一。意志专一且精神不萎靡，那么荒地就一定能得到开垦。

无得取庸[1]，则大夫家长不建缮[2]。爱子[3]不惰食，惰民不窳，而庸民无所于食，是必农。大夫家长不建缮，则农事不伤。爱子、惰民不窳，则故田不荒。农事不伤，农民益农，则草必垦矣。

注释

①庸：通“佣”，受雇用的人。

②家长：即家主。建：建筑。缮：修补。

③爱子：指娇生惯养的子女。

译文

朝廷不准富人雇用佣工，那么大夫、家主就没有办法通过雇工来修建房屋。他们那些娇生惯养的儿女无法不劳而食，懒惰的人也不能偷懒了，那些雇工就无法靠做工谋生，这样他们就一定会去从事农业生产。大夫、家主不修建房屋，那么农业生产就不会受到危害。那些娇生惯养的儿女和懒惰的人不再偷懒，那么原有的农田就不会荒掉。农业生产不会受妨害，农民更加努力从事农业生产，那么荒地就一定能得到开垦。

废逆旅[1]，则奸伪、躁心、私交、疑农之民[2]不行，逆旅之民无所于食，则必农。农则草必垦矣。

注释

①逆旅：指旅馆。

②奸伪、躁心、私交、疑农之民：指奸邪伪诈、心地狡猾、私下交游、不专心务农的人。

译 文

朝廷取缔旅馆，那么奸邪伪诈、心地狡猾、私下交游、不专心务农的人就不会外出四处游荡，那些开旅馆的人就没有办法谋生，那么他们一定会去务农。这些人都去务农，那么荒地就一定能得到开垦了。

一[1]山泽，则恶农、慢惰、倍欲[2]之民无所于食。无所于食，则必农。农，则草必垦矣。

注 释

①一：指收归国家统一管理。

②倍欲：贪欲十足。

译 文

国家统一管理山林、湖泽，那么讨厌务农、贪婪懒惰、靠山泽谋生的人就没有了谋生的地方。没有谋生的地方，那么他们一定会去务农。这些人都去务农，那么荒地就一定能得到开垦了。

贵酒肉之价，重其租，令十倍其朴[1]。然则商贾少，民不能喜酣奭[2]，大臣不为荒饱[3]。商贾少，则上不费粟。民不能喜酣奭，则农不慢。大臣不荒，则国事不稽，主无过举。上不费粟，民不慢农，则草必垦矣。

注 释

①朴：成本。

②酣奭（shì）：指饮酒过度。

③荒饱：指尸位素餐。如明代王志坚《表异录·职官》："《书》云尸位，《诗》曰素餐，商君谓之荒饱，吴起谓之枝官。"

译 文

朝廷抬高酒肉的价格，从重收取这些东西的赋税，让赋税的金额高出它的成本十倍。如果这样的话，卖酒、肉等东西的商人就会减少，百姓也就不能纵情饮酒作乐，大臣也就不会尸位素餐吃喝享乐。卖酒、肉等东西的商人少了，那么国家粮食就不会浪费。百姓不能纵情饮酒作乐，那么百姓就不会懒惰。大臣不尸位素餐，那么国家的政事就不会被拖延不办，君主也就不会有不适当的举措。国家的粮食不浪费，百姓不怠慢农业，那么荒地就一定能得到开垦。

重刑而连其罪①，则褊急之民不斗②，很刚之民不讼③，怠惰之民不游④，费资之民不作⑤，巧谀、恶心之民无变也⑥。五民者不生于境内，则草必垦矣。

注 释

①连其罪：指连坐。连：牵连。

②褊（biǎn）急：量狭性急。斗：争斗。

③很：通"狠"。刚：刚强，强悍。讼：争吵。

④游：游荡。

⑤费资：奢侈浪费。作：出现。

⑥巧谀：说谎献媚。恶心：居心不良，有坏念头。变：祸乱。

译　文

朝廷加重刑罚并且建立连坐制，那么那些心胸狭窄、性格暴躁的人就不敢打架，凶狠强悍的人就不敢争论，懒惰的人就不敢到处游荡，奢侈浪费的人就不会出现，说谎献媚、居心不良的人就不会诱发祸乱。国内没有这五种人的存在，那么荒地就一定能得到开垦了。

使民无得擅徙[①]，则诛愚[②]。乱农农民[③]无所于食而必农。愚心躁欲之民一意[④]，则农民必静[⑤]。农静、诛愚，则草必垦矣。

注　释

①徙：迁徙，搬家。

②诛愚：愚昧。

③乱农农民：一说“乱农农民”应为“乱农之民”之误，意指扰乱农业生产的人。

④愚心躁欲之民：愚昧无知、性情浮躁的人。

⑤静：安定。

译　文

朝廷不允许百姓随便迁移，那么百姓就会愚昧迟钝。那些扰乱农业生产的人就失去了谋生的手段，就一定会去务农了。如果愚昧无知、性情浮躁的人能专心从事农业生产，那么农民就一定会安心务农。农民安心务农又愚昧无知，那么荒地就一定能得到开垦。

均出余子之使令[1]，以世[2]使之。又高其解舍[3]，令有甬官[4]食，概[5]。不可以辟[6]役，而大官未可必得也，则余子不游事[7]人，则必农。农则草必垦矣。

注　释

①余子：庶子，即嫡长子以外的儿子。使：役使，此处指服徭役。

②世：世代，指辈分。

③解舍：免除兵役与徭役。

③甬官：为徭役之人供给谷米的官吏。

④概（gài）：量米粟时刮平斗斛的器具，此处作动词理解，即限量供应。

⑤辟：屏除，排除。

⑥事：侍奉，服侍。这里指成为贵族的家臣。

译　文

朝廷关于庶子服徭役的法令要统一，根据辈分让他们服徭役。提高他们免除徭役的条件，让他们从掌管徭役的官吏那里获取食物，并且要限量供应。徭役不能避免，而且也不能通过侍奉权贵而成为官员，则庶子们就不会再四处游历去当贵族的家臣，那么就一定会去务农。这些人都去从事农业生产，则荒地一定能得到开垦。

国之大臣、诸大夫，博闻、辩慧、游居之事[1]，皆无得为；无得居游于百县，则农民无所闻变见方[2]。农民无所闻变见方，则知农无从离其故事[3]，而愚农不知，不好学问。

愚农不知，不好学问，则务疾农。知农不离其故事，则草必垦矣。

注释

①博闻、辩慧、游居之事：指增长见闻、论辩、游历的事情。这些都是战国时期人们加官、获利的途径，却都与商鞅所主张的农战政策相冲突，因此，商鞅认为要禁止此类行为。

②闻变见方：指受奇谈怪论的影响。此处可以理解为那些反对变法的大臣、贵族会游走于各地通过发布反对改革的言论煽动、迷惑农民抵制变法。商鞅认为要防止农民受此影响。

③知：通“智”。故事：旧业。

译文

国君不准国家的大臣、大夫们从事增长见闻、论辩、游历的事情；不准到各县游说居住，那么农民就不会受那些奇谈怪论的影响。农民不受那些奇谈怪论的影响，那么那些聪明的农民也不会（受蛊惑）脱离其旧业，而愚钝的农民也不会对那些（大臣、大夫散布的）学问感兴趣。愚钝的农民对学问不感兴趣，就会更加勤勉地务农。聪明的农民不脱离旧业，则荒地一定能得到开垦。

令军市无有女子[①]，而命其商人自给甲兵，使视军兴[②]。又使军市无得私输粮者，则奸谋无所于伏，盗粮者无所售，输粮者不私稽[③]，轻惰之民不游军市。盗粮者无所售，送粮者不私稽，轻惰之民不游军市，则农民不淫[④]，国粟不劳[⑤]，则草必垦矣。

注 释

①军市：军营的商市。军市实质上是古代军需后勤供应保障系统的重要组成部分，虽然隶属军营由军方管理，但是商家和参与交易的人，却主要是包括农民在内的庶民百姓。其中会夹杂不少游手好闲的“轻惰之民”，并且“轻惰之民”中既有男人，也会有女人。当时，家庭经商，全家男女都可能进入军市，这也是军市存在女人的原因之一。商鞅要消除女色在偷盗、腐败上所起的破坏性作用，也只能把女人赶出军市。“令军市无有女子”的根本原因应在于此。

②视：关注。军兴：军队的动向，此处主要指军队的物资需求动态。

③稽：截留。

④淫：迷惑。此处指萎靡不振。

⑤劳：浪费。

译 文

军市上不准有女人，要命令（军市上的）商家主动为军队准备好军需给养和兵器，使他们关注军队物资的需求动态。还要让军市中没有私运粮食的人，那么（对粮食）图谋不轨的人就无处隐藏，偷盗粮食的人没地方出售偷来的粮食，运输粮食的人也不能私下截留粮食，游手好闲的懒惰之人不会到军市上游荡。偷盗来的粮食无处出售，运输粮食的人不私下截留粮食，游手好闲的懒惰之人不到军市游荡，那么农民便不会萎靡不振，国家的粮食就不会浪费，那么荒地一定能得到开垦。

百县之治一形，则从，迂者不饰[①]，代者[②]不敢更其制，过而废者不能匿其举[③]。过举不匿，则官无邪人。迂者不饰，代者不更，则官属[④]少而民不劳。官无邪，则民不敖[⑤]；

民不敖，则业不败。官属少，则征不烦[6]。民不劳，则农多日。农多日，征不烦，业不败，则草必垦矣。

注释

①迂者：迂阔的人，这里指庸官。饰：美化、吹嘘。此处文字主要有三个版本，除本文所采用的版本外，还有“百县之治一形，则徙迂者不饰”和“百县之治一形，则迂者不饰”两个版本，请读者注意辨别。

②代者：这里指接替职位的人。

③过：犯错。废：罢免。

④官属：官府的属员。

⑤敖：通“遨”，这里指逃离。

⑥烦：通“繁”，繁多，繁杂。

译文

各郡县的政令和治理措施一致，那么人人都会遵从，那些庸官就没有办法吹嘘自己的政绩，接任的官员也不敢随意更改制度，因犯错而被罢官的人也不能隐匿自己的错误。错误行为不能隐匿，那么官吏中不会有奸邪之人。庸官不能吹嘘自己的政绩，接任的官员不敢更改制度，那么官府的属员就会减少，百姓的负担就不会过重。官吏中没有奸邪之人，百姓就不会四处逃避；百姓不四处逃避，那么农业生产就不会受损害。官府的属员少了，那么征收的赋税就不会多。百姓的负担不重，那么农民从事农业生产的时间就多。农民从事农业生产的时间多，征收的赋税也不多，农业不受损害，那么荒地一定能得到开垦。

重关市之赋，则农恶商，商有疑惰之心[1]。农恶商，商疑惰，则草必垦矣。

注 释

①疑惰之心：指怀疑和懈怠的态度。

译 文

朝廷加重关口、集市上商品的税收，那么农民就不愿意去经商，商人也会对经商产生怀疑甚至懈怠的态度。农民不愿意去经商，商人对经商产生怀疑甚至懈怠的态度，那么荒地就一定能得到开垦。

以商之口数使[①]商，令之厮、舆、徒、童者必当名[②]，则农逸而商劳[③]。农逸则良田不荒；商劳，则去来赍[④]送之礼无通于百县。则农民不饥，行不饰[⑤]。农民不饥，行不饰，则公作必疾，而私作不荒，则农事必胜[⑥]。农事必胜，则草必垦矣。

注 释

①使：役使，指服徭役。

②厮、舆、徒、童者：泛指仆役。厮：古代切草养马的人。舆：古代奴隶的一个等级。徒：古代服徭役的人。童：古代男性奴仆。当名：战国时期奴仆在官府中均有名册，官府按照名册轮流分派徭役。

③农逸而商劳：农民负担轻而商人负担重。当时通行的规定是，除了做官，只有做仆役的人可以不按照户口登记的情况去服徭役。商鞅在这里认为商人家的仆役也必须按照户口登记去服徭役，从而加重商人的负担。

④赍（jī）：赠送。

⑤行不饰：指日常办事不过分讲究礼仪、客套。行：行事，

所作所为。饰：修饰。

⑥胜：指繁荣。

译文

商人根据商人的家庭人口数量向他们摊派徭役，让他们家中的仆役都一定要到官府登记注册服徭役，那么农民的负担就会轻，而商人的负担就会加重。农民负担减轻，良田就不会荒芜；商人负担重，各县就不会不断有往来相互送礼的人。如果这样，农民就不会挨饿，人们做什么事也不用（送礼）讲排场。农民不挨饿，做事不（送礼）讲排场，那么国家的事会积极努力地去做，而且个人的事也不会荒废，那么农业也必然会繁荣发展。农业繁荣发展了，那么荒地一定能得到开垦。

令送粮无得取僦[①]，无得反庸[②]。车牛舆重[③]，役必当名。然则往速徕[④]疾，则业[⑤]不败农。业不败农，则草必垦矣。

注释

①僦（jiù）：运费。

②反：通“返”。庸：受雇用。

③舆重：指载重量。

④徕：通“来”，由彼至此。

⑤业：指运粮这件事。

译文

朝廷规定命令运送粮食的人不准收取运费，返回时也不准受其他人雇佣（搭载其他货物）。车、拉车的牛以及车子的载重量，在服徭役时一定要在官府登记注册。这样的话，运粮车就会往返迅速，运粮这种工作也就不会耽误农业生产。运粮这种工作不耽误农业生产，那么荒地一定能得到开垦。

无得为罪人请于吏而饷[①]食之，则奸民无主[②]。奸民无主，则为奸不勉[③]。为奸不勉，则奸民无朴[④]。奸民无朴，则农民不败。农民不败，则草必垦矣。

注 释

①饷：送饭给人吃。

②主：指依靠。

③勉：受到鼓励。

④朴：根本，根源。

译 文

朝廷不准许为犯人向官吏求情而给他们送食物，那么那些作奸犯科的人就没有了依靠。作奸犯科的人没有了依靠，那么做坏事就再也不会得到鼓励。做坏事得不到鼓励，那么产生作奸犯科之人的根源就消除了。消除了产生作奸犯科之人的根源，那么农民就不会受到危害。农民不会受到危害，那么荒地就一定能得到开垦。

农战第三

凡人主之所以劝[1]民者，官爵也。国之所以兴者，农战也。今民求官爵，皆不以农战，而以巧言虚道[2]，此谓劳民[3]。劳民者，其国必无力；无力者，其国必削。

注 释

①劝：勉励，奖励。

②虚道：无用的说教。

③劳民：这里指奸巧的人。

译 文

通常国君勉励百姓的手段，就是赐予官职和爵位。可是确保国家兴盛强大的根本，却是农耕和作战。现在百姓用来求取官职和爵位的手段都不是农耕和作战，而是花言巧语和空洞无物的说教，这会让百姓成为投机取巧的人。被投机取巧的人充斥的国家必定会软弱无力；国家软弱无力，这个国家的实力就必定会被削弱。

善为国者，其教民也，皆作一[1]而得官爵。是故不作一，不[2]官无爵。国去言则民朴，民朴则不淫[3]。民见上利之从一空出也[4]，则作一；作一，则民不偷营[5]。民不偷营，则多力[6]；多力，则国强。今境内之民皆曰："农战可避而官爵可得也。"是故豪杰皆可变业[7]，务学《诗》《书》，随从外权[8]，上可以得显[9]，下可以求官爵；要靡事商贾[10]，为技艺，皆以避农战。具备[11]，国之危也。民以此为教[12]者，其国必削。

注释

①作一：工作撰务一项。作：从事。一：这里指专务耕战。

②不：即无。

③淫：迷惑，指萎靡不振。

④利：奖励，好处。一空：即一孔，指一个途径。空：通“孔”。

⑤偷营：私下从事耕战之外的事。

⑥多力：此处理解为力量集中在耕战之事上。力：力量。

⑦变业：逃避本业，即逃避耕战。

⑧外权：外国势力，外国权贵。

⑨显：显扬。

⑩要靡：社会地位低微的平庸之人，与前文的“豪杰”相对。要：通“幺”。

⑪具备：指前面所述情况都出现，假设条件。

⑫教：导向，榜样。

译文

善于治理国家的君主，他教化百姓都是要求通过专心从事农耕和作战来获得官职和爵位。也就是说不专心于农耕和作战的人是不会得到官职和爵位的。国家摒弃空谈百姓就会朴实，百姓朴实就不会萎靡不振。如果让百姓知道国家给人们的奖励都是从农耕与作战这一途径发出，那么他们就会专心从事农耕和作战；百姓专心从事农耕和作战，就不会私下从事与农耕和作战无关的事情。百姓不从事其他无关的事情，就会把力量集中在农耕和作战上；百姓把力量都集中在农耕和作战上，国家的实力就会增强。现在国内的百姓都说：“农耕和作战可以逃避，而官职和爵位同样可以得到。”所以那些豪杰之士都逃避本业，而专门学习《诗》《书》，追随外国的权势，最好的可以声名显扬，次一点的也能得到官职爵位；那些社会地位低微的平庸之人便去经商，从事手工业，通过这种方式来逃避农耕和作战。如果以上情况都出现，国家就危险了。如果百姓都以这些为榜样，这个国家的实力就必定会被削弱。

善为国者，仓廪虽满，不偷[①]于农；国大民众，不淫于言，则民朴一[②]。民朴一，则官爵不可巧而取也。不可巧取，则奸不生。奸不生，则主不惑。今境内之民及处官爵者，见朝廷之可以巧言辩说取官爵也，故官爵不可得而常[③]也。是故进则曲主[④]，退则虑私，所以实其私[⑤]，然则下卖权[⑥]矣。夫曲主虑私，非国利也，而为之者，以其爵禄也；下卖权，非忠臣也，而为之者，以末货[⑦]也。然则下官之冀迁者皆曰[⑧]：“多货，则上官可得而欲也。”曰：“我不以货事上而求迁者，则如以狸饵鼠尔，必不冀矣。若以情[⑨]事上而求迁者，则如引诸绝绳而求乘枉木也[⑩]，愈不冀矣。二者不可以得迁，则我焉得无下动众取货以事上，而以求迁乎？”百姓曰：“我疾农，先实公仓，收余以食[⑪]亲。为上忘生而战，以尊主安国也。仓虚，主卑，家贫，然则不如索官。”亲戚交游合[⑫]，则更虑矣。豪杰务学《诗》《书》，随从外权；要靡事商贾，为技艺，皆以避农战。民以此为教，则粟焉得无少，而兵焉得无弱也？

注　释

①偷：指松懈。

②朴一：朴实而专心于农耕和作战。

③常：法律制度。

④曲主：曲意逢迎君主。

⑤实其私：满足自己的私欲。

⑥卖权：指玩弄权术。

⑦末货：追逐财利。《广雅》："末，逐也。"

⑧冀：希望。迁：升迁。

⑨情：实情。此处指政绩。

⑩绝绳：即今之墨斗，木工用以弹线的工具，也是在泥、石、瓦等行业中为不可或缺的工具，传为鲁班发明。乘：计算，此处应理解为校正。枉木：弯木。

⑪食（sì）：供养。

⑫交游：交际。合：一起。

译文

善于治理国家的君主，粮仓虽然满了也不在农耕上有所松懈；国家的土地广大，人口众多，不让空洞无物的言论泛滥，那么百姓就会朴实而专心于农耕和作战。百姓朴实而专心于农耕和作战，那么官职和爵位就不能靠花言巧语来取得。不能靠花言巧语来取得官职和爵位，那么奸猾的人就不会产生。奸猾的人不产生了，君主就不会受蛊惑。现在国内的百姓以及据有官职和爵位的人看见朝廷中能靠巧言令色和诡辩来获得官职和爵位，所以就认为官职和爵位是不需要依据国家的法制来获得的。因此这些人进入朝廷便曲意逢迎君主，回家便图谋如何满足自己的私欲，如果这样的话，他们就会在下面玩弄权术。曲意逢迎君主图谋自己的私利，就不会对国家有利，他们这样做的目的是为了得到爵位和厚禄；私下玩弄权术就不是忠臣，他们这么做的原因，就是为追求财利。如果这样的话，希望升官的下级便说："财产多了，就能得到想要的高官。"并且还说："如果我不用上金钱财物贿赂上级来获得升迁，那么就会像用猫做诱饵引老鼠上钩一样，一定不会有什么希望。假如用政绩来求上级以求获得升迁，那么就如同拿着墨斗想去校正弯曲的木头一样，更加没有希望了。因为这两种办法都不能得到升迁，那我怎能不到下面去到处搜刮众人的钱财来侍奉上级而谋求升官呢？”百姓说：“我积极务农，先装满国家的粮仓，收取剩下的粮食供养亲人，替君主舍生忘死去作战，来使君主尊贵，使国家安定。如果国家的粮仓空虚，国君地位就会卑微，家庭贫穷，这样还不如谋个官做。”亲戚朋友在交往相聚在一起的时候，这种忧虑的情绪就会更加严重。豪杰之士会专心学习《诗》《书》，追随外国的权势；普通人会去经商，搞手工业，都靠这些来逃避农耕和作战。如果百姓都以这些为榜样，那么国库的粮食怎能不减少，而军队的实力怎能不被削弱呢？

善为国者，官法①明，故不任知虑②。上作一，故民不偷营，则国力抟③。国力抟者强，国好言谈者削。故曰：农战之民千人，而有《诗》《书》辩慧者一人焉，千人者皆怠于农战矣。农战之民百人，而有技艺者一人焉④，百人者皆怠于农战矣。国待农战而安，主待农战而尊。夫民之不农战也，上好言而官失常⑤也。常官⑥，则国治；一务，则国富。国富而治，王之道也。故曰：王道非外，身作一而已矣。

注　释

①官法：指国家的法规、法度、法律。如《周礼·天官·大宰》：“以八法治官府……六曰官法，以正邦治。”郑玄注解：“官法，谓职所主之法度。”孙诒让注疏：“官法，谓邦之大事各有专法，箸其礼节名数，若今会典、通礼之属，一官秉之，以授众官，使各依法共治之，是谓官法。”

②任：任凭，此处是依赖的意思。知虑：智慧谋略。如《战国策·赵策二》：“故寡人以子之知虑，为辨足以道人，危足以持难，忠可以写意，信可以远期。”以商鞅为代表的法家认为，治

理国家如果只凭借人的聪明才智，是人治，人治是不能真正实现国家的长治久安的，必须法治，既必须“官法明”。

③抟（tuán）：结聚。

④焉：相当于“在这里”“在那里”。

⑤官失常：不依法选用官员。

⑥常官：依法选用官员。

译文

善于治理国家的君主，（会促使）国家的法制完善严明，所以就不会依赖人的智慧谋略。君主把精力集中于农耕和作战，所以民众就不会私下从事农耕作战以外的行业，那么国家的力量就集中到农耕作战上。国家的力量集中就会强大，国家崇尚空谈的风气就会被削弱。所以说，从事农耕和作战的百姓有一千人，只要出现一个学《诗》《书》和搞论辩的人，那么这一千人都会对农耕作战懈怠。从事农耕作战的百姓有一百人，只要出现一个人搞手工业，那这一百人就都会对农耕和作战懈怠。国家要靠农耕和作战实现安全稳定，君主要靠农耕和作战才能（保持）尊贵。百姓不从事农耕和作战，那是因为君主喜好空谈而不依法选用官员。只要依法选用官员，国家就能安定；只要专心务农，国家就会富强。国家富强而且安定，这是称王天下的途径。所以称王的途径没有别的，就是自己专心从事农耕和作战罢了。

今上论材能知慧而任之[①]，则知慧之人希[②]主好恶，使官制物以适主心[③]。是以官无常，国乱而不一，辩说之人而无法也。如此，则民务[④]焉得无多？而地焉得无荒？《诗》《书》、礼、乐、善、修、仁、廉、辩、慧，国有十者，上无使守战[⑤]。国以十者治，敌至必削，不至必贫。国去此十者，敌不敢至。虽至，必却；兴兵而伐，必取；按兵不伐，必富。国好力[⑥]者以难攻，以难攻者必兴；好辩[⑦]者以易攻，以易攻者必危。故圣人明君者，非能尽其万物也，知万物之要也。故其治国也，察[⑧]要而已矣。

注　释

①论（lún）：通“抡”，挑选，选拔。知慧：指聪明有才智。

②希：观望。

③使：假使，假如。官：做官。制物：处理事务。《周书·文帝纪上》：“然悦虽为主将，不能制物。”

④民务：百姓承担的事务。

⑤守战：防守和进攻。

⑥好力：注重实力。

⑦好辩：注重空谈。

⑧察：明察，了解。

译　文

现在的国君选拔人才仅凭（表现出来的）聪明才智来加以任用，那么聪明的人就会通过察言观色掌握国君的好恶，假如这些人做官处理政务，也只会千方百计迎合君主。所以说如果国家不依法选用官员，那么国家就会混乱，并且，没有统一的政令，善于巧舌游说的人就更加无法无天了。像这样的话，百姓承担的事务怎么会不多，而土地又怎么能不撂荒呢？一个国家如果盛行儒家的《诗》《书》、礼、乐、善、修、仁、廉、辩、慧这十种东西，君主就无法让民众防守作战。如果用这十种东西治理国家，敌人一旦进犯，国家必定会被击败，敌人不来进犯，国家也必定会贫穷。如果国家摒弃这十种东西，敌人就不敢来进犯。即便来了，也一定会被击退；如果发兵前去讨伐敌国，一定能取胜；如果按兵不动不去讨伐，也一定会富足。国家如果注重实力，奋斗起来比较困难，但前途一定会兴旺；如果注重空谈，奋斗起来比较容易，但前途一定会危险。所以那些圣人和英明的君主并不是能随意操控万物，而是掌握了万事万物的规律和要领。因此他们治理国家的关键，就是辨明要领罢了。

今为国者多无要。朝廷之言治也，纷纷焉务相易也[①]。是以其君惛[②]于说，其官乱于言，其民惰而不农。故其境内之民，皆化而好辩乐学[③]，事商贾，为技艺，避农战。如此，则不远矣。国有事，则学民恶法[④]，商民善化[⑤]，技艺之民不用[⑥]，故其国易破也。夫农者寡而游食者众，故其国贫危。今夫螟、螣、蚼蠋春生秋死[⑦]，一出而民数年不食。今一人耕而百人食之，此其为螟、螣、蚼蠋亦大矣。虽有《诗》《书》，乡一束[⑧]，家一员[⑨]，犹无益于治也，非所以反[⑩]之之术也。故先王反之于农战。故曰：百人农一人居者，王；十人农一人居者，强；半农半居者，危。故治国者欲民者之[⑪]农也。国不农，则与诸侯争权不能自持[⑫]也，则众力不足也。故诸侯挠[⑬]其弱，乘[⑭]其衰，土地侵削而不振，则无及已。

注 释

①纷纷焉：指众说纷纭。务：谋求。相易：相互转变，这里引申为说服对方的意思。

②惛（hūn）：迷惑，不明。

③好辩乐学：指像儒生那样喜欢空谈和读死书。

④学民：原意为有知识的人，这里引申为儒生。恶（wù）：中伤，诽谤。

⑤善化：善于变化，此处引申为多变，不可靠。

⑥用：出力。

⑦螟：螟虫，螟蛾的幼虫，危害农作物。蟘（tè）：吃苗叶的害虫。蚼蠋（qú zhú）：青色似蚕状害虫。

⑧乡：古代民户编制，一万二千五百户为一乡。一束：一捆。

⑨一员：一卷。

⑩反：变通，这里引申为改变现状。

⑪之：到，引申为从事。

⑫自持：自保。

⑬挠：削弱。

⑭乘：欺凌。

译文

现在治理国家的人多半都没有掌握要领。在朝廷讨论治国的方法时，众说纷纭地都谋求改变对方的观点。因此，国君被不同的说法迷惑，而官员也被这些言谈弄得糊里糊涂，国内的百姓也偷懒不愿意从事农耕。原因就在于国内的百姓都像儒生那样喜欢空谈和读死书，经商，搞手工业，逃避农耕和作战，如果这样，那国家离灭亡就不远了。国家一旦有事，那些儒生诽谤法制，商人多变不可靠，手工业者不出力，于是这个国家就容易被颠覆。从事农耕的人少而靠巧言游说吃饭的人众多，于是这个国家就会贫穷危险。就像那些危害农作物的螟、蟘、蚼蠋等害虫春天出生，秋天死掉，但只要它们出现一次，百姓就会多年歉收而长年缺少粮食。现在一个人种地却要供一百人吃饭，那么这种情况比螟、蟘、蚼蠋等害虫对国家的危害更大。虽然有《诗》《书》，每个乡一捆，每家一卷，对治理国家一点用处也没有，也不是改变（贫弱）现状的办法。所以以前的君主转而依靠农耕和作战。因此说：如果一百人从事耕作，一个人闲着，这个国家就能称王天下；十个人从事农耕。一个人闲着，这个国家就会强大；有一半人从事农耕，有一半人闲着，这个国家就危险了。所以治理国家的人都想让民众务农，国家不重视农耕，就会在诸侯争霸时不能自保，这是因为能够聚集的民力不足。因此，其他诸侯国就会乘其虚弱、衰微来削弱、欺凌它，国土就会被侵占，从此一蹶不振，到那时就来不及想办法了。

圣人知治国之要，故令民归心于农。归心于农，则民朴而可正[①]也，纯纯则易使也[②]，信[③]可以守战也。一，则少诈而重居[④]；一，则可以赏罚进也；一，则可以外用[⑤]也。夫民之亲上死制也[⑥]，以其旦暮从事于农。夫民之不可用也，见言谈游士事君之可以尊身也、商贾之可以富家也、技艺之足以糊口也。民见此三者之便且利也，则必避农。避农，则民轻其居，轻其居则必不为上守战也。凡治国者，患民之散而不可抟也。是以圣人作一，抟之也。国作一一岁者，十岁强；作一十岁者，百岁强；作一百岁者，千岁强；千岁强者王。君修赏罚以辅一教，是以其教有所常，而政有成也。

注 释

①正：治理。

②纯纯：老实。使：命令，此处引申为服从命令。

③信：确实。

④重居：指重视自己的田宅，不轻易迁徙。

⑤外用：指用于对外作战。

⑥死：殉，指为某事而丧生。《史记·陈涉世家》："死国可乎？"制：指君命，君主的命令。《礼记·曲礼下》："国君死社稷，大夫死众，士死制。"

译 文

圣贤的君主懂得治理国家的要领，就会让百姓把心思放在农业生产上。百姓专心务农，那么百姓就朴实而且容易治理，老实就会服从国家的命令，（这样的百姓）确实可以成为守土作战（的力量）。百姓专心耕战，那么就很少会干奸诈之事，而且会看重自己的田宅不轻易迁移；百姓专心耕战，那么就能用奖赏和惩罚的办法来鼓励上进；百姓专心耕战，就可以用他们来对外作战。百姓亲附君主，并会为了君命而去牺牲自己，是因为他们一天到晚都从事耕战。百姓不为国家出力，是因为他们看见靠空谈游说的人逢迎君主也可以使自己得到尊贵的地位、商人靠经商也可以发财致富、手工业者以手艺也能养家糊口。百姓看到这三种人的职业轻松又可以获利，就一定会逃避农耕和作战。逃避农耕，那么民众就不会重视自己的田宅。不重视自己的田宅，那么就一定不会为君主守土作战。凡是治理国家的人都担心百姓涣散而不能凝聚力量。所以英明的君主都实行耕战政策以达到凝聚百姓力量的目的。如果百姓专心于农耕和作战一年，国家就能持续强大十年；如果百姓专心于农耕和作战十年，国家就能持续强大一百年；如果百姓专心于农耕和作战一百年，国家就能持续强大一千年；强大一千年才能称王于天下。君主制定赏罚政策作为耕战政策的辅助手段，就会对百姓的教化常态化，而且治理国家也就会出成效。

王者得治民之至要，故不待赏赐而民亲上，不待爵禄而民从事[①]，不待刑罚而民致死。国危主忧，说者成伍，无益于安危也。夫国危主忧也者，强敌大国也。人君不能服强敌破大国也，则修守备，便地形[②]，抟民力，以待外事[③]，然后患可以去，而王可致也。是以明君修政作一，去无用，止浮学事淫之民，一之农，然后国家可富，而民力可抟也。

注 释

①从事：指办事，做事。《诗经·小雅·北山》："偕偕士子，朝夕从事。"

②便地形：指占领有利地形。

③外事：指外敌进犯。

译文

君主掌握了统治百姓的办法，于是不等君主实行赏赐，百姓便亲附于君主了；不等君主封爵加禄，百姓就会去做事了；不等君主使用刑罚，百姓就会拼死效命了。在国家危亡、君主忧虑的时候，空谈游说之士成群，但对国家的安危没有任何益处。国家面临危亡，君主忧虑，是因为遇上了强大的敌国。如果君主不能战胜强敌，打败大国，那么就要修整防御设施，占据有利地形，集中全民的力量来应付外敌入侵，这样威胁就可以消除了，而称王天下的目的才有可能实现。因此英明的君主治理国家应专心于农耕和作战，清除那些无用的东西，禁止那些学习肤浅无用的学问和从事不正当职业的人（活动），让人们专心于农耕，这样国家就能富强，百姓的力量也就可以集中了。

今世主皆忧其国之危而兵之弱也，而强[①]听说者。说者成伍，烦[②]言饰辞而无实用。主好其辩[③]，不求其实。说者得意，道路曲辩[④]，辈辈[⑤]成群。民见其可以取王公大人也，而皆学之。夫人聚党与，说议于国，纷纷焉，小民乐之，大人说[⑥]之。故其民农者寡而游食者众。众，则农者殆；农者殆，则土地荒。学者成俗[⑦]，则民舍农从事于谈说，高言伪议。舍农游食而以言相高也，故民离上而不臣者成群。此贫国弱兵之教也。夫国庸[⑧]民以言，则民不畜[⑨]于农。故惟明君知好言之不可以强兵辟土也，惟圣人之治国作一、抟之于农而已矣。

注　释

①强：着重，把重点放在某方面。

②烦：通“繁”，指繁多，繁杂。

③辩：巧言。

④道路：指众人。《史记·郦生陆贾列传》中有“道路皆言君谗，欲杀之”。曲辩：诡辩。

⑤辈辈：指一伙一伙的人。

⑥说：通“悦”。

⑦成俗：形成风气。

⑧庸：用。

⑨畜：喜欢。《诗经·小雅·蓼莪》：“拊我畜我，长我育我。”

译　文

现在各国国君都担心自己的国家危亡而兵力薄弱，却着重去听游说之人的空谈。说客们成群结队，繁杂的花言巧语没有什么实际用处。君主爱听他们的巧言，不去探求这些言谈的本质。因此说客们非常得意，众人都巧言诡辩，一伙一伙的人成群结队。百姓看这些人能用这种方式取悦王公大臣，便都向他们学习。于是这些人结成党羽，在国内高谈阔论，夸夸其谈，普通百姓喜欢这么做，王公大臣也乐意这么做。因此国中百姓务农的人少而靠游说吃饭的人多。游说的人多，那么从事农耕的人便会懈怠，务农的人懈怠了，那么田地就会荒芜。学习花言巧语空谈成风，百姓就会放弃农耕而以游说为业，高谈阔论。百姓放弃农耕，改为靠高谈阔论吃饭，并且凭花言巧语获取尊崇，于是百姓就会疏离君主，不臣服的人成群结队。这就是国家贫穷、兵力薄弱的原因。如果国家凭空来谈用人，那么百姓就不会喜欢从事农耕。因此只有英明的君主知道喜欢空谈不能用来增强军队的战斗力、开疆辟土。只有圣明的人治理国家，才能实行一个政策，就是集中百姓的力量在农业上而已。

去强第四

以强去强者[①]，弱；以弱[②]去强者，强。国为善[③]，奸必多。国富而贫治[④]，曰重富[⑤]，重富者强。国贫而富治，曰重贫，重贫者弱。兵行敌所不敢行，强；事兴敌所羞为，利。主贵多变，国贵少变。国少物，削；国多物，强。千乘之国守千物[⑥]者削。战事[⑦]兵用国强，战乱兵息而国削。

注　释

①强：前一个"强"指对待强民的办法；后一个"强"指强民，强民即贵族、豪强等强势群体。在春秋战国时期，各诸侯国对待贵族和平民采用的是双重标准，即对贵族、豪强施以礼治，对待平民则是采用刑治，所谓"刑不上大夫，礼不下庶人"。

②弱：指对待弱民的办法。弱民，即平民，与贵族、豪强相对的弱势群体。商鞅此处意指对待贵族和平民都采用同一标准，即都一致采用刑治打击不法行为。

③善：仁政。

④贫治：指把国家当作穷国来治理。

⑤重（chóng）富：更加富足。

⑥千乘之国守千物：指平均一乘兵车守一物，没有合理使用兵力。千乘之国：就是拥有一千辆兵车的国家，春秋时指中等诸侯国。乘（shèng）：计算兵车的量词，一车四马为一乘，按春秋时的标准，甲车一乘，车内配甲士三人，车下配步卒七十二人跟随。

⑦战事：与"战乱"相对，指行军作战井井有条。

译文

用对待强民的办法来去除不法的强民，君主的统治就会被削弱；用对待弱民的办法来去除不法的强民，君主的统治就会加强。国家施行仁政，奸诈之人就必定多。国家富强却按照治理穷国的办法来治理，这样国家会更加富足，越发富足的国家就会强大。国家贫穷却按照治理富国的办法来治理，这样国家就会更加贫穷，越发贫穷的国家就会衰弱。军队能做敌人所不敢做的事，就强大；在国家大事上能做敌人认为耻辱不愿做的事就会获利。君主贵在多谋善变，国家贵在法制稳定。国家财物少，就会衰弱；国家财物多，就会强大。有一千辆兵车的国家只满足于守住一千种物资，（这样的）国家就会衰弱。行军作战指挥有方，士兵效命国家就强大；行军作战指挥混乱，士兵懈怠，国家就会衰弱。

农、商、官三者，国之常官①也。三官者，生虱害②者六：曰岁、曰食、曰美、曰好、曰志、曰行③。六者有朴④，必削。三官之朴三人，六害之朴一人⑤。以法治者，强；以政⑥治者，削；常官⑦治者，迁官⑧。治大，国小；治小，国大⑨。强之⑩，重削；弱之⑪，重强。夫以强攻强者亡，以弱攻强者王。国强而不战⑫，毒输于内⑬，礼乐虱害生，必削；国遂战，毒输于敌，国无礼乐虱害，必强。举⑭劳任功曰强，虱害生必削。农少、商多，贵人贫、商贫、农贫，三官贫，必削。

注释

①官：职业。

②虱害：弊害。

③岁、食、美、好、志、行：即岁虱、食虱、美虱、好虱、志虱、行虱。“岁虱”指农民游惰，使年岁歉收；“食虱”指农民不务本业，白吃粮米；“美虱”指商人贩卖华丽的东西；“好虱”指商人贩卖好玩的物品；“志虱”指官吏营私舞弊的思想；“行虱”指官吏贪赃枉法的行为。

④朴：本质，这里引申为根源。

⑤一人：代指君主。

⑥政：通“正”，指符合礼仪的道德和修养。《论语·颜渊》：“政者正也，子帅以正，孰敢不正。”

⑦常官：久任一官。

⑧迁官：晋升官职。《韩非子·显学》：“夫有功者必赏，则爵禄厚而愈劝；迁官袭级，则官职大而愈治。”

⑨“治大”四句：在本书《弱民》篇有“法枉，治乱；任善，言多。治众，国乱；言多，兵弱。法明，治省；任力，言息。治省，国治；言息，兵强。故治大，国小；治小，国大”的内容，因此这里应理解为：（不以法治国，就会）治理方式庞杂，国家就会弱小；（以法治国，就会）治理方式简省，国家就会强大。

⑩强之：如前文，指按照对待强民的办法治理国家，即礼治。

⑪弱之：亦如前文，指按照对待弱民的办法治理国家，即法治。

⑫不战：与后文的“遂战”应联系历史背景理解，战国乱世，各国混战不休，如不在国强之时征伐、削弱、吞并敌国，强大的国力不仅会变成享乐、腐化的源泉，还会使自身为敌国所灭。

⑬毒：危害。输：产生。

⑭举：推举。

译文

农民、商人、官吏三种人，从事的是国家常见的职业。这三种职业会滋生六种虱害：岁虱、食虱、美虱、好虱、志虱、行虱。如果这六种虱害生了根，国家必定会遭到削弱。农、商、官三种职业的根源在于从事它们的三种人身上，而六种虱害的根源却在国君一个人身上。能以法律来治理国家，国家就会强大；以道德礼法来治国，国家就会被削弱。久任一官而把政事治理得井井有条，就要晋升他的官爵。治理方式庞杂，国家就会弱小；治理方式简省，国家就会强大。按照对待强民的办法治理国家，国家就会越来越弱；按照对待弱民的办法来治理国家，国家就会越来越强大。采用对待强民的办法来整治不守法的强民就会亡国，采用对待弱民的办法来整治不守法的强民就能成就王业。国家强大而不去征伐敌国，危害就会在国内出现，礼乐虱害也就随之产生了，国家必定会被削弱；而如果国家乘强大去征伐敌国，危害就会在敌国出现，国内没有礼乐虱害，国家必定会强大。任用有功劳的人国家就强大，而任由虱害产生国家就削弱。如果农民少，商人多，就会出现公卿官吏穷、商人穷、农民穷的状况，从事这三种职业的人都穷了，国家必定会被削弱。

国有礼、有乐、有《诗》、有《书》、有善、有修、有孝、有弟、有廉、有辩①。国有十者，上无使战，必削至亡；国无十者，上有使战，必兴至王。国以善民治奸民②者，必乱至削；国以奸民治善民③者，必治至强。国用《诗》《书》、礼、乐、孝、弟、善、修治者，敌至，必削国；不至，必贫。国不用八者治，敌不敢至，虽至，必却。兴兵而伐，必取，取必能有之；按兵而不攻，必富。国好力，曰以难攻；国好言，曰以易攻。国以难攻者，起一得十；国以易攻者，出十亡百。

注释

①礼：上下等级之间的礼制，对人的身份进行划分，制定社会规范，最终形成等级制度。孔子对“礼”的解释是：“君君，臣臣，父父，子子”“发乎情，止乎礼”。乐：乐制，主要是基于礼

的等级制度，用礼来区分等级，用乐来调和人与人之间的关系，以达到君臣和敬、长幼和顺、父子兄弟和亲、缓解社会矛盾的目的。诗：《诗经》，《史记·孔子世家》：“古者《诗》三千余篇，及至孔子，去其重，取可施于礼义……”书：即《尚书》，孔子编定的儒家经典之一，主要记载夏、商、周三代所谓明君治民和贤臣事君之道。善：即善政，是儒家以德治为核心的为政理念。修：修己安人，儒家的主张，通过提高自身的思想道德文化以使百姓安乐，是针对贵族的个人行为规范。孝：孝道，儒家伦理道德，是君臣和长幼之间的等级规范。弟：通“悌”，指顺从兄长，也是儒家的伦理道德，指兄弟、平辈之间的礼制。廉：廉德，儒家的政治道德规范，主张官员应主动克制自己的私欲。辩：辩慧，指聪明而富于辩才，是官员的能力规范。以上十者都是儒家的意识形态，一个突出的特点就是注重个人道德和个人素质，主张以礼法道德治国，维护旧有的宗法关系，轻视和排斥法制。

②以善民治奸民：以治理善民的思维治理奸民。即主张人性本善，对百姓的治理以道德教化为主。

③以奸民治善民：以治理奸民的思维治理善民。即主张人性本恶，对百姓的治理以法制约束为主。

译文

国家有礼制、乐制、《诗经》《尚书》、善政、修己安人、孝道、善事兄长、廉德、辩慧。国家只要有了这十种东西，即便国君不发动战争，国家也一定会削弱直至灭亡；国家如果没有这十种东西，即便国君发动战争，国家也一定会兴旺直至称王天下。国家以治理善民的思维治理奸民，就一定会发生动乱直至被削弱；国家以治理奸民的思维治理善民，就一定会繁荣安定直至强大。国家如果采用《诗经》《尚书》、礼制、乐制、孝道、善事兄长、善政、修己安人等儒家思想来治理，敌人来了，国家一定会被削弱；敌人若不来入侵，国家也一定会穷困。不采用这八种儒家思想治理国家，敌人就不敢来入侵，即使来了也会被击退。这种情况下如果发兵去讨伐别的国家，就一定能获得胜利，还能够得到利益；如果按兵不动，不去攻打别国，也一定会富足。国家如果重视实力，也就意味着奋斗的过程十分艰辛。国家如果重视空谈，那么奋斗过程就会十分轻松。如果国家选择了艰辛的行动，那么最终使一分的力气将得到十倍的回报；如果国家选择了轻松地行动，那么最终即便使出十分的力气，也将会丧失百倍的利益。

重罚轻赏，则上爱民，民死上；重赏轻罚，则上不爱民，民不死上。兴国行罚，民利且畏[①]；行赏，民利且爱。国无力而行知巧[②]者，必亡。怯民使以刑，必勇；勇民使以赏，则死。怯民勇，勇民死，国无敌者强，强必王。贫者使以刑[③]，则富；富者使以赏[④]，则贫。治国能令贫者富、富者贫[⑤]，则国多力，多力者王。王者刑九赏一，强国刑七赏三，削国刑五赏五。

注释

①民利且畏：指（在法治严明的条件下）百姓会选择对自己有利的行为，并且敬畏法令。《韩非子·五蠹》："是以赏莫如厚而信，使民利之；罚莫如重而必，使民畏之。"

②知巧：谋巧诈。知：通"智"。

③贫者使以刑：指以刑罚为后盾勒令贫穷的人去从事生产。

④富者使以赏：指以赏赐为手段鼓励富裕的人去交粮纳税。

⑤贫者富、富者贫：指贫者趋富，富者趋贫，缓解贫富分化。

译文

多用刑罚，少用赏赐，那么国君会爱护百姓，百姓也会誓死为国君效力；多用赏赐，少用刑罚，那么国君就不会爱护百姓，百姓也不会为国君誓死效力。兴盛的国家利用刑罚，（在法治严明的条件下）百姓会选择对自己有利的行为，并且敬畏法令；兴盛的国家利用赏赐，百姓也会选择有利于自己的行为，并且忠君爱国。国家没有实力而又惯用智谋巧诈的，必然灭亡。胆怯的人在刑罚的迫使下，必然会变得勇敢起来；勇敢的人在赏赐的激励下，必然会誓死效命。胆怯的人变得勇敢，勇敢的人誓死效命，国家就没有对手，就会强大。只要强大，就一定能称王天下。以刑罚为后盾勒令贫穷的人去从事生产，国家就会富足起来；以赏赐为手段鼓励富裕的人去交粮纳税，就会趋于贫穷。治理国家，如果能够使穷人趋富，富人趋贫，那么国家实力就会增强，实力强的国家就可以称王天下。实力能够称王天下的国家用九分刑罚一分赏赐，实力强大的国家用七分刑罚一分赏赐，实力弱的国家用五分刑罚五分赏赐。

国作一[①]一岁，十岁强；作一十岁，百岁强；作一百岁，千岁强；千岁强者王。威[②]，以一取十，以声取实，故能为威者王。能生不能杀[③]，曰自攻之国[④]，必削；能生能杀，曰攻敌之国，必强。故攻害、攻力、攻敌[⑤]，国用其二舍其一，必强；令用三者，威，必王。

注　释

①作一：即专心耕战。

②威：威势。

③生：生产，引申为积蓄实力。杀：消除，引申为使用实力。

④自攻之国：后文《说民》篇解释为“力多而不用，则志穷；志穷，则有私；有私，则有弱。故能生力，不能杀力，曰自攻之国”。就是指通过变革，国家蓄积了实力，而又不用，必定伤及自身，使国家被削弱。因为耕战之法，就是利出一处。秦国通过变革后，积蓄了大量的财富和粮食，只能通过战功去分配。如果

国家不去征战，没有战功，秦国分配利益就会失去农战之本，就会出现“国奸”，他们通过权势去分配利益，秦国的农战之本就会毁灭。这就是“故能生力，不能杀力，曰自攻之国，必削”的原因。

⑤攻害：消灭虱害。攻力：使用实力。

译文

国家专心从事耕战一年，就能强大十年；专心从事耕战十年，就能强大百年；专心从事耕战百年，就能强大千年；能够保持千年都强大的国家就能称王天下。国家有威势，就能以一取十，凭借声望来取得实际利益，所以能够成为有威势的国家就能称王天下。能积蓄实力却不能使用实力的国家，叫作自己伤害自己的国家，这样的国家一定会削弱；能积蓄实力也能使用实力的国家，叫作征伐敌国的国家，这样的国家一定强大。因此，消灭虱害、使用实力、攻打敌国这三点，国家使用其中的两项而舍弃一项，一定强大；假如三项全用，国家就会有威势，必定能称王天下。

十里断者①，国弱；五里断者，国强。以日治②者王，以夜治者强，以宿③治者削。

注释

①里：古代的居民行政单位，先秦时以二十五家为一里。断：决断，处理。十里断者：与下文“五里断者”均意指在基层决断、处理政事。

②治：处理好政务。

③宿：第二天。

译文

政事在十里之内做出决断的，国家就弱；在五里之内能做出决断的，国家就强大。在当日就能处理好政务的国家就能称王天下，在当夜才能处理好政务的国家就强大，第二天才能处理好政务的国家就会被削弱。

举[①]民众口数，生者著[②]，死者削[③]。民不逃粟[④]，野无荒草，则国富，国富者强。

注　释

①举：登记。

②著：著录。

③削：除去。

④逃粟：逃避赋税。

译　文

登记百姓户口，要做到一有人出生就立即录入户口，一有人死亡就立即从户口上注销。只要百姓不逃避赋税，田地不撂荒，那么国家就能富足，国家富足就能强大。

以刑去刑[①]，国治；以刑致刑[②]，国乱。故曰：行刑重轻[③]，刑去事成，国强；重重而轻轻[④]，刑至事生，国削。刑生力，力生强，强生威，威生惠。惠生于力。举力以成勇战，战以成知谋。

注　释

①以刑去刑：用刑罚遏止刑罚，指用从重的刑罚震慑百姓不敢去犯法，即违法成本高于违法收益，也就意味着用刑罚遏止了

因犯法而遭受的刑罚。

②以刑致刑：用刑罚产生刑罚，指用从轻的刑罚而使得人们敢于犯法，即违法成本低于违法收益，也就意味着刑罚不能遏止因犯法而受到的刑罚。

③重轻：即轻罪重罚。

④重重：重罪重罚。轻轻：轻罪轻罚。

译文

用重刑使得百姓不敢去犯法，国家就能繁荣安定；用轻刑导致百姓敢于犯法，国家就混乱不安。所以说：如果刑罚按照轻罪重罚的原则实施，即便不用刑罚也能起到遏止犯罪的效果，这样的国家就能强大；如果按照重罪重罚、轻罪轻罚的原则，即便使用了刑罚也不能遏止犯罪，这样的国家实力就会被削弱。刑罚产生出实力，实力使国家强大，强大产生威势，威势产生恩惠。也就是说，恩惠来源于实力。统合实力才能英勇作战，作战才能体现智谋。

金生[①]而粟死，粟生而金生。本物[②]贱，事者众，买者少，农困而奸劝[③]，其兵弱，国必削至亡。金一两生于竟[④]内，粟十二石[⑤]死于竟外；粟十二石生于竟内，金一两死于竟外。国好生金于竟内，则金粟两死，仓府两虚[⑥]，国弱；国好生粟于竟内，则金粟两生，仓府两实，国强。

注释

①金生：指赚钱。

②本物：即农作物收成。本：指农业生产。

③劝：鼓励。

④竟：通“境”。

⑤石（dàn）：容量单位，十斗为一石。

⑥仓：粮仓。府：府库，钱库。

译文

有了金钱就没有了粮食，有了粮食就有了金钱。农作物收成价格低廉，从事农业生产的人多，买的人又少，农民就会陷入贫困，而奸猾之人就会受到鼓励（不去从事农业生产），兵力就会变弱，国家就会被削弱直至灭亡。国内要赚到一两黄金，就要把十二石粮食卖到国外；国内购入十二石粮食，就要付给国外一两黄金。如果国家热衷于赚取金钱，则金钱和粮食都会损失，粮仓和府库都会空虚，国家实力就会衰弱；国家热衷于在境内囤积粮食，那么金钱和粮食都能得到，粮仓和府库都会充实，国家就会强大。

强国知十三数：竟内仓府之数，壮男壮女之数，老弱之数，官士之数①，以言说取食者之数，利民②之数，马、牛、刍藁③之数。欲强国，不知国十三数，地虽利，民虽众，国愈弱至削。

注释

①官：官吏。士：士民，即脱离生产的读书人。

②利民：工商业者。

③刍：喂牲畜的草料。藁：藁草，即干草。刍藁（chú gǎo）：即喂牲口的草料。

译文

要使国家强大就要知道以下十三个数目：境内粮仓、府库的数目，壮年男子、壮年女子的数目，老人、小孩的数目，官吏、士民的数目，靠游说谋生之人的数目，工商业者的数目，马、牛、喂牲口的草料数目。想要使国家强大，不知道国家的这十三个数目，土地即使肥沃，人口即使众多，国家实力也难免越来越弱。

国无怨民曰强国。兴兵而伐，则武爵武任[①]，必胜。按兵而农，粟爵粟任[②]，则国富。兵起而胜敌、按兵而国富者王。

注 释

①武爵武任：按军功给予爵位和官职。

②粟爵粟任：按种粮多少给予爵位和官职。

译 文

国内没有（对朝廷）有怨言的百姓的国家就叫作强国。如果发兵去攻打别国，那么按军功给予爵位和官职，就一定会取胜。如果按兵不动从事农耕，那么按生产缴纳粮食的多少给予爵位和官职，国家就一定富裕。发兵打仗就能战胜敌人、按兵不动就富足的国家就能称王天下。

说民第五

辩慧，乱之赞[1]也；礼乐，淫佚[2]之征也；慈仁[3]，过之母也；任举[4]，奸之鼠[5]也。乱有赞则行，淫佚有征则用，过有母则生，奸有鼠则不止。八者有群，民胜其政[6]。国无八者，政胜其民。民胜其政，国弱；政胜其民，兵强。故国有八者，上无以使守战，必削至亡。国无八者，上有以使守战，必兴至王。

注释

①赞：佐助。

②佚：放荡。

③慈：上层统治者对底层百姓的爱惜。仁：儒家的道德范畴，包括恭、宽、信、敏、惠、智、勇、忠、恕、孝、悌等内容。

④任举：引荐保举，指通过熟人朋友推举而当官任职。《礼记·儒行》："儒有闻善以相告也，见善以相示也，爵位相先也，患难相死也，久相待也，远相致也，其任举有如此者。"

⑤鼠：居处。

⑥民胜其政：与下文"政胜其民"分别指两种政治状态，即百姓抵制统治和百姓拥护统治。《淮南子·兵略训》："兵之胜败，本在于政。政胜其民，下附其上，则兵强矣；民胜其政，下畔其上，则兵弱矣。"

译文

聪明而富于辩才，是制造动乱的助手；礼制和乐制，是萎靡放荡的征兆；慈和仁是滋生犯罪的根源；引荐与保举，是奸邪的藏身之地。动乱有了帮助才能四处蔓延，萎靡放荡有了征兆才会兴起，犯罪有了根源才能滋生，奸邪有了藏身之地就无法遏止。这八种东西一旦泛滥，百姓就会抵制统治。国家如果没有这八种东西，百姓就会拥护统治。百姓抵制统治，国家就弱小；百姓拥护统治，兵力就强大。所以，国家如果有这八种东西，朝廷就没有人力可以派去防守和打仗，国家一定会被削弱直到灭亡。国家没有这八种东西，朝廷就有人力可以派去防守和打仗，国家就一定兴盛直至称王天下。

用善①，则民亲其亲；任奸②，则民亲其制。合而复者③，善也；别而规者④，奸也。章⑤善则过匿，任奸则罪诛。过匿，则民胜法；罪诛，则法胜民。民胜法，国乱；法胜民，兵强。故曰：以良民治，必乱至削；以奸民治，必治至强。

注释

①善：即善政，是儒家以德治为中心的为政理念。这种理念假定人们都是好人，主张教育、感化，属于人治，忽略制度的约束。

②任奸：即依靠法家以法治国的为政理念治理国家。这种理念与“用善”恰恰相反，假定人们都有奸邪之心，因此必须设立严密的制度防止其作恶，督促其不作恶。任：依靠。奸：以……为奸邪，把……当作奸邪。

③合：协同，引申为讲人情。复：通“覆”，掩盖，遮掩。

④别：疏，疏离，引申为不讲人情。规：指以法制约束。

⑤章：通“彰”，彰显。

译　文

用善政的理念治理百姓，那么百姓就只亲近他们的亲朋好友；依靠法制治理百姓，那么百姓就会亲近法制。讲人情互相掩盖罪责过失，这就是善政；不讲人情而以法制约束，这就是把人当作奸邪之人。彰显善政的话，罪责就会被掩盖起来，依靠法制来治理，那么犯罪行为就会得到惩处。罪责得到掩盖，那么百姓就会抵制法制；犯罪行为得到惩处，百姓就会拥护法制。百姓抵制法制，国家就会动乱；百姓拥护法制，国家的兵力就强大。所以说，用对待良民的办法来治理国家，国家就一定会动乱直至被削弱；用对待奸民的办法来治理国家，国家就一定会繁荣安定直至强大。

国以难攻，起一取十；国以易攻，起十亡百。国好力曰以难攻，国好言曰以易攻。民易为言，难为用①。国法作②民之所难，兵用民之所易，而以力攻者，起一得十；国法作民之所易，兵用民之所难，而以言攻者，出十亡百。

注　释

①用：出力。

②作：振作，鼓舞，这里引申为鼓励。

译　文

国家通过艰难的途径去争取，用一分力量能取得十分效果；国家通过轻松的途径去争取，用十分力量会付出百倍的代价。国家崇尚实力就叫作通过艰难的途径去争取，国家崇尚空谈就叫作通过轻松的途径去争取。百姓更易于倾向空谈，而难于为国家出力。国家的制度鼓励百姓做难于去做的事，在用兵时让他们出力就会很容易，靠实力去实现目标，用一分力量就能获得十倍的收获；国家的制度鼓励百姓去做易于去做的事，在用兵时让百姓出力就会很困难，靠空谈去实现目标，那么出十分的力量就会付出百倍的代价。

罚重，爵尊；赏轻，刑威[1]。爵尊，上爱民；刑威，民死上。故兴国行罚，则民利；用赏，则上重。法详，则刑繁；法繁，则刑省。民不治则乱，乱而治之又乱。故治之于其治，则治；治之于其乱，则乱。民之情也治，其事也乱。故行刑，重其轻者，轻者不生，则重者无从至矣，此谓治之于其治者。行刑，重其重者，轻其轻者，轻者不止，则重者无从止矣，此谓治之于其乱也。故重轻，则刑去事成，国强；重重而轻轻，则刑至而事生，国削。

注　释

①威：威严。

译　文

刑罚重，就会反衬出（赏赐的）爵位的尊贵；赏赐轻，就会反衬出刑罚的威严。爵位尊贵，君主才能以此爱惜百姓；刑罚有威严，百姓才会拼死为君主效命。所以兴盛的国家使用刑罚，百姓就会受益；施用奖赏，君主就会受到尊重。法制周详，那么刑罚就会繁多；刑罚繁多，那么受到刑罚的人就会减少。如果不对百姓进行治理，国家就会陷入混乱，陷入混乱了才去治理就会更乱。所以治理国家要在社会安定的时候，这样才能治理好；在国家混乱的时候去治理，就会更乱。百姓心里希望国家安定，但他们做的事情有些却会使国家混乱。所以使用刑罚，对轻罪施行重罚，那么轻微的犯罪就不会发生，严重的犯罪就不能随之滋生了，这就叫在安定的时候去治理。使用刑罚时对重罪施行重罚，对轻罪施行轻罚，那么轻微的犯罪会不断产生，严重的犯罪更无法制止，这就叫在混乱的时候去治理。所以如果轻罪重罚，那么即便不用刑罚也能遏止犯罪，国家就会强大；如果重罪重罚而轻罪轻罚，即便不断使用刑罚，犯罪也会不断滋生，国家定会被削弱。

民勇，则赏之以其所欲；民怯，则杀[①]之以其所恶。故怯民使之以刑，则勇；勇民使之以赏，则死。怯民勇，勇民死，国无敌者必王。

注 释

①杀：消除。

译 文

百姓勇敢，那么就应该用百姓想要的东西来奖赏他们；百姓胆怯，那么就用他们厌恶的东西来消除他们的胆怯。因此对胆小的百姓用刑罚（进行威慑），那么他们就会变得勇敢；对勇敢的百姓用奖赏（进行诱导），那么他们就会拼死效力。胆小的百姓变勇敢，勇敢的百姓拼死效力，这样所向无敌的国家一定能称王天下。

民贫则国弱，富则淫，淫则有虱，有虱则弱。故贫者益之以刑[①]，则富；富者损之以赏[②]，则贫。治国之举，贵令贫者富，富者贫。贫者富，国强；富者贫，三官无虱。国久强而无虱者必王。

注　释

①贫者益之以刑：指用刑罚威逼穷人从事耕战来增加其自身财富。

②富者损之以赏：指用赏赐诱导富人贡献赋税来减少其自身财富。

译　文

百姓贫穷那么国家实力就会弱小，百姓富裕那么就会萎靡不振，百姓萎靡不振就会出现虱害，出现虱害国家就会被削弱。用刑罚威逼穷人从事耕战来增加其自身财富，他们会相对富足；用赏赐诱导富人贡献赋税来减少其自身财富，他们就会相对贫穷。治理国家的措施，最重要的是使穷人变富裕，使富人变贫穷。穷人变富裕，国家就会强大；富人变贫穷，农民、官吏、商人这三种职业就不会有虱害产生。国家能长期保持强大而没有虱害产生，一定能称王天下。

刑生力，力生强，强生威，威生德，德[①]生于刑。故刑多，则赏重；赏少，则刑重。民之有欲有恶也，欲有六淫[②]，恶有四难[③]。从[④]六淫，国弱；行四难，兵强。故王者刑于九而赏出一[⑤]。刑于九，则六淫止；赏出一，则四难行。六淫止，则国无奸；四难行，则兵无敌。

注　释

①德：仁德。

②六淫：指六种虱害，即《去强》篇提到的“岁、食、美、好、志、行”。

③四难：指四种令人畏难的事，一种说法是指“严刑、峻法、

力农、务战”，另一种说法是指“务农、力战、出钱、告奸”。

④从：放任。

⑤九：虚数，引申为很多。一：唯一，即耕战。

译文

刑罚能产生实力，实力能产生强大，强大能产生威势，威势能产生仁德，仁德从刑罚中产生。因此若刑罚多了，那么奖赏就显得丰厚了；奖赏少了，那么刑罚就显得严厉了。百姓有喜欢的事也有讨厌的事，百姓所喜欢的事就有六种虱害，他们讨厌的事有四种令人畏难的事。国家放任六种虱害蔓延，国家实力就会被削弱；国家力行四种令人畏难的事，兵力就强大。所以能称王天下的国家，刑罚的运用面就很广，奖赏却只从耕战这一个途径产生。刑罚运用面广，那么六种虱害就能遏止；奖赏只从耕战这一个途径出，那么四种令人畏难的事就能推行。六种虱害被遏止，那么国家就没有奸邪；四种令人畏难的事能推行，那么军队就没有敌手。

民之所欲万，而利之所出一。民非一，则无以致欲，故作一。作一，则力抟；力抟，则强。强而用，重强。故能生力能杀力，曰攻敌之国，必强。塞私道以穷其志①，启一门以致其欲。使民必先行其所恶，然后致其所欲，故力多。力多而不用，则志穷；志穷，则有私；有私，则有弱。故能生力，不能杀力，曰自攻之国，必削。故曰：王者，国不蓄力，家不积粟。国不蓄力，下用也；家不积粟，上藏也。

注释

①塞：堵塞。私道：谋求私利的途径。志：妄想。

译文

百姓所想要的东西很多，可是能获得赏赐的途径只有农耕和作战。百姓不通过这个途径，就无法获得他们想要的东西，所以百姓必须专心从事农耕和作战。百姓专心从事农耕和作战，那么力量就能集中；力量集中，国家就会强大。强大的国力能得到运用，国家就会越来越强。因此，能够创造实力而又能使用实力的国家，叫作征伐敌人的国家，这样的国家一定强大。堵塞谋求个人私利的门路来断绝百姓的妄想，只打开耕战这一条门路来满足百姓的需求。让百姓一定先做他们所厌恶的事情，然后获得他们想要的东西，于是国家的实力才能雄厚。实力雄厚却不使用，那么百姓的期望就会落空；百姓的期望落空，那么百姓就会产生私心；百姓有了私心，国家的实力就会被削弱。因此，能够创造实力，不能使用实力的国家，叫作自己伤害自己国家，一定会被削弱。所以说：能够称王天下的国家，国家不储存实力，百姓家中也不囤积粮食。国家不储存实力，是为了调动百姓的力量；百姓的家中不存粮食，是因为粮食储藏在官仓中。

国治：断家王[①]，断官强，断君弱。重轻，刑去。常官，则治。省刑，要保[②]。赏不可倍[③]也，有奸必告[④]之，则民断于心，上令而民知所以应。器[⑤]成于家而行于官，则事断于家。故王者刑赏断于民心，器用断于家。治明，则同；治暗，则异。同则行，异则止。行则治，止则乱。治，则家断；乱，则君断。治国者贵下断，故以十里断者弱，以五里断者强。家断则有余，故曰：日治者王。官断则不足，故曰：夜治者强。君断则乱，故曰：宿治者削。故有道之国，治不听君[⑥]，民不从官。

注释

①断：决断。家：指春秋战国时卿大夫或卿大夫的食邑。

②要保：指连保、连坐制度。

③倍：通“背”，违背，指不守信。

④告：告发。

⑤器：古代标志爵位名号的器物、祭祀的礼器以及武器都称为“器”，引申为族规、家法。族规、家法与国家法令是一个体系，这是中国古代法典体系的特点。

⑥治不听君：与下文“民不从官”意指实行法治后，大家都依法行政、依法办事，政务处理、民事安排都不以上级的意志为转移，摆脱人治。

译文

治理国家有三种情况：事情在封地食邑内就能决断的国家能称霸天下，事情要由官吏来决断的国家就强大，事情要由国君来决断的国家就弱。轻罪重罚，因犯罪而产生的刑罚就能避免。依法选用官吏，国家就能繁荣安定。简减刑罚，建立连坐连保制度。承诺的奖赏不能失信，出现奸邪必须告发，那么百姓的心中就能明辨是非，国君发出命令百姓就能明白做出响应。族规、家法在封地食邑内形成而运用于官府中（成为国法），那么事情在封地食邑就能决断。所以称王天下的国家百姓心中对刑罚和奖赏（的看法）十分明确，族规、家法在封地食邑内用于决断事情。社会政治清明，那么百姓就会心齐；社会政治黑暗，百姓就会产生异心。百姓心齐，法令就能得到执行；百姓有异心，法令就得不到执行。法令能得到执行，国家就能繁荣安定；法令得不到执行，国家就会混乱。国家繁荣安定，那么在封地食邑中就能决断事情；国家混乱，那就要靠君主做决断。治理国家最可贵的是能在基层做出决断，所以十里以内做出决断的国家弱，在五里以内做出决断的国家强。事情在封地食邑内决断的，官府的办事时间就充足。因此说：在当天把政事处理好的国家就能称王天下。事情都要由官府来决断的，官府的办事时间就不足。所以说当晚才能处理好政务的国家就只能变强大（而不能称王天下）。事情都要由国君来决断的国家就会忙乱，所以第二天才能处理好政务的国家实力就会被削弱。因此，治理得当的国家，处理政务不必事事听从国君的指令，百姓办事也不必事事听从官吏的安排。

算地第六

凡世主之患[①]：用兵者不量力，治草莱者不度地[②]。故有地狭而民众者，民胜[③]其地；地广而民少者，地胜其民。民胜其地，务开[④]；地胜其民者，事徕[⑤]。开徕，则行[⑥]倍。民过地，则国功寡而兵力少；地过民，则山泽财物不为用。夫弃天物、遂民淫者[⑦]，世主之务过也。而上下事之，故民众而兵弱，地大而力小。故为国任地[⑧]者：山林居什一[⑨]，薮泽[⑩]居什一，溪谷流水居什一，都邑蹊道居什一[⑪]，恶田居什二，良田居什四，此先王之正律也。故为国分田，数小，亩五百，足待一役[⑫]，此地不任也。方土百里，出战卒万人者，数小也。此其垦田足以食其民，都邑遂路足以处其民，山林、薮泽、溪谷足以供其利，薮泽堤防足以畜[⑬]。故兵出，粮给而财有余；兵休，民作而畜长足。此所谓任地待役之律也。

注 释

①患：忧患。

②草莱：荒芜之地。度（duó）：丈量。

③胜：超过。

④务：从事。开：开垦。

⑤事：从事。徕：招徕。

⑥行：将，将会。

⑦天物：指鸟兽草木等自然界生长的东西。《后汉书·皇后

纪上·和熹邓皇后》："未有内遭家难，外遇灾害，览总大麓，经营天物，功德巍巍若兹者也。"遂：放任。淫：指游手好闲。

⑧任地：利用土地。《吕氏春秋·上农》："上田夫食九人，下田夫食五人，可以益，不可以损。一人治之，十人食之，六畜皆在其中矣。此大任地之道也。"

⑨什一：十分之一。

⑩薮泽：水草茂密的沼泽湖泊地带。

⑪都邑：泛指城邑，就是城或一般较大的居民点，是人口集居之地。《战国策·赵策》："入都邑，观人民谣俗。"蹊道：道路。

⑫一役：一场战役。

⑬畜：通"蓄"，积蓄，储备。

译文

一般国君的忧患在于：用兵作战时不衡量自己的实力，开垦荒地时不丈量好土地。因此有的地方狭小而人口众多，人口的数量超过了所拥有的土地；有的土地广阔而人口稀少，土地面积超过人口数量。人口数量超过所拥有的土地，就要努力开垦土地；土地面积超过人口，就要想办法招徕人口（来开荒）。开垦荒地和招徕人口，国力将成倍增长。人口超过了所拥有的土地，那么国家就难以发展而且兵力不足；土地面积超过人口数量，那么国家的山林、湖泽、财富、物资就不能得到充分利用。放弃自然物产，放任百姓游手好闲，这是国君在政务上的过失。而如果上上下下都这么做，就会人口虽多而军队实力却很弱，土地虽广而国家的实力却很弱。所以国君治理国家时土地利用的比例应该是：山林占十分之一，湖泊沼泽占十分之一，河流占十分之一，城邑和道路占十分之一，薄田占十分之二，良田占十分之四，这是前代帝王（运用过）的正确法则。所以治理国家给百姓分配耕地，人数少（于耕地数），每户农户分得五百亩，（国家从中获得的赋税）足以应付一场战争，这是土地没有得到充分利用。土地方圆百里，能派出兵士一万人，这是因为人数少（于土地数）。因此要让可耕种的土地足以养活那里的百姓，山林、湖泊、河流足够供应百姓各种生活资料，湖泊的堤坝足够积蓄水源。这样的话，军队出征作战，就粮食供应充足而且财力有余；战事结束时，百姓都从事农耕而储备充足。这就叫利用土地备战的法则。

今世主有地方数千里，食不足以待役实仓，而兵为邻敌，臣故为世主患之。夫地大而不垦者，与无地同；民众而不用者，与无民同。故为国之数[①]，务在垦草；用兵之道，务在一赏。私利塞于外，则民务属[②]于农；属于农，则朴；朴，则畏令。私赏禁于下，则民力抟于敌；抟于敌，则胜。奚[③]以知其然也？夫民之情，朴则生劳而易力[④]，穷则生知而权利[⑤]。易力则轻死而乐用，权利则畏罚而易苦[⑥]。易苦则地力尽，乐用则兵力尽。夫治国者，能尽地力而致民死者，名与利交至。

注　释

①数：法则，规律。

②属（zhǔ）：专注。

③奚：为什么，表疑问的副词。

④劳：劳作。易力：肯出力。

⑤穷：指处境困难。知：见解。权利：权衡利弊。

⑥易苦：肯吃苦。

译　文

现今的君主拥有方圆数千里的土地，粮食不足以应付战事、充实粮仓，可军队却以邻国为敌，我因此为君主担忧。土地广阔而不去开垦，与没有土地一样；人口众多而不加利用，与没有人口一样。所以，治理国家的法则，关键是开垦荒地；用兵的原理，重点是统一奖赏标准。堵住百姓其他的获利途径，那么百姓就会专注于农业生产；专注于农业生产，百姓就会淳朴；百姓淳朴，就会畏惧法令。禁止臣下的私自赏赐，那么民力就会集中于对敌作战；集中力量对敌作战则必然胜利。为什么知道会这样呢？（由于）人之常情，百姓淳朴就会劳作而不惜气力，处境困难就会产生见解而权衡利弊。不惜气力就不怕牺牲而愿意出力，权衡利弊就会担心受罚而愿意吃苦。愿意吃苦就能够最大限度挖掘土地的潜力，愿意出力就会最大限度挖掘出军队的潜力。所以治理国家的人，如果能够最大限度挖掘土地的潜力而且使百姓誓死效力，名望和财利必然纷至沓来。

民之性：饥而求食，劳而求佚①，苦则索乐，辱则求荣，此民之情也。民之求利，失礼之法②；求名，失性之常③。奚以论其然也？今夫盗贼，上犯君上之所禁，而下失臣民之礼，故名辱而身危，犹不止者，利也。其上世④之士，衣不暖肤，食不满肠，苦其志意，劳其四肢，伤其五脏，而益裕广耳⑤，非性之常也，而为之者，名也。故曰：名利之所凑⑥，则民道⑦之。

注　释

①佚：通“逸”，安闲。

②礼：社会规范。法：规定。

③性：这里指生活。常：伦常。

④上世：前代，古代。

⑤益：更加。裕：多。

⑥凑：聚集。

⑦道：诱导。

译文

人的本性是：饿了就要寻找食物，累了就寻求安闲，痛苦了就寻找欢乐，屈辱了就追求荣耀，这是人之常情。人追求个人私利时，经常会违背有关社会规范的规定；追求名誉，经常会违背有关生活的伦常。根据什么这样说呢？现在的盗贼，对上违反了君主的禁令，而对下丧失了作为臣民的礼仪，因此他们的名声不好听而且也有生命危险，但他们仍然不愿停止，这是因为利益关系。那些古代的士人，穿的衣服不能温暖身体，吃的食物不能填饱胃肠，磨炼自己的意志，辛劳自己的四肢，伤害自己的五脏，而加入（这一行列）的人越来越多，这不是人之常情，这样做的人，为的是名誉。所以说：把握住名利这两样东西，就掌握了治理百姓的规律。

主操名利之柄而能致功名者，数也。圣人审权以操柄①，审数②以使民。数者，臣主之术③，而国之要也。故万乘失数而不危，臣主失术而不乱者，未之有也。今世主欲辟地治民而不审数，臣欲尽其事而不立术，故国有不服④之民，主有不令⑤之臣。故圣人之为国也，入令民以属农，出令民以计⑥战。夫农，民之所苦；而战，民之所危⑦也。犯⑧其所苦行其所危者，计⑨也。故民生则计利，死则虑名。名利之所出，不可不审也。利出于地，则民尽力；名出于战，则民致死。入使民尽力，则草不荒；出使民致死，则胜敌。胜敌而草不荒，富强之功可坐而致也。

注释

①审权：慎重运用权势。操柄：掌权。

②审数：讲究统治方法。

③术：方法，手段。这里指政治上的做法、措施。

④不服：不臣服，不顺服。

⑤不令：不听从命令。

⑥计：考虑。

⑦危：忧惧，害怕。

⑧犯：指从事。

⑨计：衡量。

译文

君主掌握着给予百姓名誉和利益的大权而能让人去求取功绩和名誉，是因为掌握了统治方法。圣明的君主通过慎重运用权势而达到掌权的目的，通过讲究统治方法而统治百姓。统治方法，是君主治国的措施，也是治国的关键。所以，拥有万辆兵车的大国统治失误却不危险，君主的统治措施失当而国家不混乱的情况，从来也没有过。现在君主想要开疆拓土治理百姓却不讲究统治方法，臣子想要尽职尽责而不确立治国措施。于是国家就会有不顺服的百姓，君主就会有不听命的臣子。因此圣明的君主治理国家，在国内让百姓专注于农业生产，对外让百姓考虑对敌作战。从事农业生产，是百姓认为辛苦的事；而打仗，是百姓所害怕的事。百姓愿意从事辛苦的事，做自己所害怕的事，这是出于一种衡量。所以百姓活着就要衡量自己的利益，死时也会考虑自己的名望。对于名誉和利益的来源，不能不去审视。利益来源于土地，那么百姓就会尽力耕地；名誉来源于对外作战，那么百姓就会拼死打仗。在国内让百姓尽力耕地，那么土地就不会荒芜；对外让百姓拼死作战，就能战胜敌国。能战胜敌国而土地又不会荒芜，富强的功业便唾手可得了。

今则不然。世主之所以加务者[①]，皆非国之急也。身有尧、舜之行，而功不及汤、武之略②者，此执柄③之罪也。臣请语其过：夫治国舍势而任谈说，则身修④而功寡。故事《诗》《书》、谈说之士⑤，则民游而轻其君；事处士⑥，则民远而非其上；事勇士，则民竞而轻其禁⑦；技艺之士用，则民剽⑧而易徙；商贾之士佚且利，则民缘⑨而议其上。故五民加于国用，则田荒而兵弱。谈说之士资⑩在于口，处士资在于意⑪，勇士资在于气⑫，技艺之士资在于手，商贾之士资在于身。故天下一宅，而圜身⑬资。民资重于身，而偏⑭托势于外。挟重资⑮，归偏家⑯，尧、舜之所难也。故汤、武禁之，则功立而名成。圣人非能以世之所易胜其所难也，必以其所难胜其所易。故民愚，则知可以胜之；世知，则力可以胜之。臣愚，则易力而难巧；世巧，则易知而难力。故神农教耕而王天下，师其知也；汤、武致强而征诸侯，服其力也。今世巧而民淫，方效⑰汤、武之时，而行神农之事，以随世禁⑱。故千乘惑乱，此其所加务者，过也。

注　释

①加：更加。务：追求。

②略：边界，这里引申为水准、水平、境界。《小尔雅》："略，界也。"

③执柄：掌权者，意指君主。

④身修：指"修己安人"中的"修己"，即贵族提高自身思想道德文化的"修养"。修：即儒家的修己安人。

⑤士：先秦时期贵族的最低等级，位次于大夫。战国时的"士"，有著书立说的学士，有为知己者死的勇士，有懂阴阳历算的方士，有为人出谋划策的策士，有掌握技能的技艺之士，有经营工商的商贾之士（如管仲、鲍叔牙早年就曾经商，范蠡是士人

经商致富的典型，子贡既是士又是大商人，战国时期魏国的白圭也是著名的士兼商人)。

⑥事：任用。处士：古时称有德才而隐居不愿做官的人。古人认为男子隐居不出仕，讨厌官场的污浊，这是德行很高的人方能做出的选择。《史记·殷本纪》："或曰，伊尹处士，汤使人聘迎之，五反然后肯往从汤，言素王及九主之事。汤举任以国政。"

⑦竞：好争斗。禁：禁令，含有禁戒性的条规及法令。

⑧剽：通"漂"，轻浮好动。

⑨缘：攀援，引申为攀附的意思。

⑩资：指可以凭借的资本。

⑪意：意志。

⑫气：义气。

⑬圜身：指浑身、全身。圜：通"环"，环绕。

⑭偏：通"遍"，普遍。

⑮重资：指借以安身立命的重大本事、技能。

⑯归偏家：归附私门，即成为贵族豪强的门客。

⑰方效：仿效。

⑱世禁：世俗忌讳，指害怕因使用强力而被世人非议。

译文

现在情况却不是这样。君主拼命追求的东西，都不是国家所急需的。即便他们身上有尧、舜一样的品德，但他们所建立的功绩却赶不上商汤和周武王的水平，这是君主的过错。请让臣分析他们的过错：治理国家假如放弃实力而选择空谈，那么虽然能提升自己的修养却很少能建功立业。所以任用善读《诗经》《尚书》的空谈游说之士，百姓就会四处游荡而且轻视君主；任用那些隐逸之士，百姓就会疏远君主而且诽谤君主；任用勇士，百姓就会好争斗而且轻视禁令；技艺之士被任用，百姓就会轻浮好动而且容易迁移；商贾之士安闲而且容易赚钱，百姓就会攀附他们而且非议君主。如果这五种人被国家选用，那么田地就会荒芜而且军队的战斗力也会削弱。空谈游说之士的资本在于嘴巴，隐逸之士的资本在于意志，勇士的资本在于义气，技艺之士的资本在于双手，商贾之士的资本在于他们自身。所以，这些人以四海为家，而且浑身上下都是他们的资本。百姓把这些资本看得比生命还重要，而且到处寻求国外权势去依附。若百姓凭借安身立命的本事归附贵族豪强，即便是尧、舜这样的君主也难以将国家治理好。因此商汤和周武王下令禁止这种情况，便功成名就。圣明的君主不能用世上容易做到的去战胜难以做到的，一定是用难以做到的来战胜容易做到的。如果人们愚昧，便可以用智慧战胜他们；如果世人有智慧，就可以用力量战胜他们。人们愚昧，他们就会以出力气为易而以使用智巧为难；世人有智巧，他们就会以智慧为易而以出力为难。古代的神农氏教会人们耕田而成为天下帝王，这是因为人们要学习他的智慧；商汤和周武王拥有强大的实力而且去征讨天下诸侯，这是因为诸侯屈服于他们的强力。现在世人多智巧而且百姓多萎靡放荡，正是仿效商汤和周武王的时候，可是君主们却去做类似于神农氏当年做的事，顺从世俗的忌讳。之所以拥有一千辆兵车的大国也会出现混乱，这是因为他们拼命追求的东西，都是错的！

民之生[①]：度而取长，称而取重，权而索利。明君慎观三者，则国治可立，而民能[②]可得。国之所以求民者少，而民之所以避求者多。入使民属于农，出使民一于战。故圣人之治也，多禁以止能[③]，任力以穷诈[④]。两者偏用[⑤]，则境内之民一；民一，则农；农则朴；朴则安居而恶出。故圣人之为国也，民资藏于地，而偏[⑥]托危于外。资藏于地则朴，托危于外则惑。民入则朴，出则惑，故其农勉而战戢[⑦]也。民之农勉则资重，战戢则邻危。资重则不可负而逃，邻危则不归于外。无资归危外托，狂夫之所不为也。故圣人之为国也，观俗立法则治，察国事本则宜⑧。不观时俗，不察国本，则其法立而民乱，事剧⑨而功寡。此臣之所谓过也。

注释

①生：通"性"，指天性，禀赋。

②民能：百姓的才能。《韩非子·八经》："设法度以齐民，信赏罚以尽民能。"

③能：指逃避国家要求（役使）的办法。

④任力：费尽心力，尽力。《韩非子·说疑》："是以群臣居则修身，动则任力。"《文心雕龙·事类》："扬班以下，莫不取资，任力耕耨，纵意渔猎，操刀能割，必列膏腴。"穷：杜绝。

⑤偏用：推广使用。偏：通"遍"，普遍。

⑥偏：很少。

⑦戢：积极。

⑧察：知晓。事本：从事根本之业，指耕战。宜：和顺，调和顺适。

⑨剧：繁多。

译文

人的天性是：用尺量东西的时候就会取长弃短，用秤来称东西的时候就会取重弃轻，衡量个人得失的时候就会选择对自己有利的。英明的君主认真分析这三种情况，那么治理国家的原则就能确立，而且百姓的能力就可以得到利用。国家对百姓的要求不多，可百姓逃避国家要求的办法很多。在国内促使百姓专注于农业生产，对外让百姓专心于作战。所以圣明的君主治理国家，制定很多禁令来限制百姓那些逃避国家役使的办法，费尽心力去杜绝奸诈的行为。这两个办法推广使用，那国内的百姓就会一心了；百姓一心，就会专心务农；百姓专心务农就会淳朴；百姓淳朴就会安于居所而厌恶远游。所以圣明的君主治理国家，让百姓将谋生资本寄托到土地里，而使他们很少去依附外国危险之地。

百姓将谋生资本寄托到土地里就会淳朴，依附外国危险之地就会感到迷惑。百姓在国内朴实，在国外迷惑，于是他们会努力从事农业生产而且积极作战。百姓努力从事农业生产财物就会增多，积极作战邻国就会危险。财物多就不容易带着出逃，邻国危险就不会去归附。没有资本去归附外国危险之地，就是疯子也不会这么做。所以圣明的君主治理国家，观察世俗订立法制就能让国家繁荣安定，知晓国家实际情况从事耕战就能让国家调和顺适。不观察世俗，不知晓国家的根本所在，那么即便订立了法制百姓也会混乱，政事繁多而功绩少。这就是臣所说的过失啊。

夫刑者，所以禁邪也；而赏者，所以助禁也。羞辱劳苦者，民之所恶也；显荣佚乐者[①]，民之所务也。故其国刑[②]不可恶，而爵禄[③]不足务也，此亡国之兆也。刑人复漏[④]，则小人辟淫而不苦刑[⑤]，则侥幸于上[⑥]以利求。显荣之门不一，则君子事势以成名[⑦]。小人不避其禁，故刑烦[⑧]。君子不设[⑨]其令，则罚舛[⑩]。刑烦而罚舛者，国多奸，则富者不能守其财，而贫者不能事其业，田荒而国贫。田荒，则民诈生；国贫，则上匮赏。故圣人之为治也，刑人无国位[⑪]，戮人[⑫]无官任。刑人有列[⑬]，则君子下其位；衣锦食肉，则小人冀[⑭]其利。君子下其位则羞功，小人冀其利则伐[⑮]奸。故刑戮者所以止奸也，而官爵者所以劝功也。今国立爵而民羞之，设刑而民乐之，此盖法术[⑯]之患也。故君子操权一正以立术[⑰]，立官贵爵以称[⑱]之，论劳举功以任之，则是上下之称平。上下之称平，则臣得尽其力，而主得专其柄。

注　释

①显荣：显赫荣耀。佚乐：安逸享乐。佚：通“逸”。

②国刑：国家的刑律。

③爵禄：官爵和俸禄。

④复：覆盖，引申为庇护。漏：漏网。

⑤小人：指平民百姓。辟淫：邪僻放荡。苦：愁苦。

⑥上：这里指来自上层（官府）的惩罚。

⑦君子：这里指官吏。事势：指趋炎附势。

⑧烦：通“繁”，繁多。

⑨设：施行。《吕氏春秋》：“各一则不设。”

⑩舛：错乱。

⑪刑人：受刑之人。国位：指爵位。

⑫戮人：受过刑罚的罪人。

⑬列：位次，这里仍指爵位。

⑭冀：希求。

⑮伐：夸耀。

⑯术：方法，策略。这里指施政方略。

⑰君子：这里特指统治者，即君主。一正：统一法度政令。术：这里指法律。《广雅》：“术，法也。”

⑱称：称赞，褒扬。

译　文

刑罚，是用来遏止奸邪的；而奖赏，是用来辅助禁令实施的。蒙羞受辱和劳累辛苦，是百姓所厌恶的；显赫荣耀和安逸享乐，是百姓所追求的。所以如果国家的刑律不被人厌恶，而官爵和俸禄也足以吸引人去追求，这是亡国的征兆。如果该受刑罚的人被庇护而得以逃开刑罚，那么百姓就会因此邪僻放荡而且不会对刑罚感到愁苦，就会在追求私利的过程中心怀不被惩罚的侥幸心理。如果获得显赫荣耀的途径不统一，那么官吏就会趋炎附势以求成就名望。百姓违反国家禁令，于是招致的刑罚就必然繁多。官吏不执行法令，处罚必然错乱。刑罚繁多而处罚错乱，就会导致国家的奸邪之人增多，于是富人就不能保有他们的财物，而且穷人也不能正常从事他们的工作，最终导致田地荒芜而且国家贫弱。田地荒芜，百姓就会以欺诈为谋生手段；国家贫弱，君主就会缺乏（财物）进行奖赏。因而，圣明的君主治理国家，受过刑的人没有爵位，犯过罪的得不到官职。如果受过刑的人能有爵位，那么官吏就会轻视自己的爵位；如果犯过罪的人能锦衣玉食，那么百姓就会希求获得像他们一样（不当）的利益。官吏轻视爵位就会羞于为国出力；百姓贪图（不当的）利益就会夸耀自己的奸巧。因此说刑罚原本是用来遏止奸邪的，而官爵原本是用来鼓励立功的。现在国家设立官爵而百姓羞于取得，设立刑律而百姓乐于违背，这都是法制和施政方略上的过失。因此君主掌权统一法度政令并明确法制，通过设立官职和尊贵爵位来褒扬（有功者），按照辛劳程度和功绩大小来任用（官吏），那么就会使上上下下都认为公平。上下下都认为公平，臣子就会为国尽力，君主也能独揽大权。

开塞[1]第七

天地设而民生之。当此之时也，民知其母而不知其父，其道亲亲而爱私[2]。亲亲则别[3]，爱私则险[4]。民众，而以别险为务，则民乱。当此时也，民务胜而力征[5]。务胜则争，力征则讼[6]，讼而无正，则莫得其性也[7]。故贤者立中正，设无私，而民说仁[8]。当此时也，亲亲废，上[9]贤立矣。凡仁者以爱利[10]为务，而贤者以相出[11]为道。民众而无制，久而相出为道，则有乱。故圣人承[12]之，作为土地、货财、男女之分。分定而无制，不可，故立禁；禁立而莫之司[13]，不可，故立官；官设而莫之一，不可，故立君。既立君，则上贤废而贵贵[14]立矣。然则上世亲亲而爱私，中世上贤而说仁，下世贵贵而尊官。上贤者以道相出也，而立君者使贤无用也。亲亲者以私为道也，而中正者使私无行也。此三者非事相反也，民道弊而所重易也[15]，世事变而行道异也。

注释

①开塞：开启被阻塞的道路，引申为清除政治弊端。

②亲亲：爱自己的亲人。爱私：喜欢私利。

③别：区别亲疏关系。

④险：性情阴险。

⑤胜：胜过，超过。征：争夺。

⑥讼：纠纷。

⑦莫得：没有。性：生存，生活。《左传·昭公十九年》："民乐其性，而无寇仇。"

⑧说：通"悦"。仁：仁政。

⑨上：崇尚。

⑩爱利：指爱护、加惠于他人。《庄子·徐无鬼》："夫民不难聚也，爱之则亲，利之则至，誉之则功，致其所恶则散，爱利出乎仁义。"

⑪相出：指推举贤人。

⑫承：顺应。

⑬司：掌管。

⑭贵贵：崇尚显贵。

⑮弊：决定。重（chóng）：又，再次。

译文

开天辟地之后人类诞生了。在这个时候，人类只知道自己的母亲却不知道自己的父亲，他们的处世原则是爱自己的亲人而且喜欢私利。爱自己的亲人就会区别亲疏，喜欢私利就会变得性情阴险。人口多起来，又都区别亲疏、性情阴险，那人们就会混乱。这个时期人们都尽全力想胜过别人并竭力争夺财物。想胜过别人就会发生争斗，争夺财物就会产生纠纷，发生了纠纷却没有公正的准则来调解，那人们就没有办法过正常生活。所以有德之人确立了公正的准则，施行无私的措施，于是人们喜欢仁政。在这个时候，只爱亲人的思想被摒弃了，崇尚德才的思想被确立了。凡是推行仁政的人，都把爱护、加惠于别人当作自己的追求，而贤人把推举贤人当作自己的处世原则。人口多起来而没有相应的制度，长期把推举贤人作为准则，就会发生混乱。所以，圣人顺应形势发展，定立了关于土地、财货、男女等的名分。名分确定了而没有制度，不行，因此设立了法令；法令确立了而没有人来执掌，不行，因此又设立了官职；官吏有了而没有人统一领导，不行，所以设立了君主。君主确立了，于是崇尚德才的思想就废除了，而崇尚显贵的思想就树立了起来。如此看来远古时代人们爱自己的亲人而喜欢私利，中古时代人们推崇贤人而喜欢仁政，近世人们推崇权贵而以官吏为尊。崇尚贤德的人所遵循的原则是推举贤人，可是确立了君主的地位使崇尚贤人的准则没有用了。爱自己的亲人是以自私自利为原则，而公正的人使自私自利行不通了。这三种情况的出现，不是做的事互相违背，而是由人们所遵循的原则决定而导致不断地改变，社会形势变了，人们的行事准则也就不一样了。

故曰：王道有绳①。夫王道一端②，而臣道③亦一端，所道则异，而所绳则一也。故曰：民愚，则知④可以王；世知，则力可以王。民愚，则力有余而知不足；世知，则巧有余而力不足。民之生：不知则学，力尽则服。故神农教耕而王天下，师其知也；汤、武致强而征诸侯，服其力也。夫民愚，不怀知而问；世知，无余力而服。故以王天下者并⑤刑，力征诸侯者退德。

注　释

①王道：指作为君主的本分，并非儒家的“王道”思想。绳：标准。

②端：头绪，方面。

③臣道：指作为臣子的本分。

④知：智慧。

⑤并：通“屏”，屏除。

译　文

所以说：君主的本分是有标准的。君主的本分是一个方面，而臣子的本分又是另一个方面，他们出发点不同，但他们奉行的标准却只有一个。所以说：百姓愚笨，那么凭智慧就能称王天下；

世人聪慧，那么凭实力就能称王天下。百姓愚笨，就会力量有余而智慧不足；世人聪慧，就智巧有余而力量不足。人的本性是：无知就要学习，力量用尽了就会服输。所以神农氏教会人们从事农业生产而称王天下，这是因为人们要学习他的智慧；商汤和周武王拥有强大的实力而征服了诸侯，这是诸侯屈服于他们的实力。百姓愚笨，心中没有知识就要向别人请教；世人聪慧，当用尽力量时就会屈服。所以靠智慧称王天下的人就会抛弃刑罚，用实力来征服诸侯的人就不用德政。

圣人不法古，不修①今。法古则后于时，修今则塞②于势。周不法商，夏不法虞③，三代异势，而皆可以王。故兴王有道，而持④之异理。武王逆取而贵顺⑤，争天下而上让⑥。其取之以力，持之以义。今世强国事兼并，弱国务力守，上不及虞、夏之时，而下不修汤、武。汤、武塞，故万乘莫不战，千乘莫不守。此道之塞久矣，而世主莫之能废⑦也，故三代不四⑧。非明主莫有能听也，今日愿启之以效。

注释

①修：拘守。

②塞：遏止，阻碍。

③虞：即虞舜。舜受尧的“禅让”而称帝于天下，其国号为“有虞”。帝舜、大舜、虞帝舜、舜帝皆虞舜之帝王号。

④持：保持，这里引申为保有、守住的意思。

⑤逆取：指背叛国君夺取天下。周武王以诸侯的身份夺取帝位，以下犯上，为“逆”。贵顺：遵循常理治理国家。

⑥上：崇尚。让：谦让。

⑦废：通“发”。

⑧不四：指没有持续出现第四个。

译文

圣人不效法古人，也不拘守现状。效法古人就会落后于时代，拘守现状就会为形势所遏阻。周朝不效法商朝，夏朝不效法虞舜时代，三代所面临的形势不同，却都能够称王天下。所以振兴王业有一定的途径，而守住王业的办法却不相同。周武王靠叛逆的方法夺取政权却又遵循常理治理国家，用武力夺取天下而又崇尚谦让。周武王夺取天下靠的是武力，保有天下靠的却是公义。现在强国致力于兼并别国，弱国则尽力防守，往远说不及虞舜、夏朝的时候，往近说也没有遵循商汤、周武王的治国原则。商汤、周武王的治国之道被遏止了，所以有万辆兵车的国家没有不打仗的，有千辆兵车的国家没有不防守的。商汤、周武王的治国之道已经被堵塞很久了，可现在的君主没有谁能启用这些方法，因此，没有出现第四个像夏、商、周三代那样的朝代。如果不是英明的君主，就不能听进去这番话，今天我愿意用实际效果来说明这个道理。

古之民朴以厚，今之民巧以伪[①]。故效于古者，先德而治；效于今者，前刑而法。此俗之所惑也。今世之所谓义者，将立民之所好，而废其所恶。此其所谓不义者，将立民之所恶，而废其所乐也。二者名贸实易[②]，不可不察也。立民之所乐，则民伤其所恶；立民之所恶，则民安其所乐。何以知其然也？夫民忧则思，思则出度[③]；乐则淫，淫则生佚。故以刑治则民威[④]，民威则无奸，无奸则民安其所乐。以义教则民纵，民纵则乱，乱则民伤其所恶。吾所谓刑者，义之本也；而世所谓义者，暴[5]之道也。夫正[6]民者，以其所恶，必终其所好；以其所好，必败其所恶。

注释

①巧：奸诈。伪：虚伪。

②名贸实易：指名称相似，实质不同。贸：通“侔（móu）”，相等。易：改变。

③出：生出。度：法度。

④威：通“畏”，畏惧。

⑤暴：凶残。

⑥正：通“整”，整治，治理。

译文

古代的百姓淳朴又敦厚，现在的百姓奸诈又虚伪。所以在古代有效的方法，就是以道德教化为先实现社会繁荣安定；当代有效的方法就是以刑罚为首实现法治。这是世俗之人所不能理解的。现在社会上所说的“义”，就是确立百姓所喜好的，而废除他们所厌恶的。所说的“不义”，就是要确立百姓所厌恶的，而废除百姓所喜好的。两者名称相似但实质不同，不可以不弄清楚。确立百姓所喜好的，那么百姓就会被他们所厌恶的东西伤害；确立百姓所厌恶的，那百姓就会安于他们所喜好的东西。怎么知道是这样呢？人忧虑就会去思考，思考了做事就能合乎法度；享受就会放纵，放纵就会闲散。因此以刑律治理，百姓就会畏惧，百姓畏惧就不会有奸邪的行为产生，没有奸邪的行为产生，百姓就可以安于他们所喜好的东西。用道义来教化，百姓就会放纵自己，百姓放纵自己就会出现动乱，百姓作乱就会被自己所厌恶的东西伤害。我所说的“刑”，才是实现道义的关键；而世人所说的“义”才是凶残的根源。治理百姓，用他们所厌恶的东西去治理，最终百姓一定能得到他们喜好的；如果用百姓所喜好的来治理，百姓一定受害于他们厌恶的东西。

治国刑多而赏少，故王者刑九而赏一；削国赏九而刑一。夫过有厚薄，则刑有轻重；善有大小，则赏有多少。此二者，世之常用也。刑加于罪所终，则奸不去；赏施于民所义，则过不止。刑不能去奸而赏不能止过者，必乱。故王者刑用于将过，则大邪不生；赏施于告奸，则细过不失。治民能使大邪不生、细过不失，则国治。国治必强。一国行之，境内独治。二国行之，兵则少寝①。天下行之，至德复立。此吾以杀刑之反于德而义合于暴也②。

注释

①少：稍微。寝：平息。

②反：归。合：等同。

译文

安定繁荣的国家刑罚多而赏赐少，所以能称王天下的国家，刑罚占十分之九而赏赐占十分之一；被削弱的国家，赏赐占十分之九而刑罚占十分之一。人的罪过有大有小，于是刑罚就有重有轻；人的善行有大有小，于是赏赐就有多有少。这两种是世间常用的办法。但是刑罚在人们已经犯了罪的时候才使用，奸邪就不能杜绝；赏赐用在给符合人们所认为“义”的行为上面，那么罪过就不能遏止。刑罚不能杜绝奸邪而且赏赐不能遏止罪过，国家必乱。因此，能称王天下的国家，把刑罚用在人们将要犯罪的时候，于是大的奸邪之事就不会产生；把赏赐用在告发犯罪上，于是小的罪过就不会漏网。治理百姓能够使大的奸邪之事不产生，使小的罪过不漏网，国家就能安定繁荣。国家安定繁荣就必定强大。如果一个国家这样做，其境内就可以独享安定繁荣。如果两个国家这样做，战争就可以稍微平息。如果天下都这样做，最高境界的德政就会重新建立起来。所以我认为杀伐和刑罚最终能实现德政，而“义”等同于残暴。

古者民藂生[①]而群处，乱，故求有上也。然则天下之乐有上也，将以为治也。今有主而无法，其害与无主同；有法不胜其乱，与无法同。天下不安无君，而乐胜其法，则举世以为惑也。夫利天下之民者莫大于治，而治莫康[②]于立君。立君之道莫广于胜法[③]，胜法之务莫急于去奸，去奸之本莫深于严刑。故王者以赏禁[④]，以刑劝[⑤]。求过不求善[⑥]，藉[⑦]刑以去刑。

注　释

①藂生：聚集在一起。藂（cóng）：聚集，丛生。

②康：安，和。

③胜法：即任法，施行法制。

④禁：阻止。

⑤劝：规劝。

⑥求过不求善：前一个“求”是责备的意思，引申为追究；后一个“求”意为理会。

⑦藉：借助。

译　文

古代人们集体生活，集中居住，秩序混乱，所以要求有首领。如此看来，天下人之所以愿意有首领，是为了生活得安定繁荣。现在有君主而没有法制，它的危害程度与没有君主相同；有了法制而不能制止混乱，与没有法制相同。天下人都不希望没有君主，而又总想着摆脱君主所制定的法律约束，对此天下人就都会感到奇怪。对天下百姓来说没有比国家安定繁荣益处更大的了，而国家繁荣安定没有比确立君主更好的了。确立君主的办法没有比施行法制的意义更大的了，实施法制的关键没有比铲除奸邪更急迫的了，铲除奸邪的根本没有比严厉的刑罚更重要的了。所以称王天下的国家用赏赐来阻止百姓犯错，用刑罚规劝百姓不要犯错。追究人们的罪过而不理会人们的善举，借助刑罚达到消除刑罚的目的。

一言[①]第八

凡将[②]立国，制度不可不察也，治法不可不慎也[③]，国务不可不谨也，事本不可不抟也。制度时[④]，则国俗可化，而民从制；治法明，则官无邪；国务一，则民应用；事本抟，则民喜农而乐战。夫圣人之立法化俗，而使民朝夕从事于农也，不可不知也。夫民之从事死制也[⑤]，以上之设荣名、置赏罚之明也，不用辩说私门而功立矣。故民之喜农而乐战也，见上之尊农战之士，而下[⑥]辩说技艺之民，而贱游学之人也。故民一务，其家必富，而身显于国。上开公利而塞私门，以致民力；私劳不显于国，私门不请于君。若此而功臣劝，则上令行而荒草辟，淫民止而奸无萌。治国能抟民力而一民务者，强；能事本而禁末者[⑦]，富。

注释

①一言：指统一，即国务统一和民务统一。

②将：将要。

③治法：施行法令。慎：严格。

④制：制定。度：制度、法度。时：合时。

⑤从事：办事。制：法令。

⑥下：轻视。

⑦禁：限制。末：末业，即工商业。

译文

凡是要建立国家，对于制定制度不能不明察，施行法令不能不严格，处理国家政务不可不谨慎，从事根本之业不能不集中力量。制定制度合于时势，那么国家的风俗就能得到教化，而且百姓就会遵从法制；施行法令严明，那么官吏就不会做奸邪的事；国家政务统一，那么百姓就会响应国家调用；国家集中力量从事根本之业，那么百姓就会喜欢农耕而愿意去打仗。圣人之所以确立法度、教化风俗，是让百姓早晚从事农耕，这是不能不弄清楚的。百姓之所以肯拼死效力，是因为君主设立了荣誉和爵位、制定了明确的奖赏和惩罚的制度，百姓不用靠论辩空谈、委身权贵便能为国家立功。所以说，百姓喜欢从事农耕而且愿意去打仗，是因为见到君主尊崇从事农耕和作战的人，轻视论辩空谈和靠技艺谋生的人，更鄙视到处游历求学的人。所以百姓专心从事农战，他们的家一定会富足，而且地位也会在国中显扬。君主开启为国出力的门路而堵住为权贵效命行私的门路，以此聚集民力；为私人效力不能在国家中显扬，权贵也不能在君主面前请托。如果这样的话，为国家立功的人得到鼓励，那么君主的命令就能得到执行而且荒地也能得到开垦，百姓就不再放纵而且奸邪的事也不会产生。治理国家能集聚民力专心从事耕战，国家就会强大；能够使百姓从事根本之业（农耕）而限制末业（工商业）发展，国家就会富足。

夫圣人之治国也，能抟力，能杀力。制度察则民力抟，抟而不化则不行[①]，行而无富则生乱。故治国者，其抟力也，以富国强兵也；其杀力也，以事[②]敌劝民也。夫开而不塞，则知长[③]；长而不攻[④]，则有奸。塞而不开，则民浑[⑤]；浑而不用，则力多；力多而不攻[⑥]，则有虱。故抟力以一务也，杀力以攻敌也。治国者贵民一，民一则朴，朴则农，农则易勤，勤则富。富者废[⑦]之以爵，不淫；淫者废之以刑，而务农。故能抟力而不能用者必乱，能杀力而不能抟者必亡。故明君知齐[8]二者，其国强；不知齐二者，其国削。

注释

①化：通“花”，消耗。行：运行，引申为发挥作用。

②事（zì）：通“剚”，刺杀，引申为消灭。

③知：通“智”，智巧。长：增长。

④攻：治理。

⑤浑：糊涂。

⑥攻：使用。

⑦废：慑服。《史记》：“项王喑哑叱咤，千人皆废。”

⑧齐：通“剂”，调剂。

译文

圣明的君主治理国家，能集聚力量，也能消耗力量。制定制度能明察，那么百姓的力量就能集中，百姓的力量集中了却不消耗，那么这力量是发挥不了作用的，百姓出力却不能使自己富足，就会发生祸乱。因此治理国家，之所以集聚力量，是为了使国家富裕、军队强大；消耗力量，是为了消灭敌人和鼓励百姓（去立功）。如果只打开为国出力受赏的门路，而不堵住为私人效力请托的途径，那么百姓的智巧就会增多；百姓的智巧多了而不加以治理，那么就会产生奸邪之人。堵住为私人效力请托的途径而不打开为国家出力受赏的门路，那么百姓就会愚昧糊涂；百姓愚昧糊涂又不为国家效力，那么百姓的力量就会增多；百姓的力量增多又不能为国效力，那么就会产生虱害。所以集聚百姓的力量用于专心务农，消耗百姓的力量用来攻击敌人。治理国家贵在使百姓努力的方向一致，百姓专一那么就淳朴，百姓淳朴就会务农，百姓务农就会变得勤劳，勤劳就会使百姓富足。对富人用官爵来引导他们为国奉献，他们就不会放荡；对放荡者用刑罚来慑服，他们就会专注于农耕。所以能集聚力量而不能使用力量的国家一定会发生祸乱，能使用力量而不能集聚力量的国家一定会被灭亡。因此君主如果知道调剂这两个方面的关系，国家就会强大；君主不知道调剂这两个方面的关系，这个国家就会被削弱。

夫民之不治者，君道卑[1]也；法之不明者，君长乱也。故明君不道卑、不长乱也。秉权而立，垂法[2]而治，以得奸于上，而官无不[3]；赏罚断，而器用[4]有度。若此，则国制明而民力竭，上爵尊而伦徒[5]举。今世主皆欲治民，而助之以乱。非乐以为乱也，安其故而不窥于时也。是上法古而得其塞，下修令而不时移[6]，而不明世俗之变，不察治民之情，故多赏以致刑，轻刑以去赏。夫上设刑而民不服，赏匮而奸益多。故民之于上也，先刑而后赏。故圣人之为国也，不法古不修今，因世而为之治，度俗而为之法。故法不察民之情而立之，则不成；治宜于时而行之，则不干[7]。故圣王之治也，慎法、察务，归心于一而已矣。

注 释

①卑：低下。

②垂法：垂示法令。《史记·秦本纪》："且先王崩，尚犹遗德垂法，况夺之善人良臣百姓所哀者乎？"

③不：通"否（pǐ）"，恶。《释文》："否，恶也。"

④器用：人才。

⑤伦徒：各种等类的人。

⑥时移：因时而变。

⑦干：冒犯，冲犯。

译 文

百姓没有治理好，是因为君主的治理手段低下；法制不严明，是因为君主助长了混乱。所以英明的君主不采取低下的治理手段、不助长混乱。君主掌握大权主持朝政，垂示法令治理国家，在朝堂上能察辨奸邪之人，官吏就不敢作恶；奖赏、刑罚决断有据，选用人才符合法度。如果这样，那么国家就会法制严明而百姓的力量也能被充分运用，君主设置的爵位尊贵而各类人都有机会得到选任。现在各国的君主都想治理好百姓，却去助长混乱。并不是他们乐意混乱，而是他们固守过去的陈规旧习而不能因时而变，不明白社会风俗在变化，不了解治理百姓的实际情况，因此滥用奖赏反而导致刑罚增加，减少刑罚又使奖赏没有效用。君主设立了刑罚可是百姓不顺服，奖赏用尽了财物而奸邪之事还是不断增多。所以百姓对于君主，都是先接受刑罚的约束而后受到奖赏。因此，圣明的君主治理国家，不效法古代，不拘守现状，根据社会实际情况来选择治理的方式，考察社会风俗来制定法令。所以如果制定法律不仔细考察百姓的实际情况，就不会有成效；治理手段能适应时势而施行，就不会有抵触。所以英明的君主治理国家，一定是严格遵守法制，认真考察时务，将精力集中在农耕和作战上。

错法[1]第九

臣闻：古之明君错法而民无邪，举事而材自练[2]，行赏而兵强。此三者治之本也。夫错法而民无邪者，法明而民利之也。举事而材自练者，功分[3]明；功分明则民尽力，民尽力则材自练。行赏而兵强者，爵禄之谓也。爵禄者，兵之实[4]也。是故人君之出爵禄也，道明[5]。道明，则国日强；道幽[6]，则国日削。故爵禄之所道，存亡之机也。夫削国亡主，非无爵禄也，其所道过也。三王五霸其所道不过爵禄，而功相万者，其所道明也。是以明君之使其臣也，用必出于其劳，赏必加于其功。功赏明，则民竞于功。为国而能使其民尽力以竞于功，则兵必强矣。

注 释

①错法：指施行法度。错：通“措”。

②举事：行事，办事。练：通“拣”，选择。《礼记·月令》：“选士厉兵，简练俊杰。”

③功分：职分。

④实：财富。

⑤明：公开。

⑥幽：隐秘，即不公开。

译 文

臣听说：古代英明的君主施行法度，百姓就没有奸邪的行为；处理政事，人才就会自然浮现；实行赏赐，军队就会强大。这三个方面是君主治理国家的根本。之所以君主施行法度百姓就没有奸邪的行为，是因为国家的法度严明而且百姓认为对自己有利。之所以处理政事能使人才自然浮现，是因为职责分明；职责分明的话百姓就会竭尽全力，百姓竭尽全力的话人才就自然会浮现。实行赏赐军队就会强大就指爵位俸禄而言。爵位俸禄是军队用来奖赏的财富。因此，君主赏赐爵位俸禄，必须遵循公开的原则。如果遵循公开的原则，国家就会一天天强大；如果不遵循公开的原则，国家就会一天天被削弱。所以赏赐爵位俸禄所遵循的原则是国家生死存亡的关键。那些被削弱的国家、亡国的君主，并不是没有赏赐爵位俸禄，这是因为他们赏赐爵位俸禄所遵循的原则是错误的。三王五霸，他们所运用的方法不过是赏赐爵位俸禄，可是所达到的功效（比其他君主）要高一万倍，原因是他们赏赐爵位俸禄遵循公开的原则。因此，英明的君主使唤他的臣子时，重用他们一定是因为他们对国家的奉献，奖赏他们一定要以他们的功绩为基础。论功行赏的原则公正，那么百姓就会争着立功。治理国家能让百姓竭尽全力去争取立功，那么军队就会强大。

同列而相臣妾者[①]，贫富之谓也；同实[②]而相并兼者，强弱之谓也；有地而君，或强或弱者，乱治之谓也。苟有道，里地足容身，士民[③]可致也；苟容市井，财货可聚也。有士者不可以言贫，有民者不可以言弱。地诚任[④]，不患无财；民诚用，不畏强暴。德明教[⑤]行，则能以民之有为己用矣。故明主者用非其有，使非其民。明主之所贵，惟爵其实而荣显之。不荣则民不急。列位[⑥]不显，则民不事爵。爵易得也，则民不贵上爵。列爵禄赏不道其门，则民不以死争位矣。人生而有好恶，故民可治也。人君不可以不审好恶。好恶者，赏罚之本也。夫人情好爵禄而恶刑罚，人君设二者以御民之志⑦，而立所欲焉。夫民力尽而爵随之，功立而赏随之。人君能使其民信于此如明日月，则兵无敌矣。

注释

①同列：同等地位。臣妾：西周、春秋时对奴隶的称谓。男奴叫臣，女奴叫妾。后来亦作为所属臣下的称谓。这里引申为统治、管辖的意思。《授裴向左散骑常侍制》："朕以将壮之年，臣妾天下，司其忿速，其在于持重温良之士以鉴之乎？"

②同实：富裕程度相同。

③士民：指农工商以外学道艺、习武功的人。

④诚：果真，如果。任：使用，利用。

⑤教：指上对下的告谕。根据秦法，诸侯王公的告谕称为"教"。

⑥列位：爵位。

⑦御：控制。志：意愿，心之所向。

译文

本来是处在同等地位的人，一方变成另一方的臣属，这是因为贫富不同；富裕程度相同的国家却相互兼并，这是因为国家强弱不同；因为拥有了土地而做了君主，可国家有的强大有的弱小，这是政治昏庸与政治清明不同。如果治理有方，有方圆一里的土地就足以安身，士民也会被吸引过来；假如置身于集市中，也可以聚集财富。拥有土地就不能说贫穷，拥有百姓就不可以说自己弱小。如果土地能加以利用，就不愁没有财富；如果百姓能为国家所用，就不会惧怕强大的敌人。君主品德圣明而且告谕能得到执行，那么就能使百姓所拥有的为自己所用。所以说英明的君主能利用不属于自己的东西，能役使不属于自己的百姓。英明的君主所重视的，就是授予人们官爵并使之荣耀显贵。不荣耀的话百姓就不急于得到官爵。不显贵的话百姓就不会追求官爵。官爵容易获得，那么百姓就不认为君主授予的官爵尊贵。授予官爵、给予俸禄奖赏如果不遵循原则，百姓就不会拼死争取官爵了。人天生就有喜欢和讨厌的东西，就能利用它治理好百姓。因此君主不能不清楚百姓的好恶。百姓的好恶是进行奖赏和惩罚的根本依据。人之常情是喜欢爵位俸禄而讨厌刑罚，所以君主设立这两样东西来控制百姓的意愿，这是设立（这两样东西）的目的。百姓尽了力那么随之也应得到官爵，建立了功绩那么随之也应得到奖赏。君主假如能让他的百姓相信这一点像相信明亮的太阳和月亮一样，那军队就会天下无敌了。

人君有爵行而兵弱者，有禄行而国贫者，有法立而乱者，此三者，国之患也。故人君者，先便辟请谒[1]，而后功力[2]，则爵行而兵弱矣。民不死犯难而利禄可致也，则禄行而国贫矣。法无度数[3]，而事日烦，则法立而治乱矣。是以明君之使其民也，使必尽力以规[4]其功，功立而富贵随之，无私德也，故教化成。如此，则臣忠君明，治著而兵强矣。

注释

①便（pián）辟：指逢迎，谄媚。请谒：私下告求。

②攻力：功劳，功业。

③度数：标准，规则。

④规：谋求。

译文

君主授予官爵而军队实力依旧弱小，发放俸禄可国家依然贫穷，设立了法令而社会还是不安定，这三种情况是国家的祸患。所以说如果君主看重逢迎谄媚和私相请托，而轻视功劳，那么即便授予了官爵而军队实力也依旧弱小。人们不用为国拼死冒险而俸禄也能得到，那么即便发放了俸禄国家也依旧贫穷。法令施行没有标准，而国家事务日渐繁多，结果是法令确立了而社会也依旧不安定。所以英明的君主役使百姓，一定会让他们尽全力去谋求立功，功业建立了，富贵就会随之而来，除此之外国家没有私下的奖赏，于是对百姓的教化就实现了。像这样就会臣子忠诚、君主英明，政绩显著而军队强大。

故凡明君之治也，任其力不任①其德，是以不忧不劳而功可立也。度数已立，而法可修。故人君者不可不慎己也。夫离朱见秋豪百步之外②，而不能以明目易③人；乌获举千钧之重④，而不能以多力易力。夫圣人之存体性⑤，不可以易人，然而功可得者，法之谓也。

注　释

①任：凭借，根据。

②离朱：离朱是古代传说中的人物。黄帝游赤水之北，登昆仑之丘，丢失了玄珠，黄帝就命离朱去寻找，因为他“能视于百步之外，见秋毫之末”。秋毫：指秋天鸟兽身上新长的细毛。

③易：传播。

④乌获：一种说法是乌获可能为远古时代的力士，后为力士的泛称。《孟子·告子下》：“然则举乌获之任，是亦为乌获而已矣。”另一种说法是乌获为战国时大力士，秦国人，与任鄙、孟说齐名，并得到秦武王的信任和重用。商鞅所处年代在秦孝公时，秦武王之前，故这里应理解为第一种说法。千钧：三十斤为一钧，千钧即三万斤。常用来形容器物之重或力量之大。

⑤体性：禀性。

译文

所以英明的君主治理国家，凭借的是人们的力量而不是道德。因此，不忧虑不劳累便将功绩建立了起来。立法的标准确立了，法令才可以执行。因此君主自己行事不能不慎重。离朱能在百步之外看清鸟兽身上细小的毫毛，却不能将他的好眼力传给别人，乌获能举起上万斤的重物，却不能将大力气传给别人。圣人自身所具有的禀性，也不能传给别人。但是功业却可以建立，这是因为所凭借法治的存在啊。

战法第十

凡战法必本于政。政胜①，则其民不争②。不争，则无以私意③，以上为意④。故王者之政，使民怯于邑斗⑤，而勇于寇战⑥。民习以力攻难，故轻死⑦。

注　释

①胜：高明。

②争：争夺。《老子》："不尚贤，使民不争。"

③无以：没有什么可以拿来……的。私意：私心。

④为意：做主张。

⑤邑斗：各城邑之间的私斗。当时秦国的贵族间为争夺土地、财产，聚集封地内邑兵进行攻伐。

⑥寇战：指同外敌作战。

⑦轻死：以死事为轻，即不怕死。

译　文

战争的策略必须以政治为根本。政治高明，百姓才不会互相争夺。百姓不互相争夺，就没有什么可以拿来满足私心的，便会按照君主做出的决断（去行事）。所以成就王业的君主所推行的政治，应该使百姓怯于乡里间相互私斗，而勇于对外和敌人作战。百姓习惯于用实力克服困难，于是就会以死事为轻。

见敌如溃，溃而不止，则免①。故兵法："大战胜，逐北②无过十里。小战胜，逐北无过五里。"

注　释

①免：指不再追击。

②逐北：追剿败兵。

译　文

如果发现敌军如同决堤一般地溃逃，而且溃逃不停，那就不要再追击了。兵法说："大战打胜，追剿败兵不要超过十里。小战打胜，追剿败兵不要超过五里。"

兵起而程[1]敌。政不若者，勿与战；食不若者，勿与久；敌众勿为客[2]；敌尽不如，击之勿疑。故曰：兵大律[3]在谨，论敌察众，则胜负可先知也。

注　释

①程：估量。

②客：客军，引申为战争中攻击的一方。

③大律：重要规则。律：规则。

译　文

一旦用兵就要开始估量敌方的情况。政治上不如敌国，就不要和它作战；粮食储备不如敌国，就不要和它相持；敌兵比我们多，我们就不要去进攻；敌军一切都处于下风后，就要毫不犹豫地进攻。所以说：用兵的重大规则在于谨慎，分析敌情、考察双方兵力的多寡，那么胜败是可以预先知道的。

王者[1]之兵，胜而不骄，败而不怨。胜而不骄者，术[2]

明也；败而不怨者，知所失也。

注 释

①王者：指最强或出类拔萃者，这里指杰出的君主。

②术：方法。

译 文

王者的军队，打了胜仗不骄傲，打了败仗不抱怨。打了胜仗不骄傲，是治军方法高明；打了败仗不抱怨，是因为知道了打败仗的原因。

若兵敌强弱，将贤则胜，将不如则败。若其政出庙算[1]者，将贤亦胜，将不如亦胜。政久持胜术者，必强至王。若民服而听上，则国富而兵胜，行是久，必王。

注 释

①庙算：指战前的战略筹划。

译 文

如果敌我双方军队实力强弱相当，将领贤能就能获胜，将领的水平不如敌人就会打败仗。假如战前的战略得当，将领贤能就可以使战争获胜，将领不如对方也能取胜。政治上能够长久地掌握获胜的方法，国家就一定能强大直到称王天下。如果百姓服从法制并听从君主的号令，那么国家就会富强，而且军队也能打胜仗，长期做到这一点，就一定能称王天下。

其过失，无敌[1]深入，偕险绝塞[2]，民[3]倦且饥渴，而复遇疾，此败道也。故将使民者，若乘良马者，不可不齐④也。

注释

①无敌：指眼里没有敌人，即轻敌。

②偝险绝塞：指冒险深入绝境。偝：通“背”。绝塞：渡越边塞。

③民：指士兵。

④齐：通“剂”，调剂。

译文

用兵的过错，在于轻敌深入，冒险深入绝境。士兵疲倦不堪而且饥渴交加，又遇到疾病流行，这就是失败的原因。所以将帅命令士兵，就像骑良马一样，不可不调剂它的力量。

立本[1]第十一

凡用兵，胜有三等：若兵未起则错法，错法而俗成，俗成而用具[2]。此三者必行于境内，而后兵可出也。行三者，有二势[3]：一曰辅[4]法而法行；二曰举必得[5]而法立。故恃[6]其众者，谓之葺[7]；恃其备饰[8]者，谓之巧[9]；恃誉目[10]者，谓之诈[11]。此三者恃一，因其兵可禽[12]也。故曰：强者必刚斗其意[13]，斗则力尽，力尽则备[14]，是故无敌于海内。治行则货积，货积则赏能重矣。赏一则爵尊，爵尊则赏能利矣。故曰：兵生于治而异，俗生于法而万转[15]，过势本于心而饰于备势[16]。三者有论[17]，故强可立也。是以强者必治，治者必强；富者必治，治者必富；强者必富，富者必强。故曰：治强之道三，论其本也。

注　释

①立本：指确立强军之本。

②用：物资。具：具备。

③势：情势，条件。

④辅：佐助。

⑤举必得：指举措合乎法度。

⑥恃：倚仗。

⑦葺：用茅草覆盖房顶，指多而无用。

⑧备饰：战备修整精良。

⑨巧：指徒有其表。

⑩誉目：虚名。

⑪诈：指徒有其名。

⑫禽：通“擒”，引申为被击败。

⑬刚：强烈的。斗：争斗。

⑭备：具备条件。这里指具备无往不胜的条件。

⑮万转：万变。转：变化。

⑯过：胜过，超过。势：第一个“势”指力量；第二个“势”指情势，情况。饰：增加外表的华美，这里引申为受影响。

⑰论：通“伦”，依照条理。

译文

凡是用兵作战，获胜有三个步骤：战前就要推行法度；推行法度从而形成一定的社会风气；社会风气形成了，那么战争所需要的物资便具备了。这三个方面一定要在国内具备了，然后军队才能出征。实现这三个方面要有两个条件：一是君主佐助推行法制而法制得以实行；二是君主的举措一定要合乎法度而法制得以确立。所以说倚仗人多势众的，那是多而无用；倚仗战备修整精良的，那是徒有其表；倚仗虚名的，那是徒有其名。这三条只要占了其中一条，那就一定会被击败。所以说：强大的国家一定有强烈的争斗意愿，争斗就会用尽全力，用尽了全力就具备了无往不胜的条件，这样最终就会无敌于天下。国家的政策法令实行了，财富就会积累起来，财富积累起来，那国家的奖赏就能丰厚。获得奖赏的途径专一，爵位就显得尊贵，爵位显得尊贵，国家的奖赏就会产生有利的效果。所以说：军队来源于政治而又因政策措施的不同而产生差异，社会风气来源于法制而又随法治的变化而变化，获胜的力量在于民心而又受战备情况的影响。这三个方面的关系理顺了，国家的强大就有保证了。因此，强大的国家一定安定繁荣，安定繁荣的国家一定强大；富裕的国家一定安定繁荣，安定繁荣的国家一定富裕；强大的国家一定富裕，富裕的国家一定强大。所以说：安定、繁荣、强大的原因有三个方面，一定要弄清它的根本。

兵守[1]第十二

四战之国[2]贵守战，负海之国[3]贵攻战。四战之国好举兴兵以距[4]四邻者，国危。四邻之国一兴事[5]，而已四兴军，故曰国危。四战之国，不能以万室之邑舍钜万之军者[6]，其国危。故曰：四战之国务在守战。

注 释

①兵守：指军队的防守。

②四战之国：指四面平坦，无险可守，容易受攻击的国家。

③负海之国：背靠大海的国家，引申为地处偏远的国家。

④距：通“拒”，抵挡，这里引申为对抗。

⑤事：战事。

⑥舍：军队驻扎一宿为舍。这里泛指军队驻守。《左传》：“凡师，一宿为舍。”钜：通“巨”，大。

译 文

四面平坦、无险可守的国家应该重视防御，地处偏远的国家应该注重打进攻。假如四面平坦、无险可守的国家热衷于兴兵和四周的邻国对抗，那么国家就危险了。因为四周的邻国一旦发起战争，自己就要四处派兵迎战，所以说国家就危险了。四面平坦、无险可守的国家如果不能在万户规模的城邑驻守数以万计的军队，这个国家就危险了。所以说：四面受敌的国家要专注于防御。

守有城[1]之邑，不知以死人之力与客生力战[2]，其城拔[3]。若死人之力也，客不尽夷[4]城，客无从[5]人，此谓以死人之力与客生力战。城尽夷，客若有从入，则客必罢[6]，中人必佚矣[7]。以佚力与罢力战，此谓以生人力与客死力战。皆曰："围城之患，患无不尽死而邑。"而亡此二者[8]，非患不足，将之过也。

注释

①城：城墙。

②死人之力：拼死一战的力量。客：进攻者。生力：有生力量。

③拔：攻克。

④夷：平定。

⑤从：追击。

⑥罢（pí）：通"疲"，疲劳。

⑦中人：指城中人。佚：通"逸"，安闲。

⑧亡：通"无"。此二者：指上文所说的"以死人之力与客生力战"和"以生人力与客死力战"。

译文

防守有城墙的城邑，不懂得用人们拼死一战的力量与敌人有生力量作战，城池一定会被攻下。如果守城的人们拼死抵抗，进攻者不能将城墙的防御平定，进攻者是无法攻入城内的，这就叫用拼死抵抗的力量与敌人的有生力量作战。城墙防御被攻破，进攻者如果追击进入，那么他们一定疲劳，而城内的军队以逸待劳。用以逸待劳的军队同疲惫的敌军作战，这就叫用有生力量同疲惫的敌人作战。因此都说："围攻城邑担忧的是守军没有不拼死守卫自己的城邑的。"如果做不到以上这两种，不是实力不足，而是守城将领的错误。

守城之道，盛力[1]也。故曰客治簿檄[2]，三军之多，分以客之候车之数[3]。三军：壮男为一军，壮女为一军，男女之老弱者为一军，此之谓三军也。壮男之军，使盛食、厉兵[4]，陈而待敌。壮女之军，使盛食、负垒[5]，陈而待令。客至而作土以为险阻及阱格[6]。发梁撤屋[7]，给徙[8]，徙之；不洽而熯之[9]，使客无得以助攻备[10]。老弱之军，使牧牛、马、羊、彘，草木之可食者收而食之，以获其壮男女之食。而慎使三军无相过[11]。壮男过壮女之军，则男贵女，而奸民有纵[12]谋，而国亡；喜与其恐有蚤闻[13]，勇民不战。壮男壮女过老弱之军，则老使壮悲，弱使强怜；悲怜在心则使勇民更虑[14]，而怯民不战。故曰：慎使三军无相过。此盛力之道。

注 释

①盛力：增强力量。

②客：谨慎，仔细。根据蒋礼鸿的《商君书锥指》："客读为谨也。客治簿檄即谨治簿檄。"簿檄：指军中簿册。

③客：进攻者。候车：斥候之车，侦察敌情的战车。

④盛食、厉兵：吃饱饭、磨快兵器，比喻做好战斗准备。

⑤负垒：背负盛土的笼子。垒：通"蔂"，盛土的笼子。

⑥作土：堆土。险阻：障碍。阱格：陷阱。

⑦发梁：取下屋梁。撤：拆。

⑧给徙：来得及搬走。

⑨洽：假借为"给"，来得及。熯（hàn）：焚烧。

⑩攻备：攻城的器具材料。

⑪过：交往。

⑫纵：松懈。

⑬蚤闻：此处至今无确切解释，高亨认为应该是“蚤斗”的误用。个人认为，“蚤”，即跳蚤，害虫，引申为不好的东西。“蚤闻”，即不好的东西，联系上下文应该指战争的消息。

⑭更：改变。虑：主意，心思。

译文

守卫城邑的基本原则，是增强自己的力量。因此要仔细整理簿册，把三军的士兵对照进攻者的侦察战车的数量编队。这三军是：壮年男子组成一支军队，壮年女子组成一支军队，男女中年老体弱的组成一支军队。壮年男子组成的军队，让他们吃饱饭，磨快兵器，排开阵势等待敌人的到来。壮年女子组成的军队，让她们吃饱饭，背上装土用的笼子，排开阵势来等待上级的命令。进攻的敌军到了，就让她们用土堆成难以通过的障碍并挖好陷阱。取下房梁、拆除房屋，如果来得及运走，就把拆下的东西运走；如果来不及就将这些东西烧掉，使敌人无法得到用来当作工程的器具材料。年老体弱的人组成的军队，让他们去放牧牛、马、羊、猪，将草木中它们能吃的收集到一起喂养它们，以便获得壮年男女军队的食物。要注意不要让三支军队互相交往。壮年男子到壮年女子的军队中，那男子就会喜欢上女子，于是奸邪之人就会产生松懈的念头，而国家就会灭亡；壮年男女喜欢在一起，他们害怕听到战争的消息，到那时就是勇敢的人也不愿意作战了。壮年男子到老弱的军中，年老的人会让年轻的人感到悲伤，体弱的人会让强壮的人怜悯；有悲伤、怜悯之情埋在心里，就会让勇敢的人改变主意，而胆小的人就不敢作战了。所以说：注意不要让三支军队互相交往。这是增强防守力量的方法。

靳令[1]第十三

靳令，则治不留[2]；法平，则吏无奸。法已定矣，不以善言害法。任功，则民少言；任善，则民多言。行治曲断[3]，以五里断者王，以十里断者强，宿治者削。以刑治，以赏战，求过不求善[4]。故法立而不革，则显民变诛[5]，计变[6]诛止，贵齐殊使[7]，百都[8]之尊爵厚禄以自伐。国无奸民，则都无奸市。物多末[9]众，农弛奸胜，则国必削。民有余粮，使民以粟出[10]官爵，官爵必以其力，则农不怠。四寸之管无当[11]，必不满也。授官、予爵、出禄不以功，是无当也。

注　释

①靳令：即严格执行法令。

②留：拖延，搁置。

③曲断：指由下层决断公事。曲：乡曲。

④求过不求善：第一个“求”意为责求，这里指追究；第二个“求”意为追求，寻求。过：过错。

⑤显民：明示于民。变：变乱，引申为犯罪。诛：惩罚。

⑥计变：指衡量犯罪的得失从而不敢去触法犯罪。

⑦贵齐：以齐同万物为贵，指平等对待。严可均的《商君书校》认为应作“责商”，这里依据崇文书局版本。殊使：指根据具体情况的不同加以运用（法律）。范钦版本“使”作“便”。殊：区别。使：运用。

⑧百都：百城。

⑨末：末业，指工商业。

⑩出：出仕。

⑪无当：指物体无底部。《晏子春秋·谏下一》："寸之管无当，天下不能足之以粟。"

译　文

严格执行法令，那么政务就不会拖延；执法公正，那么官吏中就没有奸邪之事发生。法度一经制定，就不能用那些所谓的仁义道德的空谈来破坏法度。任用有功劳的人，那么百姓就会少说空话；任用那些所谓的讲仁义道德的人，那么百姓就多喜欢空谈。处理政务主要由下层决断政事，在五里之内就能做出决断的国家一定能称王天下，在十里之内能做出决断的国家一定强大，隔夜才将事情处理好的国家会被削弱。用刑律来治理国家，用奖赏激励百姓去作战，追究过错而不追求仁善。如果法度确立了而不再变动，那么就会使百姓清楚地明白触犯法律将遭到惩罚，会使他们衡量犯罪的得失从而不敢去触法，于是惩罚也就不会有了，推行法令要做到一视同仁，但又要根据具体情况的不同加以运用，各城中尊贵的爵位、丰厚的俸禄都要通过征战获得。国内没有奸邪的人，那么城中也就没有违法的交易市场。物资丰富，从事工商业的人就多；农业生产松懈，奸邪的事就多，那么国家就会被削弱。百姓有了多余的粮食，让百姓按照上缴粮食的多少来出任相应的官爵，官爵的获得一定要靠自己出力，那么农业生产就不会懈怠了。四寸长的竹管子没有底，一定装不满。授予官职、赏赐爵位、发放俸禄不按照功绩来进行的话，那么不管授予多少官职、赏赐多少爵位、发放多少俸禄都会像放进了没有底的竹管里一样。

国贫而务战，毒生于敌，无六虱，必强；国富而不战，偷[①]生于内，有六虱，必弱。国以功授官予爵，此谓以盛[②]

知谋，以盛勇战。以盛知谋，以盛勇战，其国必无敌。国以功授官予爵，则治省言寡，此谓以治去治、以言去言③。国以六虱授官予爵，则治烦言生，此谓以治致治、以言致言④。则君务于说言，官乱于治邪，邪臣有得志⑤，有功者日退，此谓失。守十者⑥乱，守一者治。法已定矣，而好用六虱者亡。民毕⑦农，则国富。六虱不用，则兵民毕竞劝而乐为主用⑧，其竟内之民争以为荣，莫以为辱。其次，为赏劝罚沮⑨。其下，民恶之、忧之、羞之。修容而以言，耻食以上交⑩，以避农战，外交以备，国之危也。有饥寒死亡，不为利禄之故战，此亡国之俗也。

注释

①偷：苟且之事。

②盛：鼓励。

③以治去治：指施政措施得当使得政务简省。以言去言：指以功授官爵方式（产生言传身教的效果）使空谈减少。

④以治致治：指施政措施错误使得政务繁琐。以言致言：指（因为六虱的智巧言谈）以六虱授官爵使空谈之风蔓延。

⑤得志：指名利欲望得到满足。

⑥十者：指《去强》篇所言“国有十者”，即儒家的十种礼治思想。

⑦毕：全部。

⑧竞：争逐。劝：奖励。

⑨劝：鼓励。沮：阻止。

⑩上交：地位低的人与地位高的人结交，这里指被君主任用。

译文

国家虽然贫穷而专注于征战，那么有害的事就会在敌国发生，没有六种虱害，国家一定强大；国家富足而不去征战，苟且的事就会在国内发生，有了六种虱害，国家就一定会被削弱。国家根据战功授予官职、赐予爵位，这就叫用官爵鼓励智慧和谋略，用官爵鼓励勇敢作战。用官爵鼓励智慧和计谋，用官爵鼓励勇敢作战，这样的国家一定无敌于天下。国家根据战功授予官职、赐予爵位，那么政务就会简省、空谈就会少，这就叫用政务除去政务，用言传身教去掉空谈。国家根据六种虱害授予官职、赐予爵位，那么政务就会繁琐、空谈就会产生，这就叫用政务招致政务，用空谈招致空谈。那么君主就会专注于空谈，官吏整天忙乱于惩治奸邪，奸臣的私欲便得以实现，有功者一天一天被排挤出去，这就是治理国家中所犯的错误。墨守儒家的礼治思想国家就会混乱，坚持农耕和作战的思想国家就会繁荣安定。法度已经确定，而喜欢任用六种虱害的国家就会灭亡。百姓全部务农，国家就会富裕。六种虱害不被任用，那么士兵和百姓都会因争夺奖励而愿被君主驱使，境内的百姓都争着以从事农耕作战为荣，不认为这样做耻辱。稍差一点的情况是，百姓的所作所为是因奖赏所鼓励，因刑罚所阻止。再差一点的情况是，百姓厌恶去从事农战，他们为此担心，并以此为耻。他们修饰自己的外表而且四处游说，认为为了拿君主的俸禄被君主任用就是耻辱，用这种方法躲避农耕作战；同外国权势交往为自己准备退路，这样的话国家就危险了。有人宁肯挨饿受冻甚至死亡，也不愿意为了利禄去作战，这是亡国的风气呀。

六虱：曰礼乐，曰《诗》《书》，曰修善，曰孝弟，曰诚信[①]，曰贞[②]廉，曰仁义[③]，曰非兵，曰羞战。国有十二者，上无使农战，必贫至削。十二者成群，此谓君之治不胜[④]其臣，官之治不胜其民，此谓六虱胜[⑤]其政也。十二者成朴[⑥]，必削。是故，兴国不用十二者，故其国多力，而天下莫能犯也。

兵出，必取；取，必能有之。按兵而不攻，必富。朝廷之吏，少者不毁⑦也，多者不损也，效功⑧而取官爵，虽有辩言，不能以相先⑨也，此谓以数⑩治。以力攻者，出一取十；以言攻者，出十亡百。国好力，此谓以难攻；国好言，此谓以易攻。

注　释

①诚：儒家文化核心思想，"诚"是《中庸》的主题，是修持的基本守则，大意是真实无妄。信：儒家的伦理范畴，意为不虚伪，"信"既是儒家实现"仁"这个道德原则的重要条件之一，又是其道德修养的内容之一，要求人们按照礼的规定互守信用，借以调整统治者与被统治者之间的矛盾。

②贞：儒家的政治道德规范，要求官员正直，并公正地对待每个人。

③仁：仁政。义：义举，公正的道理、行为。

④胜：得到拥护。

⑤胜：克制，压制。

⑥朴：根。

⑦毁：当作"軗"，此处借作"埤"，增加。

⑧效功：立功。

⑨相先：互相逊让。《礼记·儒行》："儒有闻善以相告也，见善以相示也，爵位相先也。"郑玄注："相先，犹相让也。"

⑩数：法则，规律。

译　文

六种虱害：是礼制、乐制，是《诗经》《尚书》，是修己安人、善政，是孝道、善事兄长，是真实不妄、不虚伪，是正直、廉德，是仁政、义举，是反对武力、耻于战争。如果国家有这十二种东西，君主就没有办法让百姓从事农耕作战，国家一定会贫穷直到被削弱。如果这十二种东西泛滥，这就叫君主的施政得不到臣下的拥护，官吏的治理得不到百姓的拥护，这就叫作六种虱害压制了国家的政策法令。如果这十二种思想有了根基，国家一定会被削弱。因此，兴盛的国家不用这十二种东西统治国家，所以国家的实力雄厚，天下没有能侵犯得了它的。军队如果出战，就一定能夺取土地；夺取了土地，就一定能占有它。如果按兵不动，就一定能富足。朝廷的官吏数量，应该少的绝不会增加，应该多的绝不会减少。只要立功就能获得官职和爵位，虽然有诡辩和空谈，也不能因此而让别人逊让，这就叫按照法则来治理。凭自己的实力去争取，出一分力会获得十倍的收获；凭空谈去争取，出十分力会付出百倍的代价。国家喜好实力，这就叫通过艰难的途径去争取；国家喜好空谈，这就叫通过轻松的途径去争取。

重刑少赏，上爱民，民死赏。重赏轻刑，上不爱民，民不死赏。利出一空①者其国无敌，利出二空者国半利，利出十空者其国不守。重刑，明大制②；不明者，六虱也。六虱成群，则民不用。是故，兴国罚行则民亲，赏行则民利。行罚，重其轻者，轻者不至，重者不来。此谓以刑去刑，刑去事成。罪重刑轻，刑至事生，此谓以刑致刑，其国必削。

注　释

①空：通“孔”，途径。

②大制：国家大法。

译　文

刑罚重、奖赏少，这就是君主爱护百姓，百姓也肯为了奖赏而拼死效力。奖赏多刑罚轻，君主不爱护百姓，百姓就不会为奖赏而拼死效力。这就是爵位利禄出自一种途径，那么国家就会无敌于天下；爵位利禄出自两种途径，那么国家只能得到一半的好处；爵位利禄出自多种途径，那么国家就难保了。刑罚重，就能明示国家法律；法律得不到明示，是因为有六种虱害。六种虱害蔓延，那么百姓就不肯为国出力。因此，兴盛的国家执行刑罚，那么百姓就会与君主亲近；施行奖赏，百姓就能获利。执行刑罚，对轻罪使用重刑，那么轻罪就不会发生，重罪也不会有，这就叫用刑罚遏止刑罚，不用刑罚也能杜绝犯罪。对重罪使用轻刑，虽然使用了刑罚但犯罪仍不断产生，这就叫用刑罚招致更多的刑罚，国家一定会被削弱。

圣君知物之要，故其治民有至要，故执赏罚以辅一教。仁者，心之续①也。圣君之治人也，必得其心，故能用力。力生强，强生威，威生德，德生于力。圣君独有之，故能述②仁义于天下。

注　释

①续：连接。

②述：施行。

译　文

圣明的君主懂得事物的关键所在，所以他治理百姓能掌握最关键的东西，于是施行赏罚用以辅助农耕和作战这一政策的实行。仁德，能够连接民心。圣明的君主在治理百姓时，一定能得到他们的真心拥戴，所以，能使用他们的力量。实力能带来强大，强大能产生威势，威势能产生仁德，仁德来源于实力。只有圣明的君主才能拥有实力，所以他在天下能施行仁义。

修权[1] 第十四

国之所以治者三：一曰法，二曰信，三曰权。法者，君臣之所共操也；信者，君臣之所共立也；权者，君之所独制也。人主失守则危。君臣释法[2]任私必乱。故立法明分[3]，而不以私害法，则治。权制独断于君则威[4]。民信其赏，则事功成；信其刑，则奸无端[5]。唯明主爱权重信，而不以私害法。故上多惠言而不克其赏[6]，则下不用；数加严令而不致[7]其刑，则民傲死[8]。凡赏者，文也；刑者，武也。文武者，法之约[9]也。故明主任法。明主不蔽[10]之谓明，不欺之谓察。故赏厚而信[11]，刑重而必[12]。不失疏远，不违亲近。故臣不蔽主，而下不欺上。

注　释

①修权：整治权力，指加强君权。

②释法：弃法不用。

③明分：明确职分。分：职分。

④权制：权柄，即统治权力。独断：独自决断；专断。

⑤无端：无从产生。

⑥惠言：好听的空话。克：能够。

⑦致：施加，施行。

⑧傲死：倨傲而不畏死。

⑨约：要领。

⑩蔽：蒙蔽。

⑪信：应验，这里指兑现。

⑫必：落实。

译文

国家能够安定繁荣有三个因素：一是法度，二是信用，三是权力。法度，是君臣共同执掌的；信用，是君臣共同确立的；权力，是君主独自控制的。君主失去掌握的权力国家会陷入危机。君臣抛弃法度只顾私利国家必然会混乱。所以确立法度明确职分，而且不因为私利而损害法度，那么国家就会安定繁荣。君主独自操控统治权力就树立了威信。百姓相信君主的赏赐，事情就会成功；相信君主的刑律，奸邪之事就不会发生。只有贤明的君主才珍惜权力看重信用，而不会因为私利去损害法度。所以如果君主说很多好听的空话而不能够兑现，那么臣下就不会愿意效力；屡次颁布严厉的法令而从不施行，百姓就会倨傲而不畏死。所有的奖赏，都是文治；而刑罚，是武治。赏与罚是法度的要领。所以贤明的君主依靠的是法制。贤明的君主不被蒙蔽叫贤明，不被欺骗叫明察。所以"明察"的国君赏赐丰厚而且兑现，刑律严明而且落实。（赏赐）不遗漏关系疏远的人，（惩罚）不回避关系亲近的人。这样臣子就不会蒙蔽君主，下级也不会欺骗上级。

世之为治者，多释法而任私议，此国之所以乱也。先王县权衡①，立尺寸②，而至今法之，其分明也。夫释权衡而断轻重，废尺寸而意③长短，虽察，商贾不用，为其不必也。故法者，国之权衡也。夫倍④法度而任私议，皆不知类⑤者也。不以法论知、能、贤、不肖⑥者，唯尧；而世不尽为尧。是故先王知自议誉私之不可任也，故立法明分，中程⑦者赏之，毁公者诛之。赏诛之法不失其议⑧，故民不争。不以爵禄便⑨近亲，则劳臣⑩不怨；不以刑罚隐⑪疏远，则下亲上。故授官予爵不以其劳，则忠臣不进；行赏赋[12]禄不称其功，则战士不用。

注 释

①县：通"悬"。权衡：称量物体轻重的器具。权：秤砣。衡：秤杆。

②尺寸：量物体长短的器具。

③意：猜测。

④倍：通"背"，违背。

⑤知类：懂得事物间类比的关系，引申为懂得事物的本义、事理。

⑥不肖：不才，不正派。

⑦中程：合乎要求、规格。

⑧议：通"仪"，法度。

⑨便：有利于，有益于。

⑩劳臣：功臣。

⑪隐：使痛苦。

⑫赋：给予。

译 文

世上治理国家的人，大多数都抛弃法度而依靠个人的看法来治国，这是国家混乱的原因。先王悬挂秤砣和秤杆，确立尺和寸，至今沿用，是因为度量的标准明确。如果抛弃了权衡而判断轻重，废除尺寸而猜测长短，即使估计得很准，商人也不会用这种办法，因为靠这样的方式得出的结果不准确。所以法度是国家的秤与尺。违背法度而靠个人意见，都是不懂事理的。不依靠法度就可断定人的智慧、才能，贤明还是无能的就只有尧了，但世上不是人人都是尧。所以先王知道不能依靠主观意见和个人称誉来治理国家，必须确立法度、明确标准，符合标准的就要奖励，危害国家的就要惩罚。不利用爵禄使亲近的人得利，那么功臣就不会抱怨；不利用刑罚使关系疏远的人痛苦，那么下级就会亲附上级。赏罚的措施不失法度，百姓就不会有争议。如果不按功劳来授予官爵，忠臣就不会尽力办事；不按军功来进行奖赏或给予俸禄，战士就不会效命。

凡人臣之事也，多以主所好事君。君好法，则臣以法事君；君好言，则臣以言事君。君好法，则端直之士在前；君好言，则毁誉之臣在侧。公私之分明，则小人不疾[1]贤，而不肖者不妒功。故尧、舜之位天下[2]也，非私天下之利也，为天下位天下也。论贤举能而传焉，非疏父子亲越人[3]也，明于治乱之道也。故三王以义亲天下，五霸以法正诸侯，皆非私天下之利也，为天下治天下。是故擅[4]其名而有其功，天下乐其政，而莫之能伤也。今乱世之君臣，区区然[5]皆擅一国之利而管一官之重，以便其私，此国之所以危也。故公私之交，存亡之本也。

注　释

①疾：妒忌。

②位天下：统治天下。

③越人：外人。越：远。

④擅：占有，据有，享有。

⑤区区然：指喜悦自得的样子。

译　文

大凡臣子侍奉君主，多数投君主所好。君主好法度，大臣就以法律侍奉君主：君主爱听好话，大臣就以谗言侍奉君主。君主好法度，身边就会聚集正直之士；君主好谗言，身边就都是奸臣。公私界限分明，平庸的人就不会嫉妒有才干的人，无能的人也不会嫉妒功臣。所以尧舜统治天下，不是为了从天下获取私利，是为了天下人而治理天下。选贤任能而且传位给他，不是疏远父子关系而亲近外人，而是明白治理国家的道理。所以三王靠仁义获得天下亲附，五霸靠法度控制诸侯，都不是为了从天下掠取私利，而是为了天下人治理天下。所以享有美誉而又能建立功业的君主，天下人都满意他的统治，没有谁能动摇。如今乱世的君臣，都扬扬自得地据有一国的利益和掌管官吏的权力，以便为自己获取私利，这也是国家陷于危机的原因。所以是否公私分明，是国家存亡的根本。

夫废法度而好私议，则奸臣鬻权以约禄①，秩官之吏隐下而渔民②。谚曰："蠹众而木析③，隙大而墙坏。"故大臣争于私而不顾其民，则下离上。下离上者，国之隙也。秩官之吏隐下以渔百姓，此民之蠹也。故有隙、蠹而不亡者，天下鲜矣。是故明王任法去私，而国无隙、蠹矣。

注　释

①鬻权：指弄权以谋利。鬻（yù）：卖。约禄：求取爵禄。
②秩官：常设之官。隐下：私下。渔：掠夺。
③蠹：蠹虫，即蛀虫。析：分崩离析。

译　文

废除法度而喜好私议，那么奸臣就会弄权以求取爵禄，一般官吏就会私下鱼肉百姓。谚语说："蛀虫多了，树木就会分崩离析；缝隙大了，墙壁就会坍塌。"如果大臣争相谋取私利而不顾及百姓，那百姓就会远离君主。百姓远离君主，这是国家的裂缝。国家的一般官吏私下鱼肉百姓，这就是百姓的蛀虫。国家有了蛀虫、裂缝而不灭亡的，天下少有。所以贤明的君主依靠法度摒弃私利，国家就不会有蛀虫、裂缝了。

徕民[1]第十五

地方百里者，山陵处什一，薮泽处什一，溪谷流水处什一，都邑蹊道处什一，恶田处什二，良田处什四，以此食作夫[2]五万。其山陵、薮泽、溪谷可以给其材，都邑蹊道足以处其民，先王制土分民之律也[3]。

注　释

①徕民：招致百姓。

②作夫：耕作的人，即农夫。

③制土：按土地肥沃程度划分土地的等次。分民：古时分封土地，其地居民随同划归受封者管辖，谓之分民。

译　文

有方圆百里的地方，高山丘陵占国土的十分之一，湖泊沼泽占国土的十分之一，山谷河流占国土的十分之一，城镇道路占国土的十分之一，薄田占国土的十分之二，良田占国土的十分之四，可以用这些土地养活约五万个农夫。其中的高山、丘陵、湖泊、沼泽、山谷、河流可以供给各种原料，城镇道路足够它的百姓居住和使用，这就是先古帝王制定的规划土地、分配人口的定律。

今秦之地方千里者五，而谷土不能处二，田数不满百万，其薮泽、溪谷、名山、大川之材物货宝，又不尽为用，此人不称[①]土也。秦之所与邻者三晋[②]也；所欲用兵者，韩、魏也。彼土狭而民众，其宅参居而并处[③]。其寡萌贾息[④]，民上无通名[⑤]，下无田宅，而恃奸务末作以处。人之复阴阳泽水者过半[⑥]。此其土之不足以生其民也，似有过秦民之不足以实其土也。意民之情，其所欲者田宅也，而晋之无有也信[⑦]，秦之有余也必[⑧]。如此而民不西者，秦士戚[⑨]而民苦也。臣窃以王吏之明为过见[⑩]。此其所以弱不夺三晋民者，爱爵而重复也[⑪]，其说曰："三晋之所以弱者，其民务乐而复爵轻也。秦之所以强者，其民务苦而复爵重也。今多爵而久复，是释秦之所以强，而为三晋之所以弱也。"此王吏重爵、爱复之说也，而臣窃以为不然。夫所以为苦民而强兵者，将以攻敌而成所欲也。兵法曰："敌弱而兵强。"此言不失吾所以攻，而敌失其所守也。今三晋不胜秦，四世矣。自魏襄[⑫]以来，野战不胜，守城必拔，小大之战，三晋之所亡于秦者，不可胜数也。若此而不服，秦能取其地，而不能夺其民也。

注　释

①称：相配。

②三晋：指战国时由晋国分裂而来的魏、韩、赵三国。

③参居：杂居。并处：群居。

④寡萌：小民。萌：通"氓"，民。贾息：经商求利。

⑤通名：户籍。

⑥复：人居住的洞穴，地室。阴阳：指山丘的北面和南面，泛指山坡。《诗经·大雅·公刘》："相其阴阳，观其流泉。"

⑦信：果真，的确。

⑧必：肯定。

⑨戚：忧愁。

⑩窃：私下里，表个人观点，是谦辞。王吏：国君的官吏。

⑪爱：吝惜。重：重视，引申为舍不得。复：免除赋税徭役。

⑫魏襄：指魏襄王，魏国君主，魏惠王之子，前319年即位，前296年病逝。魏襄王的活动时间在商鞅身亡（前390—前338）之后，因此，可以认为本篇内容并非出自商鞅之手或者源自商鞅之言，而是后人撰写，读者需自行辨别。

译文

现在秦国有五处方圆一千里的土地，可是种庄稼的田地还占不到十分之二，田数不到一百万，国中的湖泊沼泽、山谷溪流、大山、大河中的物产、财宝又不能全部被利用，这就是人口数量与土地数量不相配啊。与秦相邻的国家是韩、赵、魏这三国；秦国想要用兵攻打的是韩、魏两国。这几个国家土地面积狭小而人口众多，他们的民宅错杂聚居在一起。他们的小民经商求利，上无户籍，下无土地和住宅，只能靠奸诈去经商，以维持生活。人们在山坡和湖泽的低洼处挖洞居住的超过半数。这些国家的土地不够养活它的百姓，似乎还超过了秦国人口不足以充实国土的程度。我猜测百姓的想法，他们所想要的东西是田地和住宅。可是三晋也的确没有，而秦国的土地过剩也是肯定的。即便如此，三晋的百姓也不向西到秦国来，是因为秦国的士人忧愁而百姓辛苦。我个人认为国君的官吏虽然聪明但见解却是错的。他们之所以不去争取三晋的百姓，是因为吝惜爵位而且舍不得免除赋税徭役。他们说："三晋之所以弱，是由于三晋百姓追求安乐而且又能轻易免除赋税徭役、得到爵位。秦国之所以强，是由于秦国百姓甘愿劳苦而且不能轻易免除赋税徭役、得到爵位。如果我们也多给百姓爵位，延长免除赋税徭役的时间，就是放弃使秦国强大的政策，而去选择使三晋衰弱的政策。"这就是国君的官吏舍不得爵位、吝惜免除赋税徭役的说法，我个人认为这种话是不对的。我们之所以让百姓吃苦来加强兵力，是为了攻打敌国，实现自己的目标。兵法说："敌国兵力弱了，我们兵力就强了。"这是说我们没有失掉进攻的能力，而敌人却失掉了防御的能力。现在三晋打不过秦国，已经四代了。自魏襄王以来，他们野战打不过秦国，守城必定被秦国攻下，大小战役，三晋败给秦国的次数是数不胜数。即便如此，他们也还是无法被征服，是因为秦国仅能取得他们的土地，而不能夺走他们的百姓。

今王发明惠[①]，诸侯之士来归义者，今使复之三世，无知军事。秦四竟之内陵阪丘隰[②]，不起十年征[③]。者[④]于律也，足以造[⑤]作夫百万。曩[⑥]者臣言曰："意民之情，其所欲者田宅也，晋之无有也信，秦之有余也必。若此而民不西者，秦士戚而民苦也。"今利其田宅，而复之三世，此必与其所欲而不使行其所恶也。然则山东之民无不西者矣，且德[⑦]之谓也，不然[⑧]，夫实圹虚[⑨]，出天宝[⑩]，而百万事本，其所益多也，其徒不失岂所以攻乎？

注　释

①明惠：大的恩惠。

②阪（bǎn）：通"坂"，坡地。隰（xí）：洼地。

③征：指征收赋税。

④者：通"著"，写。

⑤造：招徕。

⑥曩（nǎng）：刚才，方才。

⑦且（cú）德：即归德，因德而归附。且：通"徂"，往。

⑧不然：难道。

⑨圹：旷野。虚：荒地。

⑩天宝：天然的宝物，即物产。

译文

现在大王给出了大的恩惠，凡是各诸侯国来归附的人，立刻免除他们三代的赋税徭役，不用参加作战。秦国四境之内，丘陵、坡地、洼地，十年不收赋税。把这些都写在法律中，足够招来上百万从事农业生产的人。方才我说过："猜测百姓的想法，他们所想要的东西是田地和住宅，可是三晋也的确没有，而秦国的土地过剩也是肯定的。即便如此，三晋的百姓也不向西到秦国来，是因为秦国的士人忧愁而百姓辛苦。"现在赐给他们田地住宅，又免除他们三代的徭役赋税，这就是给他们想要的，又不让他们干自己厌恶的事。这样，山东六国的百姓没有不向西到秦国来的，这是因德而归附啊！难道从各国来的百姓充实了荒芜的土地，开发了那里的物产，百万人从事农业生产，他们所创造的好处很多，仅仅是不丧失进攻的力量吗？

夫秦之所患者，兴兵而伐，则国家贫；安居而农，则敌得休息。此王所不能两成也。故三世战胜，而天下不服。今以故秦①事敌，而使新民作本，兵虽百宿②于外，竟内不失须臾③之时，此富强两成之效也。臣之所谓兵者，非谓悉④兴尽起也，论竟内所能给军卒车骑，令故秦民事兵，新民给刍食⑤。天下有不服之国，则王以此春围⑥其农，夏食其食，秋取其刈⑦，冬陈其葆⑧，以大武⑨摇其本，以广文⑩安其嗣。王行此，十年之内，诸侯将无异民⑫，而王何为爱爵而重复乎？

注释

①故秦：指秦国原有的百姓。

②百宿：百日。

③须臾：片刻。

④悉：全都。

⑤刍食：刍粮，即粮草。

⑥围：通"违"，阻碍，妨碍。

⑦刈（yì）：指收割的粮食。

⑧陈其葆：挖出贮藏的粮食。葆：指储藏的粮食。

⑨大武：指强大的武力。

⑩广文：指宽厚的文德。

⑪异民：不来归顺的百姓。

译 文

秦国担心的是发兵去征伐敌国，本国就会贫穷；安定下来务农，敌国就得到休养生息。这就是大王不能两全其美的事。过去三代国君都打了胜仗，可天下却没有臣服。现在用秦国原有的百姓去应对敌国，而让新招来的百姓从事农业生产，军队虽然驻扎国外上百天，国境内也不会耽误片刻农时，这就使富国和强兵两方面都起到两全其美的效果。臣所说的用兵，不是要全部发动尽数使用，而是要调查清楚国境内所能供给的士兵、战车、马匹，让秦国原有的百姓去参军打仗，而让新招来的百姓供给粮草。天下有不臣服的国家，那大王就在春天发兵阻碍他们进行农业生产，夏天去吃他们的粮食，秋天去夺取他们收割的粮食，冬天挖出他们储藏的粮食，用强大的武力动摇他们的国本，用宽厚的文德安抚他们的后代。大王如果这么做，十年以内，各诸侯国的百姓没有不来归顺秦国的，那么大王为什么还要吝惜爵位、舍不得免除赋税徭役呢？

周军之胜[①]，华军之胜[②]，秦斩首而东之。东之无益，亦明矣，而吏犹以为大功，为其损敌也。今以草茅之地，徕三晋之民而使之事本，此其损敌也，与战胜同实。而秦得之以为粟，此反行两登[3]之计也。且周军之胜、华军之胜、长平之胜[4]，秦所亡民者几何？民客之兵[5]不得事本者几何？臣窃以为不可数矣。假使王之群臣，有能用之，费此之半，弱晋强秦，若三战之胜者，王必加大赏焉。今臣之所言，民无一日之繇[6]，官无数钱之费，其弱晋强秦，有过三战之胜，而王犹以为不可，则臣愚不能知已。

注释

①周军之胜：指前256年（周赧王五十九年，秦昭襄王五十一年）秦军攻灭周朝。

②华军之胜：指前273年（周赧王四十二年，秦昭襄王三十四年）秦军大败赵、魏联军于华阳。

③反行两登：从反面着手行事，收到正面和反面两种效果。反行：从反面着手行事。两登：两得，两成。

④长平之胜：指前264年（周赧王五十一年，秦昭襄王四十三年）秦军于长平大败赵军。与之前的“周军之胜”“华军之胜”一样，均在商鞅身亡之后。

⑤民客之兵：指从军参与对外征伐的百姓。

⑥繇：通“徭”，徭役。

译文

灭周之战和华阳之战的胜利，秦军歼灭大量敌人后向东挺进。向东边进攻没有什么好处，这是很明显的，而官吏们认为能建立大功，因为这样能给敌国带来损害。现在我们用没有开垦过的荒地招来韩、赵、魏三国的百姓，让他们从事农业生产，这对敌人的破坏同战胜敌人带来的破坏有同样的效果。而秦国又可以用这种方式获得他们生产的粮食，这是在军事和生产两个方面都能两全其美的妙计。况且秦国在灭周之战、华阳之战、长平之战中损失了多少人呀？秦国百姓因为从军参加对外征伐而不能从事农业生产的又有多少呢？臣个人认为是没法计算了。假如大王的臣子中，有人能够运用这些兵力，并且只使用这些兵力的一半来削弱韩、赵、魏三国的实力而使秦国强大，取得像那三次战争的胜利一样的人，大王一定会重加赏赐。现在臣所说的方法，就是让百姓不用服一天的徭役，官府不用消耗多少钱，可是它却能削弱韩、赵、魏三国的实力而使秦国强大，效果远胜过那三次战争，而大王却认为不可行，臣愚笨，对此不能理解。

齐人有东郭敞者，犹多愿，愿有万金。其徒请赒[①]焉，不与，曰："吾将以求封[②]也。"其徒怒而去之宋[③]。曰："此爱于无[④]也，故不如以先与之有[⑤]也。"今晋有民，而秦爱其复，此爱非其有以失其有也，岂异东郭敞之爱非其有以亡其徒乎？且古有尧、舜，当时而见称；中世有汤、武，在位而民服。此四王者万世之所称也，以为圣王也，然其道犹不能取用于后。今复之三世，而三晋之民可尽也。是非王贤立今时，而使后世为王用乎？然则非圣别[⑥]说，而听圣人难也。

注　释

①赒（zhōu）：接济，救济。

②封：封赏。

③去：离开。之：到……去。

④无：指还没有得到的东西。

⑤有：指现有的东西。

⑥别：特殊的，特别的。

译文

齐国有个叫东郭敞的人，想要的东西很多，希望自己能拥有万金的财富。他的徒弟请求他救济，他不给，说："我打算用钱财求取爵位。"他的徒弟很愤怒，离开他到宋国去了。有人说："这个人吝惜没有获得的东西，还不如将东西先送给他现有的徒弟。"现在韩、赵、魏三国有百姓而秦国还吝惜免除他们的徭役和赋税，这也是吝惜没有的东西而失去现有的东西，这和东郭敞吝惜没有到手的爵位而失去已有的徒弟有区别吗？上古的时候有尧、舜，当时被人称颂；中古时候有商汤、周武王，在君位时百姓臣服。这四位帝王，世世代代受到人们的称赞，但他们治国的思想却不能被后世采用。现在免除三代的徭役和赋税，那么韩、赵、魏三国百姓就能全被招致了。这不是以大王您今天的贤明，而让三晋的百姓以后为大王效力吗？那么看来并不是圣人的说法特别，而是听从圣人的教诲很难啊！

刑约第十六

（本篇已亡佚，无文字流传）

赏刑第十七

圣人之为国也，一赏，一刑，一教。一赏则兵无敌，一刑则令行，一教则下听上。夫明赏不费，明刑不戮，明教不变，而民知于民务，国无异俗。明赏之尤至于无赏也①，明刑之尤至于无刑也，明教之尤至于无教也。

注释

①尤：突出的，引申为极致、极点。至于：达到。

译文

圣人治理国家，统一奖赏，统一刑罚，统一教化。实施统一奖赏，那么军队就会无敌于天下；实行统一的刑罚，那么法令就能得到施行；实行了统一教化，那么臣民就会顺从君主。修明的奖赏不会浪费财物，严明的刑罚不会任意杀戮，严明的教化不会有变乱，而且百姓知道自己该做什么，国家也没有怪异的风俗。高明的奖赏到了极致就可以不用奖赏，严明的刑法到了极致就可以不用刑罚，修明的教化到了极致就可以不用教化。

所谓一赏者，利禄官爵抟出于兵，无有异施也。夫固知愚、贵贱、勇怯、贤不肖，皆尽其胸臆①之知，竭其股肱之力②，出死而为上用也。天下豪杰贤良从之如流水。是故兵无敌而令行于天下。万乘之国不敢苏其兵中原③，千乘之国不敢捍④城。万乘之国，若有苏其兵中原者，战将覆其军；

千乘之国，若有捍城者，攻将凌[5]其城。战必覆人之军，攻必凌人之城，尽城而有之，尽宾而致之[6]，虽厚庆赏，何费匮之有矣[7]？昔汤封于赞茅[8]，文王封于岐周[9]，方百里。汤与桀战于鸣条[10]之野，武王与纣战于牧野[11]之中，大破九军，卒裂土封诸侯，士卒坐阵[12]者，里有书社[13]。车休息不乘，从马华山之阳[14]，从牛于农泽[15]，从之老而不收[16]。此汤、武之赏也。故曰：赞茅、岐周之粟，以赏天下之人，不人得一升；以其钱赏天下之人，不人得一钱。故曰：百里之君而封侯其臣，大其旧；自士卒坐阵者，里有书社，赏之所加，宽于牛马者，何也？善因天下之货，以赏天下之人。故曰：明赏不费。汤、武既破桀、纣，海内无害，天下大定，筑五库[17]，藏五兵[18]，偃[19]武事，行文教，倒载干戈[20]，搢笏[21]，作为乐以申其德。当此时也，赏禄不行，而民整齐。故曰：明赏之尤至于无赏也。

注　释

①胸臆：内心，心中所藏。

②股肱之力：指自己的所有力量。股肱：大腿和胳膊。

③苏：朝向，向着。《荀子·议兵》："以故顺刃者生，苏刃者死。"中原：平原，原野。

④捍：保卫，守卫。

⑤凌：升，登。

⑥宾：宾服，使臣服。致之：朝贡。

⑦费：钱财。匮：匮乏。

⑧赞茅：汤早期的封地，一说在今河南修武境内，一说在今山东菏泽境内。

⑨岐周：岐山下的周代旧邑，在今陕西省岐山县境内，周建

国于此，故称。

⑩鸣条：地名，一说今山西运城夏县之西，一说今河南洛阳附近。约前1600年，商汤在鸣条与夏军进行一场决战，战争导致夏朝灭亡，商汤建立了商朝。

⑪牧野：地名，今河南新乡境内。前1046年1月26日，周武王联军与商朝军队在牧野进行决战，帝辛（商纣王）最后兵败自焚，商朝灭亡。

⑫坐阵：临阵，参战。

⑬书社：古制二十五家立社，把社内人名录于簿册，谓之“书社”。

⑭从：通“纵”，放。阳：山的南面，水的北面为阳。

⑮农泽：即桃林，因其在弘农县，故称。

⑯收：收回。

⑰五库：古代贮藏材料的五种仓库。《礼记·月令》：“（季春之月）是月也，命工师、令百工审五库之量。”孔颖达疏：“五库者，熊氏云，各以类相从，金铁为一库，皮革筋为一库，角齿为一库，羽箭干为一库，脂胶丹漆为一库。”

⑱五兵：据《周礼·夏官·司右》郑玄注疏所引《司马法》记载，“五兵”为弓矢、殳、矛、戈、戟。

⑲偃：停止。

⑳倒载干戈：亦作“倒置干戈”，或“倒戢干戈”。倒着藏放兵器，表示不再打仗。

㉑搢笏：古代官员的官服没有口袋，于是将笏板直接插在腰带上，叫“搢笏”。后引申为朝见。

译文

所说的统一奖赏，就是指利禄、官爵都专门根据在战争中的功绩赐给，没有其他不同的获得途径。于是无论人们聪慧与愚昧、富贵与低贱、勇敢与胆怯、贤德与不贤德，都会用尽自己的全部智慧，竭尽自己的全部力量，拼死为君主效力。天下的英雄豪杰会像流水一样追随君主。于是军队无敌而且能够号令天下。

有万辆兵车的国家没有谁敢在郊野同他的军队对抗，有千辆兵车的国家不敢守卫（他的军队要攻打的）城池。拥有万辆兵车的国家如果有在原野中同他的军队对抗，只要战争打起来就会全军覆没；拥有千辆兵车的国家如果守卫（他的军队要攻打的）城池，他只要一进攻就会占领城池。迎战就一定消灭敌国的军队，进攻就一定占领敌国的城池，所有的城池便都能占领，所有的诸侯就都能臣服朝贡。这样，即使多加奖赏，财物怎么会不足呢？从前商汤被封在赞茅，周文王被封在岐山，土地方圆也只有百里。商汤与夏桀在鸣条的原野上开战，周武王与商纣王在牧野地区交战，他们都大败敌人的强大军队，最后商汤和周武王都划分土地，分封诸侯，凡是参战的士兵，回到家乡后都有登记入册的土地。战车放在那里不再乘坐，将马放到华山的南坡，将牛放到桃林一带的地里，一直到老死也不收回来。这就是商汤和周武王的奖赏啊。所以说：赞茅、岐周的粮食，如果用来奖赏天下的人，每个人还得不到一升；如果用赞茅、岐周的钱财来奖赏天下的人，每个人还不能得到一文钱。所以说：本来只拥有方圆百里土地的君主，却封自己的大臣为诸侯，这些诸侯的封地也比他们原来的国土大；参战的士兵，回到家乡后都拥有按书册登记的土地，奖赏所涉及的东西，不只是牛和马，为什么呢？是因为他们善于使用天下的财物，来奖赏天下的人们。所以说：高明的奖赏并不会浪费财物。商汤、周武王已经攻破了夏桀、商纣王，境内没有什么威胁，天下十分安定。他们修建了五种仓库，将五种兵器收藏起来，停止了征战之事，实行文明教化。不再征伐打仗，大臣们都穿着朝服朝见君主，创制了歌乐用来彰显自己的功德。在这个时候，奖赏和利禄都不用了，可是百姓却很有规矩。所以说：高明的奖赏到了极致，就不用奖赏了。

所谓一刑者，刑无等级，自卿相、将军以至大夫、庶人，有不从王令、犯国禁、乱上制者，罪死不赦。有功于前，有败于后，不为损[①]刑。有善于前，有过于后，不为亏[②]法。忠臣孝子有过，必以其数[③]断。守法守职之吏有不行王法者，罪死不赦，刑及三族[④]。同官之人[⑤]，知而讦[⑥]之上者，自免于罪，无贵贱，尸袭[⑦]其官长之官爵田禄。故曰：重刑，连其罪，则民不敢试。民不敢试，故无刑也。夫先王之禁，刺杀，断人之足，黥[⑧]人之面，非求伤民也，以禁奸止过也。故禁奸止过，莫若重刑。刑重而必得，则民不敢试，故国无刑民。国无刑民，故曰：明刑不戮。晋文公将欲明刑以亲百姓，于是合诸卿大夫于侍千宫[⑨]，颠颉[⑩]后至，吏请其罪，君曰："用事[⑪]焉。"吏遂断颠颉之脊以殉[⑫]。晋国之士，稽[⑬]焉皆惧，曰："颠颉之有宠也，断以殉，况于我乎！"举兵伐曹、五鹿[⑭]，及反郑之埤[⑮]，东卫之亩[⑯]，胜荆人于城濮[⑰]。三军之士，止之如斩足，行之如流水。三军之士，无敢犯禁者。故一假道[⑱]重轻于颠颉之脊，而晋国治。昔者，周公旦杀管叔、流霍叔[⑲]，曰："犯禁者也。"天下众皆曰："亲昆弟有过不违[⑳]，而况疏远乎！"故天下知用刀锯于周庭，而海内治，故曰：明刑之犹至于无刑也。

注　释

①损：减少。

②亏：破坏。

③数：指罪行轻重。

④三族：三种亲属关系。一说指父、子、孙；一说指父族、母族、妻族。

⑤同官之人：同僚。

⑥讦：揭发。

⑦尸袭：替代。

⑧黥：古代在人脸上刺字并涂墨之刑。

⑨侍千宫：宫殿名。

⑩颠颉：人名，春秋时期晋国大夫。晋文公重耳出逃时，颠颉是跟随者之一。

⑪用事：执法，行刑。

⑫断脊：用重斧将犯人从腰部砍作两截。殉：示众。

⑬稽：古代的一种礼节，跪下，拱手至地，头也至地。

⑭曹：春秋时期的诸侯国，建都陶丘，辖地大致为现在的山东定陶附近。五鹿：春秋时卫国地名，在今河南濮阳南。前631年晋楚城濮之战时，晋国伐曹、卫救宋，俘虏曹共公，并占五鹿。

⑮反郑之埤：即归还郑国的女墙，意指撤军并归还城墙的防务给郑国。前630年，晋文公与秦穆公联合向郑国发起进攻，很快就包围了郑国。后郑文公派烛之武游说秦穆公，秦军撤退，晋文公不得已放弃灭郑，而郑文公再也不敢对晋无礼，小心侍奉晋文公。前628年，郑文公死后，晋文公送公子兰回国即位，是为郑穆公。郑穆公在位22年，也始终是晋国的重要追随者。反：归还。郑：郑国，春秋时期的诸侯国，建都今河南新郑埤：城上女墙，上有孔穴，可以窥外。

⑯东：向东。亩：亩道，古代以国都为中心的大道，有南北纵向与东西横贯的两种大道。南北纵走的是南亩，东西横贯的是东亩。

⑰荆：楚国的别称。城濮：春秋时卫国地名，今山东鄄城西南。

⑱假道：借助。

⑲周公旦：周公，周文王第四子，西周初年政治家，姬姓，周氏，名旦，谥文，又称周公旦、叔旦、周旦、周文公。管叔：西周初人，姬姓，名鲜，周武王之弟，是西周初年管国的唯一君主。流：流放。周武王灭商后，曾封纣王之子武庚为诸侯。同时，让管叔和蔡叔、霍叔共同监督武庚治理殷商遗民，史称“三

监”。武王死后，成王年少，由周公旦摄政，三监对周公的专制不满，故联合纣王之子武庚发动三监之乱。周公东征，管叔为周公所杀，霍叔被周公旦贬为庶人。霍叔：周文王第八子，周武王之，为周朝诸侯国霍国开国君主。

⑳昆：兄。违：避。

译文

所说的统一刑罚，是指使用刑罚没有等级差别，从卿相、将军，一直到大夫和平民，有不听从君主命令的、触犯国家禁令的、破坏君主法令的，处以死罪并且不得赦免。虽然从前立过战功，但后来失利了，也不因从前的功劳而减轻刑罚。从前做过好事，但后来犯错误，也不因从前做过好事就破坏法令（而不加惩罚）。就是那些忠臣、孝子犯了罪，也一定根据他们罪行的轻重来定罪。执行法令、履行职责的官吏有不执行君主法令的，判其死罪决不赦免，而且刑罚要株连他们的三族。官吏的同僚，知道他们的罪行，并能向君主揭发检举的，不仅自己能免受罪责，而且无论地位高低，都能接替被揭发者的官爵、土地和俸禄。所以说：加重刑罚，株连他们的亲属，那么百姓就不敢以身试法，也就等于消除刑罚了。古代帝王制定的法令，有将人处死的，有砍断犯人脚的，有在犯人脸上刺字的，这不是要伤害百姓，而是要用来遏止奸邪、防止犯罪。因此遏止奸邪、防止犯罪，没有什么办法能比得上使用重刑。刑罚重而且能坚决执行，那么百姓就不敢以身试法了，于是国家就没有受刑罚的百姓。国家没有受刑罚的百姓，因此说：严明的刑罚不是为了杀人。晋文公想要严明刑罚来使百姓亲附，于是召集所有的卿相、大夫一块到侍千宫，颠颉来晚了，官吏请示晋文公定他的罪，晋文公说：“按法令行刑吧。”官吏于是将颠颉腰斩示众。晋国人惧怕，纷纷跪地叩头，说：“颠颉是国君宠爱的大臣，都会（因违法而）被腰斩示众，何况我们呢。”后来，晋文公发兵征伐曹国及卫国的五鹿，归还郑国的防务，勒令卫国的亩道一律改为东西方向，在城濮战胜楚国军队。晋国的三军将士，收到命令停止前进，他们就像被砍断了脚一样停止不前；命令进攻，他们就像流水一样迅速。三军将士没有谁敢违反禁令。因此晋文公只借助将颠颉腰斩这轻罪重罚的办法，使晋国得到了安定。过去，周公旦杀了管叔，流放霍叔，说：“他们是犯了禁令的人。”天下的人都说：“亲兄弟犯了罪过都不能回避受刑，更何况我们这些关系疏远的人！”从此天下人都知道周公将刑罚用在了朝廷内，国境内就得到繁荣安定，因此说：“严明的刑罚到了极致就等于没有刑罚。”

所谓一教者，博闻、辩慧、信廉、礼乐、修行、群党、任誉、清浊①，不可以富贵，不可以评②刑，不可独立私议以陈其上。坚者被③，锐者挫。虽曰圣知、巧佞、厚朴④，则不能以非功罔⑤上利。然富贵之门，要存战而已矣。彼能战者，践⑥富贵之门。强梗⑦焉，有常刑⑧而不赦。是父兄、昆弟、知识、婚姻、合同者⑨，皆曰：“务之所加，存战而已矣。”夫故当壮者务于战，老弱者务于守，死者不悔，生者务劝，此臣之所谓一教也。民之欲富贵也，共阖棺⑩而后止，而富贵之门必出于兵，是故民闻战而相贺也，起居饮食所歌谣者，战也。此臣之所谓明教之犹至于无教也。

注释

①修行：修养德行。群党：结为朋党。任誉：博取声誉。清浊：分辨善恶。

②评：批评。

③被：通“破”。

④圣知：聪明睿智。巧佞：奸诈机巧。厚朴：忠厚朴实。

⑤罔：骗取。

⑥践：踏入。

⑦强梗：骄横跋扈。

⑧常刑：一定的刑罚。

⑨知识：相识的人。合同：志同道合的人。

⑩阖棺：盖棺，引申为死亡。

译文

所谓统一教化，是指见闻广博、聪慧有辩才、诚实廉洁、精通礼制乐制、有修养德行、结成朋党、博取声誉、分辨善恶，不能因为这些而富贵，不能因为这些而批评刑罚，不能因为这些私自创立私人的学说并将学说凌驾于法令之上。对那些顽固不化者要摧垮，对那些锋芒毕露者要挫败。即使所谓的聪明睿智、奸诈机巧、忠厚朴实的人，也不能在军功之外骗取君主的赏赐。这样的话，富贵之门就只能来源于征战。只有能积极打仗的人，才能踏进富贵之门。那些骄横跋扈的人，有一定的刑罚惩处而不能得到赦免。这样，那些父亲伯叔、兄弟、相识的人、儿女姻亲、志同道合的人，都说："我们务必要加倍努力的地方只有在战场上了。"于是，那些年富力强的人都努力作战，年老体弱的人努力从事防守，那些死在战场的人不后悔，活着的人互相鼓励，这就是臣说的统一教化。百姓想要得到的是富贵，这种念头只有死后才会停止，可富贵的门户都来自征战，于是百姓听说要打仗便互相庆贺，百姓起居饮食时所唱的歌谣，全是打仗的事。这就是臣所说的修明的教化到了极致就等于没有教化。

此臣所谓参教也[①]。圣人非能通，知万物之要也。故其治国举要以致万物，故寡教而多功。圣人治国也，易知而难行也。是故圣人不必加[②]，凡主不必废[③]，杀人不为暴，赏人不为仁者，国法明也。圣人以功授官予爵，故贤者不忧。圣人不宥[④]过，不赦刑，故奸无起。圣人治国也，审[⑤]

一而已矣。

注　释

①参：通“叁”。教：政教。

②加：凌驾。

③凡主：平庸的君主。废：败坏，减损。

④宥：宽恕。

⑤审：知悉。

译　文

这些就是臣所说政教的三个方面。圣明的人不能通晓一切，而是明白万事万物的要领。因此他统治国家，抓住要领从而推及万物，所以政教简洁却能取得很多功绩。圣明的人治理国家，明白道理容易却很难实行。所以圣明的人不能凌驾于法度之上，平庸的君主不能败坏法度，杀人不算残暴，奖赏人不算仁爱，这都是因为国家法律严明。圣明的人凭功绩授予官职、赐给爵位，因此贤德的人不用担忧。圣明的人不宽恕别人的错误，不赦免罪犯的刑罚，因此那些奸邪的事无法发生。圣明的人治理国家，只不过是知道统一奖赏、刑罚和教化而已。

画策[1]第十八

昔者昊英[2]之世，以伐木杀兽，人民少而木兽多。黄帝之世，不麛[3]不卵，官无供备之民，死不得用椁[4]。事不同皆王者，时异也。神农之世，男耕而食，妇织而衣，刑政不用而治，甲兵不起而王。神农既没，以强胜弱，以众暴[5]寡，故黄帝作为君臣上下之义、父子兄弟之礼、夫妇妃匹[6]之合，内行刀锯，外用甲兵，故时变也。由此观之，神农非高于黄帝也，然其名尊者，以适于时也。故以战去战，虽战可也；以杀去杀，虽杀可也；以刑去刑，虽重刑可也。

注　释

①画策：即谋划策略。

②昊英：传说中的上古帝王。

③麛（mí）：幼兽。

④椁：古代套在棺材外面的大棺材。

⑤暴：欺凌。《庄子·盗跖》："自是之后，以强凌弱，以众暴寡。"

⑥妃匹：指婚配之事。妃：通"配"，婚配。

译　文

过去昊英统治的时代，让百姓伐木捕杀野兽，那是因为当时人口少而树木、野兽多。黄帝治理天下时不允许捕杀幼小的野兽，不允许吃鸟蛋，官吏没有供自己使唤的奴仆，死了不能用大棺材埋葬。昊英、黄帝做的事不一样，却都称王于天下，这是因为时代不同。神农治理天下时，男人耕种而使人们有饭吃，女人织布而让人们有衣裳穿，不使用刑罚和政令而使天下安定，不动用军队就能称王天下。神农死后，人们开始以强凌弱，以多欺少，于是黄帝制定了关于君臣和上下级之间的道德准则，父子和兄弟间的礼仪，夫妻之间的婚配原则，对内使用刑罚，对外用军队征伐，同样是因为时代变了。由此看来，神农并不是比黄帝高明，可是他的名誉却更尊贵，这是因为他顺应了时代变化。因此用战争消除战争，即便是战争也是合理的；用杀戮消除杀戮，即便是杀戮也是合理的；用刑罚消除刑罚，虽然加重刑罚也是合理的。

昔之能制天下者，必先制其民者也；能胜强敌者，必先胜其民者也。故胜民之本在制民，若冶于金、陶于土也[①]。本不坚，则民如飞鸟禽兽，其孰能制之？民本，法也。故善治者塞[②]民以法，而名地作[③]矣。名尊地广以至王者，何故？战胜者也。名卑地削以至于亡者，何故？战罢[④]者也。不胜而王，不败而亡者，自古及今未尝有也。民勇者，战胜；民不勇者，战败。能一民于战者，民勇；不能一民于战者，民不勇。圣王见王之致于兵也，故举国而责[⑤]之于兵。入其国，观其治，民用者强。奚以知民之见用者也？民之见战也，如饿狼之见肉，则民用矣。凡战者，民之所恶也。能使民乐战者，王。强国之民，父遗[⑥]其子，兄遗其弟，妻遗其夫，皆曰："不得，无返！"又曰："失法离[⑦]令，若[⑧]死我死，乡治之。行间[⑨]无所逃，迁徙无所入。"行间之治，连以五，辨之以章[⑩]，束之以令。拙[⑪]无所处，罢无所生。是以三军之众，从令如流，死而不旋踵[⑫]。

注　释

①冶：冶炼。陶：制作陶器。

②塞：遏制，约束。

③作：兴起。

④罢（pí）：败。

⑤责：求。

⑥遗（wèi）：送。

⑦离：违背。

⑧若：你。

⑨行（háng）间：行伍之间，指军中。

⑩章：标记。

⑪拙：借作“趉（jué）”，走，逃走。

⑫旋踵：把脚后跟转过来。指畏避退缩。

译　文

过去能控制天下的人，一定是首先将自己的百姓治理好的人；能够战胜强敌的人，也一定是得到百姓拥护的人。因此得到百姓拥护的根本在于治理好百姓，就像冶炼对于金属、制陶对于泥土一样。基础不坚固，那么百姓就像飞鸟和野兽，有谁能治理他们呢？治理好百姓的基础是法制。因此善于治理国家的人，就是用法律来约束百姓，而名誉和土地就都增加了。君主的名誉尊贵、土地广阔，最后称王天下，是什么缘故呢？是因为总打胜仗。君主的名誉低微、土地面积衰减，直至最后灭亡，又是什么原因呢？是因为总打败仗。不打胜仗而称王天下，不打败仗而灭亡的国家，从古至今也未曾有过。百姓作战勇敢，打仗就会获胜；百姓作战不勇敢，打仗就会失败。能让百姓专注于作战的君主，百姓打仗就勇敢；不能使百姓专注于作战的君主，百姓打仗就不勇敢。圣明的君主看见称王天下只能通过征战实现，就会要求全国都在军事上努力。走进一个国家，观察这个国家的治理情况，百姓为国效力的就强大。何以知道百姓为国效力了呢？如果百姓看见打仗，就像饥饿的狼看见了肉一样，那么百姓便是为国效力。战争是百姓所厌恶的。能让百姓乐于去打仗的君主，能称王天下。强大国家的百姓，父亲送儿子去当兵，哥哥送弟弟去当兵，妻子送丈夫去当兵，他们都说："不获胜就不要回来！"又说："不遵守法律，违抗了命令，你死，我也得死，乡里会治我们的罪。军队中又没有地方逃，（就是跑回家）我们要搬迁也没有地方可去。"军队的管理办法是将五个人编成一伍，实行连坐，用标记来区分他们，用军令来约束他们。逃走了也没有地方居住，失败了没有活路。所以三军的将士听从军令就像流水一样，就是战死也不后退。

国之乱也，非其法乱也，非法不用也。国皆有法，而无使法必行之法。国皆有禁奸邪、刑盗贼之法，而无使奸邪盗贼必得之法。为奸邪盗贼者死刑，而奸邪盗贼不止者，不必得也。必得而尚有奸邪盗贼者，刑轻也。刑轻者，不得诛[①]也。必得者，刑者众也。故善治者，刑不善而不赏善，故不刑而民善。不刑而民善，刑重也。刑重者，民不敢犯，故无刑也。而民莫敢为非，是一国皆善也，故不赏善而民善。赏善之不可也，犹赏不盗。故善治者，使跖[②]可信，而况伯夷[③]乎？不能治者，使伯夷可疑，而况跖乎？势不能为奸，虽跖可信也；势得为奸，虽伯夷可疑也。

注　释

①诛：责罚，惩罚。

②跖（zhí）：春秋时期人，展氏，名跖，一作蹠，鲁国大夫柳下惠之弟。传说中的大盗，率领盗匪数千人，人称盗跖。

③伯夷：子姓，墨胎氏，商纣王末期孤竹国第七任君主亚微的长子，弟亚凭、叔齐。伯夷和叔齐因谦让王位而双双出走，离

开了孤竹国，奔往西方，在周地部落中养老。后周武王讨伐纣王，伯夷和叔齐不满武王身为藩属讨伐君主，力谏。武王不听，不久周灭亡商朝。两人愤慨，决定不食周粟，以表明对殷商的忠心，最终隐居在原殷商荒芜之地首阳山（河南洛阳东30公里偃师境内），以树皮、野菜为食，最终饿死。伯夷和叔齐由于不食周粟的高风亮节，被后人认为是忠信的典范。

译　文

国家治理混乱，不是因为它的法律混乱，也不是因为法律被废弃不用。国家都有法律，却没有让法律一定得到施行的办法。国家虽有禁止奸邪、惩罚盗贼的法律，却没有使奸邪、盗贼一定能受到惩治的办法。做奸邪、偷盗之事的人要被处以死刑，可是奸邪之人和盗贼仍不断产生，这是由于惩罚措施得不到落实。就是得到落实了却仍有奸邪和盗贼产生，这是因为刑罚轻。刑罚轻，就起不到惩罚的效果。惩罚措施得到落实，受刑罚处治的人就多。所以善于治理国家的人，只处罚不守法的人，而不奖赏守法的人，因此，不用刑罚百姓也会守法。不用刑罚百姓也会守法，是因为刑罚重。刑罚重，百姓就不敢犯法，于是也就没有刑罚。百姓没有谁敢做违法的事，这时全国的百姓就都是守法的。因此，不奖赏守法的人而百姓都守法。不可以奖赏守法的人，就像不能奖赏盗贼一样。因此，善于治理国家的人，能使像盗跖一样的人变得诚实可信，更何况像伯夷这样的人？不会治理国家的人，即使是像伯夷一样的高洁之士也有犯法的嫌疑，更何况像盗跖这样的人？假如环境使人不能做坏事，即使是盗跖一样的人也可以信赖；假如环境能让人做坏事，即使是伯夷一样高洁的人也有嫌疑。

国或重[①]治，或重乱。明主在上，所举必贤，则法可在贤。法可在贤[②]，则法在下[③]，不肖不敢为非，是谓重治。

不明主在上，所举必不肖，国无明法，不肖者敢为非，是谓重乱。兵或重强，或重弱。民固欲战又不得不战，是谓重强。民固不欲战，又得无战，是谓重弱。

注 释

①重：更。

②在贤：指掌握在贤能的人手里。

③在下：指施行于下。

译 文

国家或者是被治理得更好，或者是被治理得乱上加乱。英明的君主在位，他所选用的人一定是贤能之士，那么法令便掌握在贤能的人手中。法令掌握在贤能的人手中，那么法令就能在下面施行，品行不好的人就不敢做坏事，这就叫治理得越来越好。不英明的君主在位，他所选用的一定都是不贤能的人，国家就不会有严明的法度，品行不好的人就敢做坏事，这就叫乱上加乱。军队或者是强上加强，或者是弱上加弱。百姓本来想要打仗，又不能不去打仗，这就叫强上加强。百姓本来不想打仗，又可以不去打仗，这就叫弱上加弱。

明主不滥[①]富贵其臣。所谓富者，非粟米珠玉也？所谓贵者，非爵位官职也？废法作私，爵禄之，富贵之，滥也。凡人主，德行非出人也，知非出人也，勇力非过人也。然民虽有圣知[②]，弗敢我谋[③]；勇力，弗敢我杀；虽众，不敢胜[④]其主；虽民至亿万之数，县[⑤]重赏而民不敢争，行罚而民不敢怨者，法也。国乱者，民多私义[⑥]；兵弱者，民多私勇[⑦]。则削国之所以取爵禄者多涂[⑧]。亡国之俗，贱爵轻禄。

不作而食，不战而荣，无爵而尊，无禄而富，无官而长⑨，此之谓奸民⑩。所谓“治主无忠臣，慈父无孝子⑪”，欲无善言⑫，皆以法相司⑬也，命相正也⑭。不能独为非，而莫与人为非。所谓富者，入多而出寡。衣服有制，饮食有节，则出寡矣。女事尽于内，男事尽于外，则入多矣。

注释

①滥：不加选择，不加节制。

②圣知：谓聪明睿智，无所不通。知：通“智”。

③我谋：即“谋我”，这里指图谋君主的地位。谋：图谋。

④胜：欺凌。

⑤县：通“悬”。

⑥私义：以私人关系为准则的个人情义。

⑦私勇：发自私愤的勇气，即私斗之勇。私斗是指春秋战国时期，贵族间为争夺土地、财产，聚集封地内邑兵进行的邑斗。频繁的私斗不但破坏生产，而且造成大量无辜劳动力的伤亡。

⑧涂：通“途”。

⑨长：威势。

⑩奸民：乱法犯禁、不务正业的人。

⑪治主无忠臣，慈父无孝子：善于治理国家的君主不会有忠臣，（对孩子）溺爱的父亲不会有孝顺的孩子。此句承接上文的“弗敢谋”“弗敢杀”“不敢胜”“不敢争”“不敢怨”皆是由于“法”的存在，又为后文“以法相司”作铺垫，其含义在于反对君主凭一己之力治理国家，又反对使用仁政这种方式教化臣民，最终落脚点在于法治——以法相司。

⑫善言：巧于言辞。

⑬司：通“伺”，监督。

⑭命：指君主的政令。正：纠正。

译文

圣明的君主不会对臣子滥施富贵。所说的富，不就是粮食珠玉吗？所说的贵，不就是爵位官职吗？废弃法律而凭借个人意志，赐给臣子爵位和俸禄，使臣子富贵，就是滥施富贵。一般说来，君主的德行不会比别人高，智慧也不会超过别人，勇武之力也没有过人之处。可是，百姓即使聪明睿智，也不敢谋求君主的地位；即使有勇武之力，也不敢弑杀君主；虽然百姓人数众多，也不敢欺凌君主；即使人口达到亿万，国君出示重赏百姓也不敢争抢，实行惩罚百姓也不敢怨恨，这是因为有法度的存在。国家混乱，是由于百姓热衷于私人情义；军队实力弱，是因为百姓热衷于私斗之勇。那么在实力削弱的国家获取爵位、俸禄的途径就有许多。使国家灭亡的风气，就是不看重爵位、轻视俸禄。不劳动有饭吃，不打仗有荣誉，没有爵位照样尊贵，没有俸禄照样富有，没有官职照样有威势，这就叫作奸民。所说的“善于治理国家的君主不会有忠臣，（对孩子）溺爱的父亲身边没有孝顺的孩子”，就是希望不要巧于言辞而玩弄口舌，而要一律依靠法律进行监督，依靠政令（对错误）进行纠正。这样的话，臣民们就不能独自做坏事，也不能同别人一块做坏事。所说的富有，是收入多而支出少。穿衣有限度，饮食有节制，那么支出就少。女人专心于操持家务，男人专心于生产，那么收入就多。

所谓明者，无所不见，则群臣不敢为奸，百姓不敢为非。是以人主处匡床[①]之上，听丝竹之声[②]，而天下治。所谓明者，使众不得不为。所谓强者，天下胜。天下胜，是故合力。是以勇强[③]不敢为暴，圣知不敢为诈，而虑用。兼天下之众，莫敢不为其所好而辟其所恶。所谓强者，使勇力不得不为己用。其志足[④]，天下益[⑤]之；不足，天下说[⑥]

之。恃天下者，天下去之；自恃者，得天下。得天下者，先自得[7]者也；能胜强敌者，先自胜者也。

注　释

①匡床：安适的床。另一种说法是指方正的床。

②丝竹之声：泛指音乐。

③勇强：勇武强悍之人。

④志足：志向得以实现。

⑤益：辅佐。

⑥说：通“悦”。

⑦自得：“自得”是中国自先秦以来就出现的一种哲学命题，是一种以直觉和体验而“体道”（即以主体的直觉体验而通于大道）的方式。这种方式不是语言可以传授和说明的，也不是逻辑思维可以获得的，而是超越于名言概念之上的亲身体验。“自得”有鲜明的价值论色彩，体现着主体对宇宙和人生的能动的诉求和掌握世界的欲望。“自得”的对象不是具体的存在物，而是“道”与“大化”。《孟子·离娄章句下》篇明确提出“自得”的概念：“君子深造之以道，欲其自得之也。自得之，则居之安；居之安，则资之深；资之深，则取之左右逢其源，故君子欲其自得之也。”

译　文

所说的圣明，是指君主没有什么不清楚的，那么大臣们就不敢做奸邪之事，百姓也不敢做坏事。于是，君主只要坐在安适的床上，听着音乐，而天下也能安定繁荣。所说的圣明，是指君主能号令众人不得不去做事。所说的强大，是指君主征服了天下。天下被征服了，才能聚合天下人的力量。于是勇武强悍的人不敢发动暴乱，聪明睿智的人不敢做欺诈的事，而是考虑如何才能被君主选用。全天下的人，没有谁敢不做君主所喜欢的事，敢不回避君主所厌恶的事。所说的强大，是指君主能使有勇力的人不得不为自己所用。他的志向能实现，天下的人都愿意辅佐他；他的理想不能实现，天下的人也还是喜欢他。依靠天下的人，天下的人就会抛弃他；依靠自己的人，才能得到天下。得到天下的人，首先是要能“自得”；能战胜强敌的人，首先是要能战胜自己。

圣人知必然之理，必为之时势，故为必治之政，战必勇之民，行必听之令。是以兵出而无敌，令行而天下服从。黄鹄①之飞，一举千里，有必飞之备也。蛩蛩巨虚②，日走千里，有必走之势也；虎、豹、熊、罴③，鸷④而无敌，有必胜之理也。圣人见本然之政，知必然之理，故其制民也，如以高下制水，如以燥湿制火。故曰：仁者能仁于人，而不能使人仁；义者能爱于人，而不能使人爱。是以知仁义之不足以治天下也。圣人有必信之性，又有使天下不得不信之法。所谓义者，为人臣忠，为人子孝，少长有礼，男女有别；非其义也，饿不苟食，死不苟生。此乃有法之常也。圣王者，不贵义而贵法。法必明，令必行，则已矣。

注　释

①黄鹄：古时一种大鸟。《汉书·昭帝纪》：“黄鹄，大鸟也，一举千里者，非白鹄也。”

②蛩蛩巨虚：泛指良马。原版本为“丽丽、巨巨”，但后人注解时均认为此为误用。蒋礼鸿注释版本认为应该为“蛩蛩巨丘”。但依据《山海经·海外北经》“有素兽焉，状如马，名曰蛩蛩”，晋朝郭璞注解：“即蛩蛩巨虚也，一走百里”，并有《玉篇》：“巨虚，兽似骡”，古本书采用朱师辙的观点，即“蛩蛩巨虚”。

③罴：棕熊。

④鸷：凶猛。

译文

圣明的人懂得社会发展的道理，一定要顺应时代发展的形势，因此制定一定能把国家治理好的政策，使用打仗一定勇敢的百姓，下达百姓一定能听从的命令。所以军队出发打仗便会无敌于天下，君主的命令一下达，天下便会服从。黄鹄飞翔，一飞便是上千里，这是因为它具备一定能飞行千里的翅膀。蛩蛩巨虚这样的良马能日行千里，这是因为它们具备能奔跑千里的本领。虎、豹、熊、罴，生性凶猛而无敌于天下，是因为它们有一定能战胜其他野兽的能力。圣人能发现治理社会的有效政策，明白其中的发展的规律，所以他统治百姓，就像利用高低地势控制水流一样，又像用易燃物品的干湿来控制火一样。所以说：仁慈的人能够对别人仁慈却不能使别人仁慈；有道义的人能够爱别人，却不能使别人有爱心。因此，知道仁慈、道义是不能够治理天下的。圣人有一定让天下人信任的品德，又具有让天下人不能不信任的办法。这里所说的道义，是说作为臣子定要有忠心，做儿子一定有孝心，长幼之间有礼节，男女之间有区别。如果不合乎道义，就是饿死也不能苟且吃饭，就是死也不能苟且偷生。这些不过是国家有法律的平常之事。圣明的帝王不必重视道义而要重视法律，而且法律必定要严明，君主的政令一定要贯彻执行，那就可以了。

境内第十九

四境之内，丈夫女子皆有名于上，生者著，死者削。

译文

国境之内，男人、女人都在官府登记了名字，有人出生就添写上去，有人死去就注销掉。

其有爵者乞无爵者以为庶子[①]，级乞一人。其无役事[②]也，其庶子役其大夫[③]月六日；其役事也，随而养之军。

注释

①乞：要求。庶子：战国时秦国隶属于有爵者的服役之人。

②役事：劳役之事，文中侧重于指军役。

③大夫：秦国施行军功爵位制后的第五级爵位，这里泛指有爵位的人。

译文

有爵位的人可以要求无爵位的人做他的侍从，每一级可以要一个。（国家）没有劳役的时候，这些侍从每月要为有爵位的人服役六天；（国家）有劳役的时候，（这些侍从）就要在军中服役。

爵自一级已下至小夫，命曰校、徒、操、公士[①]。爵自二级已上至不更[2]，命曰卒。其战也，五人来簿[3]为伍，一人兆而到其四人[4]，能人得一首则复[5]。五人一屯长，百人一将。其战，百将、屯长不得首，斩；得三十三首以上，盈论[6]，百将、屯长赐爵一级。五百主[7]，短兵[8]五十人。二五百主，将之主，短兵百。千石之令[9]短兵百人，八百之令短兵八十人，七百之令短兵七十人，六百之令短兵六十人。国尉[10]，短兵千人。将[11]，短兵四千人。战及死事[12]，而到短兵，能一首则复。

注释

①公士：秦国爵位的第一级。

②不更：秦国爵位的第四级。

③簿：簿册。

④兆：通“逃”。到：古代和“刑”同义，泛指使人受刑罚。

⑤首：敌人的首级。复：指免除刑罚。

⑥盈论：指按满额论功行赏。

⑦主：指挥官。

⑧短兵：持短兵器的士兵。文中意指护卫将领的士兵，卫队。

⑨千石之令：俸禄为千石粮食的官员。

⑩国尉：战国时秦国掌军政之官，秦昭王时在大良造之下，设国尉一级。

⑪将：意指出征时的军队统帅。

⑫死事：死于战事。

译文

爵位从一级以下到小夫，分别叫作校、徒、操、公士。爵位从二级开始到不更，叫作卒。在战争中，五人编写一个名册上为一伍，若有一人逃跑就惩罚另外四个人，如果其中谁能斩得一颗敌人首级，就可免除刑罚。每五人设有一名屯长，每百人设有一将。作战时如果百人将、屯长不能斩获敌人首级，就斩首以示惩罚；如果斩获三十三个以上的敌人首级，就按满额论功行赏，百人将、屯长可以升爵一级。五百人的指挥官有护兵五十人。统率两个五百人队伍的指挥官，是百人将的统领，有护兵一百人。俸禄为一千石的官员有护兵一百人，俸禄为八百石的官员有护兵八十人，俸禄为七百石的官员有护兵七十人，俸禄为六百石的官员有护兵六十人。国尉有护兵一千人。大军统帅有护兵四千人。如果将官战死，护兵要受刑罚，如果护兵中有人能够斩获敌人一颗首级就可免除刑罚。

能攻城围邑斩首八千已上，则盈论；野战斩首二千，则盈论。吏自操及校以上大将尽赏。行间之吏也，故爵公士也，就为上造①也；故爵上造，就为簪袅②；故爵簪袅，就为不更；故爵不更，就为大夫③。爵吏而为县尉④，则赐虏⑤六，加五千六百⑥。爵大夫而为国尉，就为官大夫⑦；故爵官大夫，就为公大夫⑧；故爵公大夫，就为公乘⑨；故爵公乘，就为五大夫⑩，则税邑⑪三百家。故爵五大夫，就为庶长⑫；故爵庶长，就为左更⑬；故爵三更⑭，就为大良造⑮。皆有赐邑三百家，有赐税三百家。爵五大夫，有税邑六百家者，受客⑯。大将、御、参皆赐爵三级⑰。故客卿⑱相，盈论，就正卿⑲。

注　释

①上造：秦国爵位的第二级。

②簪袅：秦国爵位的第三级。

③大夫：秦国爵位的第五级。

④县尉：官职名，位在县令之下，主管治安，一般大县二人，

小县一人。西汉长安与东汉洛阳，各有四尉。

⑤虏：奴仆。

⑥加五千六百：意指赏赐钱财。

⑦官大夫：秦国爵位的第六级。

⑧公大夫：秦国爵位的第七级。

⑨公乘：秦国爵位的第八级。

⑩五大夫：秦国爵位的第九级。

⑪税邑：即食邑。中国古代诸侯封赐给所属卿、大夫作为世禄的田邑（包括土地上的劳动者在内），又称采邑、采地、封地，因古代中国之卿、大夫世代以采邑为食禄，故称为食邑。秦国推行郡县制，承受封爵者在其封邑内渐无统治权利，食禄已改为以征敛封邑内民户赋税拨充，其数量按民产计算，与周代按田邑大小区分者不同。

⑫庶长：这里是指秦国爵位的第十、十一级的左庶长、右庶长。

⑬左更：秦国爵位的第十二级。

⑭三更：这里是指秦国爵位的第十二、十三、十四级的左更、中更、右更。

⑮大良造：秦国爵位的第十六级，也称大上造。

⑯受客：指收纳门客。

⑰御：驾驶车马的人。参：骖乘，古代乘车时居右边陪乘的人，其任务在于随侍尊者，防备车辆倾侧。文中应为兵车的骖乘，主帅居中自掌旗鼓指挥作战，御者在左，另有一人在右陪乘，其任务是保护主帅，排除车行中随时可能出现的事故，这个人又叫“车右”。

⑱客卿：秦国有客卿之官，请其他诸侯国的人来秦国做官，其位为卿，而以客礼待之，故称。

⑲正卿：春秋时部分诸侯国的执政大臣兼军事最高指挥官，上卿兼执政卿于一身。例如：晋之赵盾、栾书，楚之令尹，鲁之东门襄仲，权力仅次于国君。

译　文

能在围攻敌国的城邑时斩敌人首级八千颗以上的，就按满额论功行赏；在野战中能够斩敌人首级两千颗以上的，也按满额论功行赏。各级将吏从操、校到大将都可得到赏赐。军队中的小吏，以前爵位是公士的就升为上造；以前爵位是上造的，就升为簪袅；以前爵位是簪袅的，就升为不更；以前爵位是不更的，就升为大夫。以前是小吏的，就升为县尉，并赏赐奴仆六人，五千六百钱。以前爵位是大夫而且担任国尉的，就升为官大夫；以前爵位为官大夫的，就升为公大夫；以前爵位是公大夫的，就升为公乘；以前爵位是公乘的，升为五大夫，并赏给他三百户的食邑。以前爵位是五大夫的，就升为庶长；以前爵位是庶长的，就升为左更；以前爵位是三更的，就升为大良造。庶长、三更及大良造都赏赐三百户的封邑，另赏赐三百户的税收。爵位为五大夫，并有了六百户的食邑，就可以收纳门客。大将、车夫、骖乘都赏赐爵位三级。原来是客卿身份为相的，按满额论功行赏，升为正卿。

以战故，暴首①三日，乃校②三日，将军以不疑致士大夫劳爵③。夫劳爵，其县过三日有不致士大夫劳爵，罢其县四尉④，訾由丞尉⑤。

注　释

①暴首：陈列斩获的敌人首级。

②校：校核，校验。

③劳爵：指因战功而授予爵位。

④罢：罢免。四尉：意不详，理解为主管审批军功和晋升的官员。

⑤訾：估量，这里引申为评判。丞尉：县丞和县尉的统称，县丞是中国古代地方官职，在县里地位一般仅次于县令。

译 文

战事结束之后，把所获敌人首级公开陈列三天，并用三天的时间进行校核。将军认为无误，就要按战功报请赐予将士爵位。赏赐的爵位，县里超过三天还没有落实就撤去主管（审批军功晋升）官员的官职，由该县的县丞和县尉进行评判。

能得甲首[①]一者，赏爵一级，益[②]田一顷，益宅九亩，除[③]庶子一人，乃得入兵官之吏。

注 释

①甲首：甲士的首级。甲士即古代军队中的伍长。

②益：增加。

③除：给予，授予。

译 文

能够斩获敌人甲士首级一颗的，就赐给爵位一级，增加田地一顷，增加宅地九亩，给予奴仆一名，并获得担任军队或官府职务的资格。

其狱法，高爵訾下爵级。高爵罢，无给有爵人隶仆。爵自二级以上，有刑罪则贬[①]。爵自一级以下，有刑罪则已[②]。

注 释

①贬：降低，降级。

②已：罢免，黜退。《史记·五帝本纪》："试不可用而已。"

译文

刑法规定，由爵位高的人审判爵位低的人。爵位高的人被罢免后，不再享有爵位标准才能有的奴仆。二级爵位以上的人犯了罪，就降低他的爵位。一级爵位以下的人犯罪，就取消他的爵位。

小夫死，以上至大夫，其官级一等，其墓树[①]级一树。

注释

①墓树：中国古代的墓葬文化，在墓旁种树。

译文

小夫以上直到大夫，死后，爵位每高一级，他的墓旁就多种一棵树。

其攻城围邑也，国司空訾其城之广厚之数[①]。国尉分地，以徒、校分积尺[②]而攻之，为期，曰："先已者当为最启[③]，后已者訾为最殿[④]，再訾则废[⑤]。"穴通则积薪[⑥]，积薪则燔柱[⑦]。陷队之士[⑧]，面十八人。陷队之士知疾斗[⑨]，得斩首队五人，则陷队之士，人赐爵一级；死，则一人后[⑩]；不能死[⑪]之，千人环规[⑫]，黥劓于城下[⑬]。国尉分地，以中卒[⑭]随之。将军为木台，与国正监、与王御史参望之[⑮]。其先入者举为最启，其后入者举为最殿。其陷队也，尽其几者[⑯]；几者不足，乃以欲级益之[⑰]。

注　释

①司空：官名，掌水利、营建之事。訾：测量。

②积尺：指面积或体积的数量。

③最启：最先，最前。

④最殿：最后。

⑤废：指革除爵位。

⑥积薪：堆积木柴。

⑦燔柱：焚烧支柱。中国春秋战国时期，军队在围攻城邑中，将地道挖至敌城墙下，先以木柱支撑，然后“积薪燔柱”，使城墙坍塌。

⑧陷队之士：中国先秦时期的敢死队。

⑨疾斗：苦斗，极力战斗。

⑩一人后：指子嗣中有一人来继承爵位。后：继承。

⑪死：指拼死力战。

⑫环规：即围观。规：通“窥”，窥察。

⑬黥：在人脸上刺字并涂墨。劓（yì）：割掉鼻子。

⑭中卒：中军的兵卒。

⑮国正监：战国时秦国的官名，是朝廷派往军队中主管监察的官员。御史：官名，在战国时乃国君的侍从史官，别国使臣献国书，常由御史接受。两君相会，常由御史在旁记录，如秦、赵两国君主的渑池之会即如此，国君宴会群臣，也常是“执法在旁，御史在后”。参：一同。

⑯几者：自愿者。

⑰欲级：希望晋升爵位的人。益：补充。

译　文

在围攻敌国城邑的时候，国司空负责测量城池的面积和城墙的厚度，国尉负责划分攻打的地点，然后由校、徒按分定的体积量掘土，定出期限，并命令说：“最先完成的立头功，最后完成的斥为末等，两次被斥为末等就革除他的爵位。”挖通了地道，就塞上杂柴，焚烧木柱。敢死队的士兵每个方向上布置十八个。敢死队的士兵都知道要拼命苦斗，只要一个队能斩获敌人五颗首级，这个队的每个士兵就获得爵位一级；如果怕死退避，就在千人围观之下，在城下遭受黥刑或劓刑。国尉划分地段时，中军的士兵随从候命。将军在搭起的木台上和国正监、大王的御史一同观望。士兵先攻进城的评为头功，后进城的评为落后。敢死队的士兵，尽量用自愿者；自愿者不够的，就用希望晋升爵位的人补足。

弱民[①]第二十

民弱[②]国强，民强[③]国弱。故有道之国务在弱民[④]。朴则弱，淫则强。弱则轨[⑤]，强则越志[⑥]。轨则有用，越志则乱。故曰：以强去强者，弱；以弱去强者，强。

注　释

①弱民：作名词时即平民，指与贵族、豪强相对的弱势群体；作为动词则是指对所有人（包括贵族、豪强）都采取对待平民的办法来治理，即让所有人都遵从国家法制和政令。"弱民"与"强民"相对，强民即贵族、豪强等强势群体。在春秋战国时期，各诸侯国对待贵族和平民采用的是双重标准，即对贵族、豪强施以礼治，对待平民则是采用刑治，所谓"刑不上大夫，礼不下庶人"。弱民的本质是对待贵族和平民都采用同一标准，即一致采用刑治打击不法。

②民弱：指人民遵从国家法制和政令。

③民强：指人民违抗国家法制和政令。

④弱民：此处作动词，即让所有人都遵从国家法制和政令。

⑤轨：指守法。

⑥越志：放纵任性。

译　文

人民遵从国家法制和政令，国家就强；人民违抗国家法制和政令，国家就弱。所以治理得法的国家一定要使所有人都遵从国家法制和政令。人民质朴就不敢触犯法律和政令，人民放纵就敢于违抗国家法制和政令。不敢触犯法制和政令就会守法，违抗法制和政令就会肆意妄为。守法就会为国出力，肆意妄为就会让国家动荡。所以说按照对待强民的政策去处置违法行为的话，国家就会衰弱；按照对待弱民的政策去处置违法行为的话，国家就会强大。

民，善之则亲，利之用则和①；用则有任②，和则匮③；有任，乃富④于政。上舍法，任民之所善，故奸多。民贫则力富，力富则淫，淫则有虱。故民富而不用，则使民以食出官爵，官爵必以其力，则农不偷。农不偷，六虱无萌。故国富而贫治，重强。

注　释

①利：善于，合理。和：和顺。

②任：官职。

③匮：通“溃”，达到（目标）。《诗经·小雅·小旻》：“筑室于道谋，是用不溃于成。”

④富：有益。

译　文

对于百姓，国家善待他们，他们就与国家亲近；国家能合理地役使他们，他们就会和顺。国家要役使百姓，就要设置官职；百姓和顺的话，（治理国家的）目的就达到了；设置官职，将会有利于国家施政。如果国君抛弃法度，凭借人们的道德善行就能选任官职，那奸邪就多了。人如果贫穷就会努力致富，致富就会最终导致放纵，放纵就会产生虱害。因而如果人们富裕了而又不能役使，那就让他们以粮谷换取爵位，要获得爵位就必须出力，那样农民就不怠惰。农民不会怠惰，六种虱害就不会产生。所以国家富强却按照治理穷国的办法治理，就会强上加强。

兵易弱难强。民乐生安佚[①]，死难，难正[②]，易之则强。事有羞[③]，多奸；寡赏[④]，无失。多奸疑[⑤]，敌失，必利。兵至强，威；事无羞，利。用兵久处利势，必王。故兵行敌之所不敢行，强；事兴敌之所羞为，利。

注 释

①佚：通“逸”。

②正：实现。

③事：应指征战之事。羞：感到耻辱。

④寡赏：慎重奖赏。应理解为“利出一途”，即奖赏的来源只有耕战一种途径。

⑤疑（nǐ）：止。

译 文

国家兵力衰弱容易，强大困难。人们都爱惜生命，贪图安逸，为国拼死效力是难以实现的，如果为国拼死效力容易实现的话，兵力就是强大的。如果百姓对参与征战感到羞耻，那么奸邪之事就会增加。国家如果慎重奖赏，就不会有差错。奸邪止息，敌人有过失，就一定对我方有利。兵力强大，就会产生威势；百姓对参与征战不感到羞耻，对我方就有利。用兵若能长久占据有利形势，就一定能称王天下。所以用兵做到敌人所不敢做的，兵力就强大；做敌人认为可耻的事，就有利。

法有，民安其次[①]；主变，事能得齐[②]。国守安[③]，主操权，利。故主贵多变，国贵少变。

注　释

①次：次序，引申为秩序。

②齐：通“济”，成功。

③守：保持。安：安定。

译　文

法度有常，百姓才能安守秩序；君主随机应变，政事才能顺利。国家保持安定，君主掌握大权，就有利。所以君主贵在能随机应变，国家贵在能保持稳定。

利出一孔则国多物，出十孔则国少物。守一者治，守十者乱。治则强，乱则弱。强则物来，弱则物去。故国致[①]物者强，去物者弱。

注　释

①致：招引。

译　文

朝廷的利禄出于一个渠道，国家的财货就多，朝廷利禄出于十个渠道，国家的财货就少。守着一个渠道的，国家就能安定繁荣；坚守十个渠道的，国家就混乱。安定繁荣，国家就会强大，混乱，国家就会弱小。国家强大就会吸引汇聚财货，国家弱小财货就会流散。所以国家努力汇聚财货就会强大，挥霍财货就会弱小。

民，辱则贵爵，弱则尊官，贫则重赏。以刑治民，则乐用；以赏战民，则轻死。故战事[①]兵用曰强。民有私荣，则贱列[②]卑官；富则轻赏。治民羞辱以刑，战则战。民畏死、事乱而战，故兵农怠而国弱。

注　释

①事：治。

②列：职位，官爵。

译　文

人的地位卑弱就会崇尚爵位，怯弱就会尊敬官吏，贫穷就重视赏赐。国家依靠刑律治理百姓，百姓就会愿意为国效力；再用赏赐来奖励参与征战的百姓，百姓就会轻视死亡。因此发生战事时治军严格让士兵为国效力，就叫强盛。百姓以满足私利为荣的话，就会轻视官爵、鄙视官吏；百姓富裕就会看不起赏赐。治理百姓，要用刑罚使他们知道什么是羞辱，打仗时他们才会参战。百姓贪生怕死、政事混乱而去与别国交战，那么士兵和农民都会怠惰，而且国力就会衰弱。

农、商、官，三者国之常官也。农辟地，商致物，官治民。三官生虱六，曰"岁"，曰"食"，曰"美"，曰"好"，曰"志"，曰"行"。六者有朴，必削。农有余食，则薄燕于岁[①]；商有淫利、有美好[②]，伤器[③]；官设而不用，志、行为卒[④]。六虱成俗，兵必大败。

注　释

①薄：轻视。燕：轻慢。岁：年成。

②淫利：暴利。美好：即"美虱"和"好虱"，泛指华丽的、

好玩的东西。

③伤器：指浪费资源。

④志：即“志虱”，指营私舞弊的思想。行：即“行虱”，指贪赃枉法的行为。卒：众。

译文

农民、商人、官吏，这三种是国家常见的职业。农民开垦土地，商人贩卖货物，官吏治理百姓。这三种职业会产生六种虱害：叫作“岁”虱、“食”虱、“美”虱、“好”虱、“志”虱、“行”虱。这六种虱害一旦生了根，国家必定被削弱。农民有了剩余的粮食，耕作收成上就会不用心了。商人获取了暴利，推销华丽、好玩的物品，就会浪费资源。官吏虽然设置了，而不肯为国家出力，营私舞弊的思想和贪赃枉法的行为就会蔓延。六种虱害形成风气，用兵打仗必定是大败。

法枉治乱，任善[①]言多。治众[②]国乱，言多兵弱。法明治省，任力言息。治省国治，言息兵强。故治大，国小；治小，国大。

注释

①任善：指凭借道德善举来选任官吏。

②治众：指治国措施繁杂。

译文

法制遭到破坏，统治就会混乱；凭借道德善举来选任官吏，空谈就要盛行。治国措施繁杂，国家就会混乱；空谈盛行，兵力就会衰弱。法制严明，治国措施就会简省；凭借实力来选任官吏，空谈就会被遏止。治国措施简省，国家就会安定繁荣；空谈得以遏止，兵力就强盛。所以（不以法治国，就会）治理方式繁杂，国家就会弱小；（以法治国，就会）治理方式简省，国家就会强大。

政作民之所恶[①]，民弱；政作民之所乐[②]，民强。民弱国强，民强国弱。故民之所乐民强，民强而强之，兵重弱。民之所乐民强，民强而弱之，兵重强。故以强，重弱，削；以弱，重强，王。以强攻强，弱，强存；以弱攻强，强，强去。强存则弱，强去则王。故以强攻强，削；以弱攻强，王也。

注　释

①民之所恶：百姓所厌恶的东西，即法治和耕战。

②民之所乐：百姓所喜欢的东西，即仁政和安闲。

译　文

政策制定出的是百姓所厌恶的东西，百姓就会遵从法制和政令；政策制定出的是百姓所喜欢的东西，百姓就会违抗法制和政令。百姓遵从法制和政令，国家就强；百姓违抗法制和政令，国家就弱。所以百姓所喜欢的是不用遵从法制和政令，如果百姓违抗法制和政令，而政策还对此纵容的话，兵力就会越来越弱。百姓所喜欢的是不用遵从法制和政令，如果百姓违抗法制和政令，而政策能强制他们遵从法制和政令，兵力就会越来越强。因此如果按照对待强民的办法来治理国家的话，兵力会越来越弱，国家就削弱；如果按照对待弱民的办法来治理国家的话，兵力就会越来越强，最终就能称王天下。用对待强民的办法来治理违法行为，国家就会衰弱，强民却仍然存在；用对待弱民的办法来治理违法行为，国家就会强大，强民也会消除。强民存在，国家就衰弱；强民被消除，国家就能称王天下。所以，用对待强民的办法来治理违法，国家就会被削弱；用对待弱民的办法来治理违法，国家就能成就王业。

明主之使其臣也，用必加于功，赏必尽其劳。人主使其民信此如日月，则无敌矣。今离娄[①]见秋豪之末，不能以明目易人；乌获举千钧之重，不能以多力易人；圣贤在体性[②]也，不能以相易也。今当世之用事者，若欲为上圣，举法[③]之谓也。背法而治，此任重道远而无马、牛，济大川而无舡、楫也[④]。今夫人众兵强，此帝王之大资也，苟非明法以守之也，与危亡为邻。故明主察法，境内之民无辟淫之心，游处之士迫于战陈[⑤]，万民疾于耕战。有以知其然也。楚国之民齐疾而均[⑥]，速若飘风[⑦]；宛钜铁钝[⑧]，利若蜂虿[⑨]；胁蛟犀兕[⑩]，坚若金石；江、汉以为池[⑪]，汝、颍以为限[⑫]；隐以邓林[⑬]，缘以方城[⑭]。秦师至，鄢、郢举[⑮]，若振槁[⑯]；唐蔑死于垂涉[⑰]，庄跷[⑱]发于内，楚分为五。地非不大也，民非不众也，甲兵财用非不多也，战不胜，守不固，此无法之所生也，释权衡而操轻重者。

注 释

①离娄：即《错法》篇中提到的“离朱”，视力极好。

②体性：禀性。

③举法：即施行法治。

④济：渡过江河。舡（chuán）：船。楫：船桨。

⑤游处：交游，来往。陈：通“阵”，战阵。

⑥齐疾：迅捷。均：整齐。

⑦飘风：旋风。

⑧宛（yuān）：战国时楚邑，在今河南南阳市，战国时为著名铁产地。钜：通“巨”，大。铁钝（shī）：铁矛。

⑨蜂虿（chài）：蜂和虿，都是有毒刺的螫虫。

⑩蛟：通“鲛”，鲨鱼。兕（sì）：古时一种与犀牛相类似的异兽，后来也指雌性犀牛。

⑪江：长江。汉：汉水。池：护城河。

⑫汝：汝水。颍：颍水。限：险阻。

⑬隐：矮墙，引申为屏障。邓林：地名，战国时在楚国北境。

⑭缘：沿着，顺着。方城：楚国北部的长城。

⑮鄢（yān）：地名，今湖北宜城。郢：地名，今湖北江陵西北。春秋楚文王定都于郢，惠王之初曾迁都于鄢，仍号郢。因以“鄢郢”指楚都。前278，白起出兵攻打楚国，势如破竹，攻陷楚国国都郢，烧毁其先王陵墓夷陵（湖北宜昌），向东进兵至竟陵（今湖北潜江东北），楚襄王在兵败后，向东北方溃逃至陈（今河南淮阳），被迫迁都以自保。

⑯振槁：击落枯叶。

⑰唐蔑：即唐眛，《吕氏春秋》作唐蔑，《战国策》作唐明，战国时期楚国将领。垂涉：也作“垂沙”，地名，今河南唐河。前301年，秦将庶长奂、齐将匡章、魏将公孙喜、韩将暴鸢率领四国部队进攻楚国，楚国派大将唐眛率军抗击齐、韩、魏三国军队。楚军大败，死者数以千计，楚将唐眛战死。

⑱庄跻：战国时期反楚起事领袖和楚国将军，楚庄王的后代，他生平中有两件大事，一是反楚起事，二是入滇。垂沙之战楚国战败，主将唐眛被杀，唐眛死后，庄跻率领军队叛变并引领百姓起事，起事队伍一度攻下楚国国都郢，将楚国的统治区域分割成几块，后庄跻受招抚成为楚将。

译 文

明君任用他们的臣下，任命一定要充分体现他的功绩，奖赏一定要涵盖他的所有功劳。国君如果使臣民相信这一点就像相信日月一样，那就无敌于天下了。离娄能看到秋天鸟兽身上新长的细毛，而不能将他的明目借给旁人；乌获能举起千钧的重量，却不能把他的神力给予旁人；圣贤的才能来自于秉性，也不能给予旁人。当今执掌政权的人如果想成为圣人，那就要施行法治了。舍弃法度治理国家，好比负重远行而没有牛马，又如想渡过大河而没有船和船桨。现在国家人口多兵力强，这是成就帝王之业的绝好资本，但如不严明法令巩固它，就接近危亡了。所以明君修明法度，使境内的百姓没有淫邪的念头，四处游历的士子也不得不投入征战，万民都努力于农业生产和征战。国君要明白其中的道理。楚国人行动迅速而统一，动作快如旋风。手持宛地的钢铁长矛，如蜂虿的刺一样锋利；身披鲨鱼皮、犀牛皮制的铠甲，像金石一样坚实。又有长江、汉水作为护城河，有汝河、颍水作为阻碍，有邓林作为屏障，有方城作为要塞。可是秦军到来，攻下鄢郢如同抖落枯叶；唐蔑在垂涉战死，庄跷在国内叛乱，楚国就一分为五。楚国土地不是不广阔，人口不是不众多，兵甲财物不是不充足，而作战却不能取胜，防守不能坚固，这就是不修明法度的结果，如同舍弃权衡的工具而去量轻重一样。

御道第二十一

（本篇已亡佚，无文字流传）

外内[1] 第二十二

民之外事莫难于战，故轻法[2]不可以使之。奚谓轻法？其赏少而威薄，淫道不塞之谓也。奚谓淫道？为辩知者贵，游宦[3]者任，文学私名显之谓也[4]。三者不塞，则民不战而事失矣。故其赏少，则听者无利也；威薄，则犯者无害也。故开淫道以诱之，而以轻法战之，是谓设[5]鼠而饵以狸也，亦不几[6]乎！故欲战其民者，必以重法。赏则必多，威则必严，淫道必塞，为辩知者不贵，游宦者不任，文学私名不显。赏多威严，民见战赏之多则忘死，见不战之辱则苦生。赏使之忘死，而威使之苦生，而淫道又塞，以此遇敌，是以百石之弩射飘叶也[7]，何不陷[8]之有哉？

注释

①外内：即对外和对内的政策。

②轻法：指法令所定的赏和罚都很轻微。

③游宦：春秋战国时期士人离开本国至他国谋求官职。

④文学：指儒生。私名：私人的门客。

⑤设：指设置陷阱诱捕。

⑥几：微，不多，引申意指希望渺茫。

⑦石（dàn）：古代重量单位，一百二十市斤为一石。瓢叶：即飘叶，枯叶。

⑧陷：攻破。

译文

境外之事没有什么比让百姓去打仗更困难的了，所以国家无法通过轻法促使他们去作战。什么叫轻法呢？即奖赏不多而且刑罚不重，安逸放纵的途径没有堵住。什么是安逸放纵的途径呢？就是能言善辩之人得到尊重，游走求官的人得到任用，儒生和门客得到显扬。这三种途径若是不堵住，那么百姓就会不肯出战而且国家的事情也会失败。所以国家的赏赐少，听从法令的人得不到好处；刑罚轻，违反法令的人也没有什么损害。所以就会开启安逸放纵的途径引诱百姓，用轻法促使百姓去参战，这就同诱捕老鼠而用狸猫作饵一样，希望相当渺茫。因此，要让百姓出战，必须用重法。赏赐必须多，刑罚必须严，安逸放纵的道路必须堵住。让能言善辩之人得不到尊重，游走求官之人得不到任用，儒生和门客得不到显扬。赏赐多而刑罚严，百姓见到战争的赏赐多就忘了死的危险；见到不参加战争受到的侮辱就害怕那样地活着。重赏使他们忘记死的危险，严刑使他们害怕被人侮辱地活着，安逸放纵之路又被阻塞，用这样的办法去迎战敌人，好比用百石的强弩射枯叶，还有攻不破的吗？

民之内事莫苦于农，故轻治不可以使之。奚谓轻治？其农贫而商富，故其食贱者钱重[①]，食贱则农贫，钱重则商富；末事不禁，则技巧之人[②]利，而游食者[③]众之谓也。故农之用力最苦，而赢利少，不如商贾、技巧之人。苟能令商贾、技巧之人无繁[④]，则欲国之无富，不可得也。故曰：欲农富其国者，境内之食必贵，而不农之征必多，市利之租必重。则民不得无田，无田不得不易[⑤]其食，食贵则田者利，田者利则事者众。食贵，籴[⑥]食不利，而又加重征，则民不得无去其商贾、技巧而事地利矣。故民之力尽在于地利矣。

注　释

①食贱：指粮食价值低。钱重：指货币价值高。

②技巧之人：指手工业者。

③游食者：指居处不定，到处谋食。《管子·治国》："凡为国之急者，必先禁末作文巧。末作文巧禁，则民无所游食。"

④无繁：不多。

⑤易：购买。

⑥籴（dí）：买（粮食），与"粜（tiào）"相对。

译　文

境内之事没有什么比让百姓去从事农耕更辛苦的了，所以轻治不能促使他们去从事农耕。什么叫轻治？就是农民穷而商人富，所以粮食贱而货币贵，粮食贱农民就穷，货币贵商人就富；不限制商业和手工业，那么手工业者就会获利，而游荡谋生的人也会增多。因此，农民出力最为辛苦，而获利最少，不如商业和手工业者。如果能使商人和手工业者不那么多，而国家想要不富都是不可能的。所以说：想发展农业来富国，国内的粮价必贵，而对不从事农业生产的人的赋税必须多征，贸易的利税必须加重。那么，百姓就不得不去种田，不种田的就不得不去买粮食，粮价高农民就获利，种田能获利那么从事农耕的人就会多。粮食贵，买粮就不划算，而又加重赋税，那么，百姓就不得不放弃经商、从事手工业而去获取农耕之利。于是百姓的力量就会都集中到获取农耕之利上了。

故为国者，边利尽归于兵，市利尽归于农。边利归于兵者强，市利归于农者富。故出战而强、入休而富者，王也。

译　文

所以，治国的人要把守卫边境的好处都给士兵，贸易的好处都给农民。守卫边境的好处给士兵，国家就会强大；贸易的好处都给农民，国家就会富足。所以能在外征战时兵力强悍、在内休养生息时国家富足，就能称王天下。

君臣第二十三

古者未有君臣上下之时，民乱而不治。是以圣人列贵贱，制爵位，立名号，以别君臣上下之义。地广，民众，万物多，故分五官[①]而守之。民众而奸邪生，故立法制为度量[②]以禁之。是故有君臣之义、五官之分、法制之禁，不可不慎也。

注释

①五官：殷周时分掌政事的五个高级官职。《礼记·曲礼下》："天子之五官，曰司徒、司马、司空、司士、司寇，典司五众。"

②度量：标准。

译文

古时没有君臣上下等级的时候，百姓纷乱无序。于是圣人划分贵贱，制定爵位，建立名号，用来区别君臣上下的等级关系。由于国土广阔，人口众多，物产丰富，所以分别设置五种官职来管理。人口众多就会产生奸邪之事，于是创立法制作为行为标准来遏止奸邪产生。所以有君臣上下的等级关系、五官的职守、法律的限制，（行事）就不能不慎重。

处君位而令不行，则危；五官分而无常[①]，则乱；法制设而私善[②]行，则民不畏刑。君尊，则令行；官修[③]，则有常事；法制明，则民畏刑。法制不明，而求民之行令也，不可得也。民不从令，而求君之尊也，虽尧、舜之知，不能以治。

注　释

①无常：指朝令夕改，无常规。

②私善：即私惠，不以法律为标准而实行的恩惠。

③修：指政治清明。

译　文

处在君位但发布的法令无法施行，那就危险了；五官已经划分了职守却不按一定的常规处理政事，那就要乱套了；法制已经确立但私惠却依旧盛行，那么百姓就不会畏惧刑罚了。只有国君尊贵，法令才能施行；官吏清明，政事才有常规；法制严明，百姓就会畏惧刑罚。如果法制不严明，而要求百姓遵从法令，那是不可能的。如果百姓不服从法令，却希望国君尊贵，即使国君有尧、舜那样的智慧，也不能做到。

明王之治天下也，缘法而治，按功而赏。凡民之所疾战不避死者，以求爵禄也。明君之治国也，士有斩首、捕虏之功，必其爵足荣也，禄足食也。农不离廛[1]者，足以养二亲，治军事。故军士死节[2]，而农民不偷也。

注　释

①廛（chán）：民居，古代城市平民一户人家所居的房地。

②死节：死战以全名节。

译　文

明君治理天下，遵照法度来处理政事，按照功劳行赏。凡是百姓奋勇作战不畏死亡的，是为了求得爵禄。明君治理国家，战士有斩得敌首、捉得俘虏的功劳，一定让他的爵位足以荣耀，俸禄足够养家谋生。农民不离开居所，足够奉养双亲，供给军需。这样士兵才肯殊死战斗，而农民也才不会惰怠。

今世君不然，释法而以知，背功而以誉。故军士不战而农民流徙。臣闻：道民之门在上所先[①]。故民，可令农战，可令游宦，可令学问，在上所与[②]。上以功劳与，则民战；上以《诗》《书》与，则民学问。民之于利也，若水于下也，四旁无择也。民徒可以得利而为之者，上与之也。瞋目扼腕而语勇者得[③]，垂衣裳[④]而谈说者得，迟日旷久积劳[⑤]私门者得。尊向三者，无功而皆可以得，民去农战而为之。或谈议而索之，或事便辟[⑥]而请之，或以勇争之。故农战之民日寡，而游食者愈众，则国乱而地削，兵弱而主卑。此其所以然者，释法制而任名誉也。

注释

①道：疏导。先：重视。

②与：奖赏。

③瞋目：瞪大眼睛。扼腕：自己以一手握持另一手腕部。形容愤怒、激动的样子。

④垂衣裳：指无所事事。

⑤积劳：长期效劳。

⑥便辟：逢迎谄媚。

译文

今天的国君却不是这样，他们抛开法度而依靠个人的智慧治国，舍弃功劳而依照个人声誉封赐。因此军士不肯作战而且农民外迁。臣听说：疏导百姓的关键在于国君的重视。百姓，可以让他们务农作战，也可以让他们游走求官，还可以使他们致力于学问，这些都取决于国君的赏赐。国君依照战功行赏，百姓就奋勇作战；国君依照所读《诗经》《尚书》赐予爵禄，百姓就致力于学问。百姓趋利而行，好比水向低处流一样，是没有其他方向可选择的。百姓可以获利而乐于做的事，取决于君主的赏赐。靠表现出愤怒、勇武样子的人获得奖赏，游手好闲高谈阔论的人获得奖赏，成年累月为权贵效劳的人获得奖赏。尊崇以上三种人，他们没有功劳而得到奖赏，那么，百姓就要放弃农耕和作战而搞这些事情了。有的人依靠空谈去求得奖赏，有的人靠逢迎谄媚而求得奖赏，有的人靠悍勇去争得奖赏。于是从事农耕和作战的百姓日益减少，而游荡谋生的人越来越多。那样，国家就会混乱而且国土会被割削，兵力衰弱而且国君地位卑微。产生这种结果的原因，是国君抛开法度而选择虚名。

故明主慎①法制。言不中②法者不听也，行不中法者不高③也，事不中法者不为也。言中法，则辩④之；行中法，则高之；事中法，则为之。故国治而地广，兵强而主尊，此治之至也。人君者不可不察也。

注　释

①慎：重视。

②中：符合。

③高：推崇。

④辩：听从。

译　文

所以，明主重视法制。不合法度的言论不听，不合法度的行为不推崇，不合法度的事情不做。言论合乎法制，就听从；行为合乎法度，就推崇；事情合乎法度，就做。于是国家繁荣安定而且国土广阔，兵力强大且国君地位尊崇，这是治理国家的最高境界。做国君的不能不加以明辨呀。

禁使第二十四

人主之所以禁使者，赏罚也。赏随功，罚随罪。故论功察罪不可不审也。夫赏高罚下，而上无必知其道也，与无道同也。凡知道者，势、数也[①]。故先王不恃其强而恃其势，不恃其信[②]而恃其数。今夫飞蓬[③]遇飘风而行千里，乘风之势也；探渊者知千仞[④]之深，县绳之数也。故托其势者，虽远必至；守其数者，虽深必得。今夫幽夜，山陵之大，而离娄不见；清朝日䵐[⑤]，则上别飞鸟，下察秋豪。故目之见也，托日之势也。得势之至，不参官而洁[⑥]，陈数而物当[⑦]。今恃多官众吏，官立丞、监[⑧]。夫置丞立监者，且以禁人之为利也；而丞、监亦欲为利，则何以相禁？故恃丞、监而治者，仅存之治也。通数者不然也。别其势，难[⑨]其道。故曰：其势难匿者，虽跖不为非焉。故先王贵势。

注 释

①势：形势，趋势，时机。《史记·项羽本纪赞》："然羽非有尺寸，乘势起陇庙之中。"数：方法。

②信：信义。

③飞蓬：指枯后根断遇风飞旋的蓬草。

④仞：古代长度单位。周制八尺，汉制七尺。

⑤䵐（tuān）：黄色，指明亮。

⑥参：加入，增加。洁：廉洁。

⑦陈：运用。当：适宜。

⑧丞：辅助的副职，如郡丞、县丞。监：指负责监察的官员。

⑨难：堵塞。

译文

国君调动和制止臣下的手段是赏赐和刑罚。赏赐依据功劳，刑罚根据罪行。所以评定功劳、判定罪行不能不审慎。赏功罚罪，但国君不确知其中的道理，那有法度也同没有法度是一样的。凡是懂得其中道理的，就知道要依仗客观形势和统治方法。所以古代帝王不靠强力而靠形势，不靠忠信而靠统治方法。就像飞蓬遇风而千里，是因为凭借风势啊；测量深潭的人能够知道数千尺的深度，是运用了悬绳测量的方法。所以依托客观形势，即使距离遥远也一定能到达；掌握了测量方法，即使非常深也一定能测出来。就像在黑夜中，即使有一座非常高大的山峰，离娄也看不见。而清晨的阳光明亮，就能够辨别天上的飞鸟，地上的毫毛。之所以眼睛能看见东西是靠太阳这一客观条件。善于利用客观形势的话，即便不额外增设（有监察职能的）官吏也能让吏治清廉，运用合适的方法就能让事物井井有条。现在依靠众多的官吏，官吏之中又设辅助的副职和监察人员。设立辅助的副职和监察人员是为了阻止官员们谋私利。但辅助的副职和监察人员也想谋私利，又怎么去禁止呢？因此依靠辅助的副职和监察人员治理国家，仅是维持现状的办法。通晓治国方法的国君不会这样。他会分析实际状况，堵塞以权谋私的途径。所以说：只要有了难于隐匿罪行的客观环境，即使是盗跖也不敢做坏事。所以古代帝王重视对客观形势的运用。

或曰："人主执虚后以应[①]，则物应稽验[②]，稽验则奸得。"臣以为不然。夫吏专制[③]决事于千里之外，十二月而计书[④]以定。事以一岁别计[⑤]，而主以一听，见所疑焉，不可蔽[⑥]，员[⑦]不足。夫物至，则目不得不见；言薄[⑧]，则耳不得不闻。故物至则变[⑨]，言至则论[⑩]。故治国之制，民不得避罪，如目不能以所见遁心。今乱国不然，恃多官众吏。吏虽众，事同体一也。夫事同体一者相监不可。且夫利异而害不同者，先王所以为保[⑪]也。故至治，夫妻、交友不能相为弃恶盖非，而不害于亲，民人不能相为隐。上与吏也，事合而利异者也。今夫驺虞[⑫]以相监，不可，事合而利同者也。若使马焉能言，则驺虞无所逃其恶矣，利异也。利合而恶同者，父不能以问子，君不能以问臣。吏之与吏，利合而恶同也。夫事合而利异者，先王之所以为保也。民之蔽主，而不害于监。贤者不能益，不肖者不能损。故遗[⑬]贤去知，治之数也。

注　释

①执：坚持。虚：谦虚。

②稽验：检验，核查。

③专制：独断，独立行事。

④计书：战国时的赋税档案，这里泛指记载户口、田亩、钱粮诸事的簿册文书。

⑤别：分类。计：考察，审核。

⑥蔽：决断。

⑦员：数量。《说文》：“员，物数也。”

⑧薄：迫近，接近。

⑨变：通“辨”，辨明。

⑩论：衡量，评定。

⑪保：连坐。

⑫驺虞：指先秦时期为天子囿中掌鸟兽的官职，此处意指养马人。

⑬遗：舍弃。

译文

有人说："君主以谦虚的态度对待一切，就能使事物的本来面目得到验证，经过验证就能发现奸邪之事。"臣认为不是这样。官吏在远离国君千里之外的地方决断政务，十二个月里按月将各种事务登在簿册上以供决策。每年对所有事务分类进行考察，而君主就（在此时）听取一次（汇报），即使有所怀疑，也不能断定，因为依据不足。但如果是东西出现在眼前，眼睛就不会看不到；声音在耳边响起，耳朵就不会听不见。所以东西在眼前就能辨别，言语在耳旁就能评定。所以繁荣安定的国家的法度，人们不能隐藏他们的罪行，就像不会让眼睛见到东西而心里却没看见这样的情况出现。现在，政治昏乱的国家不是这样，只凭官吏众多。官吏虽多，但利益都是一致的。利益一致就不可能互相监督。而利害不同，才是古代帝王实行连坐的基础。所以好的政治，夫妻、朋友之间都不能互相包庇罪行，这不是不顾念亲情，而是周围的人们不容他们隐瞒。君主与官吏，事务相关而利益不同。如果让马夫和马夫互相监督就不行，因为他们事务相关而利益一致。假如马会说话，马夫的罪行就不能隐藏了，因为马和马夫的利益是不同的。利益一致，罪行相同的人，父亲不能追究儿子，君主不能追究臣下。官吏与官吏就是利益相同而罪行也相同。只有事务相关而利益不同，才是古代帝王建立连坐的基础。百姓蒙蔽君主，不受监督妨碍，这样的话，贤者不能增加，不贤的人不会减少。所以，要摒弃贤人、智者，这才是让国家安定繁荣的方法。

慎法第二十五

凡世莫不以其所以乱者治，故小治而小乱，大治而大乱。人主莫能世治其民，世无不乱之国。奚谓以其所以乱者治？夫举贤能，世之所治也，而治之所以乱。世之所谓贤者，善正①也；所以为善正也，党②也。听其言也，则以为能③；问其党，以为然。故贵④之不待其有功，诛⑤之不待其有罪也。此其势止使污吏有资而成其奸险⑥，小人有资而施其巧诈。初假⑦吏民奸诈之本，而求端悫⑧其末，禹不能以使十人之众，庸主安能以御一国之民？

注 释

①善正：善言和正行。即言语恰当，行为端正。

②党：朋党，由私人利害关系结成的小集团。

③能：有才能。

④贵：赏赐（使尊贵）。

⑤诛：惩罚。

⑥污吏：贪污受贿的官吏。资：凭借。

⑦假：给予。

⑧悫（què）：诚实。

译 文

现在的国君没有不用乱国的方法去治国的，所以他们小规模地治理国家，国家就小乱；大规模治理国家，国家就大乱。国君没有谁能够世代治理百姓的，而世上也没有不会混乱的国家。什么叫作用乱国的方法去治国呢？例如任用贤能之人，就是现在的国君们通常采用的治国方法，然而这样治国正是乱国。因为人们所说的贤人，就是指那些有善言和正行的人。但善言和正行的名声是出自于他们的党羽。国君听到关于他的言论，就认为他是贤能之人；问他的党羽，党羽都称其贤能。于是不等他立功，国君就赏赐官爵；不等他有罪，国君就加以惩罚。这种情况，正是使贪官污吏有所凭借而成全他们的奸诈阴险的行为，使小人有所凭借而施展他们的巧诈。一开始就给了官吏和百姓实施奸诈的基础，却希望他们能有端正和诚实的行为，即使是大禹也不能以此统领十人的团队，更何况平庸的国君，又怎么能以此统治一国的臣民呢？

彼而党与①人者，不待我而有成事者也②。上举一与民，民倍③主位而向私交。民倍主位而向私交，则君弱而臣强。君人者不察也，非侵于诸侯，必劫④于百姓。彼言说之势，愚智同学之，士学于言说之人，则民释⑤实事而诵虚词。民释实事而诵虚词，则力少而非⑥多。君人者不察也，以战必损其将，以守必卖⑦其城。

注　释

①与：交往。

②待：依靠。我：指君主。

③倍：背弃。

④劫：胁迫。

⑤释：抛弃。

⑥非：诽谤。

⑦卖：指丢弃。

译文

那些结成党羽的人们，不依靠国君就能达到自己的目的。国君任用这样一个人，臣民就会背弃国君而倾向私下交谊。臣民背弃国君而倾向私下交谊，国君于是势弱而大臣于是势强。国君认识不到这一点，不是受诸侯的侵犯，就是被百姓胁迫。受那些人谈说的影响，使愚昧和智慧的人一齐效仿，都向谈说的人求教，那么人们都放弃做实事而去传播空洞的言论。人们都放弃做实事而去传播空洞的言论，那么国家实力减弱而流言蜚语增多。国君认识不到这一点，用这样的臣民去征战必定损兵折将；用这样的臣民去守卫（国土），必定丢失城邑。

故有明主忠臣产于今世，而欲领其国者，不可以须臾①忘于法。破胜党任②，节去言谈，任法而治矣。使吏非法无以守，则虽巧不得为奸。使民非战无以效其能，则虽险不得为诈。夫以法相治，以数相举。誉者不能相益，訾③者不能相损。民见相誉无益，习相爱不相阿④；见訾言无损，习相憎不相害也。夫爱人者，不阿；憎人者，不害。爱恶各以其正，治之至也。臣故曰：法任而国治矣。

注释

①须臾：片刻。

②破胜：击破战胜。党任：指通过结党而得到任用。

③訾：指责。

④习：平素。阿（e）：偏袒。

译文

因此，现在有明君忠臣出现，想要统治他们的国家，不能片刻忘掉法度。战胜靠结党获取官职的人，摒弃虚妄之言，按照法度来治理国家。使官吏除了法度没有依靠的东西，那么即使再奸巧也做不了坏事。使百姓除了战争没有施展他们能力的地方，那即使再奸诈也不能做出坏事。依靠法度来治理国家，按照规定来选拔官员。称誉不能给人带来什么好处，指责也不会对人有什么损害。百姓见相互称誉没有什么好处，平素就会形成即便相互喜爱却不徇私的风气；见指责不会给他人带来什么损害，平素就会形成即便相互厌恶却不损害他人的风气。喜爱某人，而不对其偏私；厌恶某人，而不去损害他。喜爱和憎恶都限制在正常的范围内，是治理国家的至高境界。所以臣说：依靠法度来治理就会让国家安定繁荣。

千乘能以守者，自存也；万乘能以战者，自完[①]也；虽桀为主，不肯诎半辞以下其敌[②]。外不能战，内不能守，虽尧为主，不能以不臣谐[③]所谓不若之国。自此观之，国之所以重、主之所以尊者，力也。于此二者本于力，而世主莫能致力者，何也？使民之所苦者无耕，危者无战。二者，孝子难以为其亲，忠臣难以为其君。今欲驱其众民，与之孝子忠臣之所难，臣以为，非劫以刑而驱以赏莫可。而今，夫世俗治者，莫不释法度而任辩慧，后功力而进仁义。民故不务耕战。彼民不归其力于耕，即食屈[④]于内；不归其节于战，则兵弱于外。入而食屈于内，出而兵弱于外，虽有地万里、带甲百万，与独立平原一贯[⑤]也。且先王能令其民蹈[⑥]白刃，被[⑦]矢石。其民之欲为之，非好学之，所以避害[⑧]。故吾教令：民之欲利者，非耕不得；避害者，非战不免。境内之民莫不先务耕战，而后得其所乐。故地少粟多，民少兵强。能行二者于境内，则霸王之道毕矣。

注 释

①完：坚固。

②诎（qū）：通“屈”。下：屈服。

③谐：和，此处意指讲和。

④屈（jué）：竭，尽。

⑤一贯：同样，一样。

⑥蹈：朝某方向走。

⑦被：迎受。

⑧害：意指刑罚之苦。

译 文

有千辆兵车用来守卫国家，可以自保；有万辆兵车用来征战的国家，可以十分巩固。即使桀为君主，也不肯说半句软话向敌人屈服。对外不能征战，对内不能防守，即使尧为君主，也不能不向不如自己的国家称臣讲和。由此可见，国家受到他国的重视，国君受到尊重，就在于实力。提高国家和君主地位的根本在于实力，而国君没有全力追求这些，为什么呢？使百姓感到劳苦的事无非就是耕田，使百姓感到危险的事无非就是战争。这两件事，即便是孝子为了他的父亲、忠臣为了他的国君，都难以做到。现在想驱使百姓，交给他们孝子忠臣都难以做到的事，臣以为，除非用刑罚来胁迫他们，用赏赐来驱使他们不可。但现在，平庸的君主，没有不放弃法度而任用论辩巧言者的，把功劳和实力置于后面而去推崇仁义。于是百姓就不致力于耕战。他的百姓不把力量集中在耕田上，国内的粮食就缺乏了；不把节义用于征战，对外兵力就弱了。在内缺乏粮食，对外兵力薄弱，即使有国土万里、带甲将士百万，就如同独自站在平原上的人一样。古代帝王能让他的臣民迎着刀剑，冒着飞箭和飞石。他的百姓之所以这样做，不是他们爱好这样做，而是为了免于刑罚。所以我们教令：百姓想要获取利益，不耕田就得不到；想避免刑罚，不去作战就不能免除。国内的百姓没有不先致力于耕战，然后才得到安乐的。于是田地少而粮食多，百姓少而兵力强。能在国内做到这两点，那么通往王道霸业的条件就具备了。

定分[①]第二十六

公问于公孙鞅曰："法令以当时立之者，明旦[②]欲使天下之吏民皆明知而用之，如一而无私，奈何？"

注　释

①定分：确定名分。

②明旦：明晨。

译　文

秦孝公问公孙鞅道："今天制定的法令，明天清晨就想让全国的官吏和百姓都明确了解并奉行，上下一致而没有偏私，应该怎么办？"

公孙鞅曰：为法令，置官吏，朴足以知法令之谓者，以为天下正[①]，则奏天子。天子若[②]则各主法令之。皆降[③]，受命发官[④]，各主法令之。民敢忘行法令之所谓之名，各以其所忘之法令名罪之。主法令之吏有迁徙物故[⑤]，辄使学读法令所谓，为之程序，使日数而知法令之所谓。不中程[⑥]，为法令以罪之。有敢剟定法令损益一字以上[⑦]，罪死不赦。诸官吏及民，有问法令之所谓也于主法令之吏，皆各以其故所欲问之法令，明告之。各为尺六寸之符，明书年、月、日、时、所问法令之名，以告吏民。主法令之吏不告，及之罪，而[8]法令之所谓也，皆以吏民之所问法令之罪，各罪主法令之吏。即以左券予吏之问法令者，主法令之吏，谨藏其右券木柙[9]，以室藏之，封以法令之长印。即后有物故，以券书从事。

注释

①正：官长。

②若：通“诺”，应允。

③降：赐给。

④发官：上任。

⑤物故：亡故。

⑥中程：符合期限。

⑦剟（duō）：削，删除，意指修改。损益：增减。

⑧而：乃。

⑨木柙：木匣，木盒子。

译文

公孙鞅说：制定法令，设置官吏。朴实厚重能使百姓知道法令内容的人，可以任用为主管法令的官吏，推荐给天子。天子应允，就命令他们主管法令。赐予其官职，他们受命后去上任，各自主管当地的法令。百姓胆敢忘记遵守他主管的法令内容的某项条文规定，就用他所忘记的法令条文去惩罚他。主管法令的官吏，若有升迁调动或亡故，立刻让继任者学习法令的内容，为他制定计划，让他几日内便通晓法令内容，不能按期完成，就用法令惩罚他。若有胆敢修改法令以致增减一个字以上的，就是死罪，而且不能赦免。众官吏和百姓若向主管法令的官吏询问法令的具体内容，主管法令的官吏必须根据他们的问题明确答复他们。而且要制一个长一尺六寸的符信，符信上写明年、月、日、时辰、所问法令的内容，宣告给（来询问的）官吏和百姓。如果主管法令的官吏不告诉，等到来询问的人犯了罪，正是他们所询问的那一条，那就按他们所询问的那条罪状来惩罚主管法令的官吏。（写好符信后）要把符信的左片给询问法令的人，主管法令的官吏则小心地将右片装入木匣，保存在屋子中，用法令长官的印封上。即使以后当事人死了，也依照符信办事。

法令皆副，置一副天子之殿中，为法令为禁室，有键钥[①]，为禁[②]而以封之，内[③]藏法令一副禁室中，封以禁印。有擅发[④]禁室印，及入禁室视禁法令，及剟禁[⑤]一字以上，罪皆死不赦。一岁受[⑥]法令以禁令。

注　释

①键钥：锁钥。原本为“铤钥”，孙诒让曰：“铤当为键。”

②禁：封禁，相当于今天的封条。

③内：通“纳”，交入，接纳。

④发：开启。

⑤剟禁：删改禁令。

⑥受：接收，收取。

译　文

法令都有副本，把一份副本放在天子的宫殿中，专门给法令建一个禁室，有锁钥，用封条把它封起来，把法令的副本收藏在禁室中，用禁印封上。有擅自开启禁室印封的，有进入禁室偷看禁室的法令并删改禁室法令一个字以上的，都是死罪并且不可赦免。每年一次，收取（这一年所颁发的）法令存放入禁室。

天子置三法官：殿中置一法官，御史置一法官及吏，丞相置一法官。诸侯、郡、县皆各为置一法官及吏，皆比秦一法官。郡、县、诸侯一受赍[①]来之法令，学并问所谓。吏民知法令者，皆问法官。故天下之吏民，无不知法者。吏明知民知法令也，故吏不敢以非法遇[②]民，民不敢犯法以干[③]法官也。遇民不修[④]法，则问法官，法官即以法之罪告之，民即以法官之言正告[⑤]之吏。吏知其如此，故吏不敢以非法遇民，民又不敢犯法。如此，天下之吏民虽有贤良辩慧，不能开一言以枉法；虽有千金[⑥]，不能以用一铢[⑦]。故知、诈、贤能者皆作而为善，皆务自治奉公。民愚[⑧]则易治也，此所生于法明白易知而必行。

注释

①赍（jī）：送。

②遇：对待。

③干（gān）：触犯，冒犯。

④修：遵循。

⑤正告：严正地告知，警告。

⑥金：古代货币单位，指黄铜，秦制一金为二十两。

⑦铢：古代重量单位，一两为二十四铢。

⑧愚：敦厚。《孔子家语》：“故《诗》之失愚，《书》之失诬。”王肃注：“愚，敦厚。”

译文

天子设置三个法官：宫殿中设置一个，御史那里设置一个，丞相那里设置一个。诸侯和郡县也为他们各设置一个法官和法吏，全都比照秦都的法官。诸侯郡县一旦接到送来的法令，就向他学习询问法令的内容。官吏和百姓想知晓法令的，都询问法官。于是天下官吏、百姓没有不知晓法令的。官吏明知百姓知道法令，所以官吏不敢以非法手段对待百姓，百姓也不敢犯法来触犯法令。如果对待百姓不遵循法令，百姓就可以向法官询问，法官就将法令所规定的罪名告诉他们，百姓就拿法官的话来警告官吏。官吏知道事情会这样，就不敢用非法手段对待百姓，百姓也不敢犯法。像这样，国内官吏和百姓即使有贤良、善辩和狡猾的人，也无法说一句违法的话；即使有千金之富，也不能用一铢钱去干违法的事。于是聪明、巧诈、贤能的人都去做好事，都努力自治服从国家的法令。百姓敦厚就容易治理，这是因为法令明白易懂故而一定能得到遵从。

法令者，民之命也，为治之本也，所以备民[1]也。为治而去法令，犹欲无饥而去食也，欲无寒而去衣也，欲东而西行也，其不几[2]亦明矣。一兔走，百人逐之，非以兔为可分以为百，由名之未定也[3]。夫卖兔者满市，而盗不敢取，由名分已定也。故名分未定，尧、舜、禹、汤且皆如鹜[4]焉而逐之；名分已定，贪盗不取。今法令不明，其名不定，天下之人得议之。其议，人异而无定。人主为法于上，下民议之于下，是法令不定，以下为上也。此所谓名分之不定也。夫名分不定，尧、舜犹将皆折[5]而奸之，而况众人乎？此令奸恶大起，人主夺威势，亡国灭社稷之道也。今先圣人为书而传之后世，必师受[6]之，乃知所谓之名；不师受之，而人以其心意议之，至死不能知其名与其意。故圣人必为法令置官也、置吏也，为天下师，所以定名分也。名分定，则大诈贞信[7]，巨盗愿悫[8]，而各自治也。故夫名分定，势治之道也；名分不定，势乱之道也。故势治者不可乱，势乱者不可治。夫势乱而治之，愈乱；势治而治之，则治。故圣王治治，不治乱。

注释

①备民：保民，安民。备：保障。

②几：接近，达到。

③“非以兔为可分”两句：原文缺漏，据《群书治要》补遗。

④骛：疾驰。

⑤折：反转。

⑥受：传授。

⑦贞信：正直诚实。

⑧愿悫（què）：朴实，诚实。

译文

法令就是百姓的生命，是治国的根本，是用来安民的。治国而抛弃法令，好比希望不挨饿却抛弃粮食，希望不受冻却抛弃衣服，希望到东方去却向西走一样，这无法达到（目的）是很明显的。一只兔子跑了，一百个人去追赶，并不是因为捉到兔子后每个人都能分到兔子的百分之一，而是因为兔子的所有权没有确定。而市场上到处都有兔子在卖，盗贼都不敢去偷，这是因为市场上兔子的所有权是明确的。所以，事物的名分没有确定以前，尧、舜、禹、汤也会急切地去追逐；而名分确定后，贪婪的盗贼也不敢夺取。如法令不明确，权责不确定，天下百姓都会议论纷纷。这样议论，众说纷纭而没有定论。君主在上制定法令，百姓在下议论纷纷，这是法令不明确，以下为上。这就是所说的名分不定。名分不定，尧、舜尚且都会走上邪路，何况普通百姓？这样就使奸恶大兴，君主丧失权威，这是国家社稷走向灭亡的道路。如今古代圣人著书流传于后世，必须由老师教授，人们才能知道其具体内容；如不由老师传授，人人都以自己的想法来解读，到死时也不能知道书中文字的具体意义。所以，圣人必定会为法令设置法官、法吏，做天下人的老师，就是为了定名分。名分确定了，十分奸诈的人可以变得正直诚实，大盗也都变得朴实，而且都能自治。所以，确定名分，是让政局安定的途径；不确定名分，是政局动荡的途径。于是政局安定就不会混乱，政局动荡就无法治理。政局动荡再去治理，就会更加混乱；政局安定再加以治理，就会更加安定。所以圣明的君主会在政局安定的基础上治国，不会在政局动荡的环境下治国。

夫微妙意志之言，上知之所难也。夫不待法令绳墨[①]，而无不正者，千万之一也。故圣人以千万治天下，故夫知者而后能知之，不可以为法，民不尽知。贤者而后知之，不可以为法，民不尽贤。故圣人为法必使之明白易知，名正，愚知遍能知之。为置法官，置主法之吏，以为天下师，令万民无陷于险危。故圣人立，天下而无刑死者，非不刑杀也，行法令明白易知，为置法官吏为之师，以道[②]之知。万民皆知所避就，避祸就福，而皆以自治也。故明主因治而终治之，故天下大治也。

注　释

①绳墨：木工工具，用于打直线。此处引申为规范、法度。

②道：引导，疏导。

译　文

微妙地表达思想的言论，上等才智的人也不易理解，不需要法令规范而行为都是正确的，在千万人中只有一个。圣人是针对千万人来治理天下，所以只有智者理解后别人才能明白的东西，不能拿来作为法令，因为百姓并不人人都是智者。只有贤能的人理解后别人才能理解的东西，不能用来作法令，因为百姓并不人人都贤能。所以圣人制定法令一定使它明白易懂，愚人、智者都能理解。为百姓设置法官，设置负责法令的官吏，作为百姓的老师，使万民不致陷入危险的境地。所以圣人掌握政权，天下没有受刑被杀的人，并不是他不用刑杀人，而是圣人推行的法令明白易懂，又为百姓设置法官、法吏作为老师，引导他们理解法令。从而万民都知道应躲避什么、靠近什么，躲避祸患追求福泽，就都能自治。英明的君主在百姓自治的基础上来治理国家，天下就繁荣安定了。

慎子

威 德

本章是《慎子》现存篇幅最长的一章，也是最能体现慎子思想的一章，其深入阐述了慎势张法的思想。全章大致可分为三个部分：

第一为慎势。以毛嫱、西施为例阐述客观因素的重要性，以腾蛇飞龙为例阐述可乘之势的重要性。以尧帝为王前后差异为例阐述权势的重要性。

第二为贵公。慎子认为，权势出于为公，而不谋于私利，人民立天子不是为了利于天子一人，而是为了利于天下万民。这与孟子的“民贵君轻”思想有相通之处，是具有远见卓识的政治家的高见。

第三为张法。本章中，慎子尤其强调立法的重要性，并主张政治和生活的各个方面都应遵循法令规矩，任何人都不得以任何理由违背。有法可依，社会才有规范，社会才有公正。社会公正了，各种私心才能消亡，相关争斗和怨恨也会极大程度地减少。慎子还认为，就算法制不完善，仍胜于无法。

天有明，不忧人之暗也；地有财，不忧人之贫也[①]；圣人有德，不忧人之危也[②]。天虽不忧人之暗，辟户牖必取己明焉[③]，则天无事也。地虽不忧人之贫，伐木刈草必取己富焉[④]。则地无事也。圣人虽不忧人之危，百姓准上而比于下[5]，其必取己安焉，则圣人无事也。故圣人处上，能无害人，不能使人无己害也，则百姓除其害矣[6]。圣人之有天下也，受之也，非取之也[7]。百姓之于圣人也，养之也，非使圣人养己也，则圣人无事矣[8]。

注释

①“天有明”四句：慎懋赏曰：“天之明无私也，而何忧于暗；地之利足以养民，而何忧于贫。”

②“圣人有德”两句：慎懋赏曰：“圣人辅世，长民之德，足以安天下，而何忧于危。”

③“天虽不忧人之暗”两句：慎懋赏曰：“明在于天，开辟户牖以受明者，人也，天何所事之有。”牖（yǒu）：窗户。

④“地虽不忧人之贫”两句：慎懋赏曰：“财出于地，伐木刈草以致富者，人也，地何所事之有。”刈（yì）：割。

⑤“圣人虽不忧人之危”两句：慎懋赏曰：“德在圣人，准其法而治，比于下则风俗醇和，四境无虞，而百姓自安其生矣，圣人何所事之有。”准：此作动词，以为标准。比：对比。

⑥“故圣人处上”四句：慎懋赏曰：“圣人有安百姓之心，其或自底部类而己害者，不得不为民以除其害也，非为己而害人也。”

⑦“圣人之有天下也”三句：慎懋赏曰：“圣人有光明之德，故百姓推而与之耳，非以征诛取之而害人也。”

⑧“百姓之于圣人也”四句：慎懋赏曰：“百姓之于圣人，则养之以安己，非使人养一己而不为民也。上下各得其所，各安其分，而天下平，是以圣人无事。”

译文

天有日月，其光明普照，不必担忧人间存在的晦暗；土地上有丰富的物产，不必担忧人间存在的贫穷；圣人具有美好的德行，不必担忧人间存在的危难。天虽然不担忧人间的晦暗，但开窗辟户以获取光明是人自己的事，与天无关。地虽然不担忧人间的贫穷，但伐木割草来获得财富也是人自己的事，与地无关。圣人虽然不担忧人间的危难，但百姓效法于上，亲近于下，来获得安定也是他们自己的事，与圣人无关。因此，圣人居于上位，能够做到不伤害百姓，但因其居于上位，故不能阻止百姓之间的互相伤害，而百姓之间的互相伤害只能由百姓彼此自行解决。圣人享有天下，是接受了百姓的重托，而不是自己强行窃取的。百姓对于圣人，应该奉养并以其为标准，而不是依托圣人而取利来养活自己，那么圣人就没什么事了。

毛嫱、西施[①]，天下之至姣也，衣之以皮倛[②]，则见者皆走；易之以玄緆[③]，则行者皆止。由是观之，则玄緆，色之助也。姣者辞之，则色厌矣。走背跋踚，穷谷野走十里，药也。走背辞药，则足废[④]。

注释

①毛嫱、西施：皆为春秋时期越国美女，相传为越王勾践的爱姬。

②倛：古代术士驱鬼时所戴的形状可怕的面具，送葬时亦用。

③玄：黑中带红之色。緆：细麻布。一说“玄緆”指经过染色等加工修饰的麻布衣服。

④“由是观之”数句：滕辅曰：“理有相须而作，事有待具而成。故虽资倾城之观，必俟衣裳之饰；虽挺越常之足，必假药物而疾。故有才无势，将颠坠于沟壑；有势无才，亦腾乎风云。万动云云，咸皆然也。”厌：嫌恶。走背：背负物品行走。跋：踏草而行或翻山越岭。踚：登，行。一说跳过。

译文

毛嫱、西施，是天下最美丽的女子，但如果她们戴上驱鬼时所戴的可怕面具，那么看见她们的人会立即逃走；如果换上漂亮的细麻布衣，那么过路的人都会驻足观看。由此看来，漂亮的细麻布衣，可以帮助提升姿色。美女不穿好看的衣服，其美貌也会让人产生嫌恶。背负重物长途跋涉，在山谷原野行走十多里路，离不开药品的帮助。如果走远路不带药，那么一双脚就要废了。

故腾蛇游雾，飞龙乘云，云罢雾霁，与蚯蚓同，则失其所乘也①。故贤而屈于不肖②者，权轻也；不肖而服于贤者，位尊也。尧为匹夫，不能使其邻③家；至南面④而王，则令行禁止。由此观之，贤不足以服不肖，而势位足以服不肖，而势位足以屈贤矣。故无名而断者，权重也；弩弱而矰⑤高者，乘于风也；身不肖而令行者，得助于众也。故举重越高者，不慢⑥于药；爱赤子⑦者，不慢于保⑧；绝险历远者，不慢于御⑨。此得助则成，释助则废矣。夫三王、五伯之德⑩，参与天地，通与鬼神，周与生物者，其得助博也。

注　释

①"故腾蛇游雾"五句：慎懋赏曰："飞龙乘云，水蛇乘雾，物必有所乘而势始大。"霁：雨雪停止。

②不肖：不才，不贤。

③邻：古代基层组织单位之一。五家为一邻，五邻为一里。

④南面：古代以坐北朝南为尊位，故天子、诸侯见群臣，皆面南而坐。故以"南面"代称居天子或诸侯之位。

⑤矰（zèng）：古代系生丝以射鸟雀的箭。

⑥慢：怠慢，轻忽。

⑦赤子：婴儿。

⑧保：指照顾婴儿生活衣食的保姆。亦指保傅，即辅佐孩子

读书的老师。

⑨御：驾驶马车。

⑩三王：指夏禹、商汤、周文王和周武王。五伯：指春秋五霸，即齐桓公、晋文公、楚庄王、吴王阖闾、越王勾践；一说指齐桓公、晋文公、秦穆公、楚庄王、吴王阖闾；一说齐桓公、晋文公、秦穆公、宋襄公、楚庄王。

译文

腾蛇在雾中遨游，飞龙乘云飞翔，但如果云消雾散，那么腾蛇和飞龙也就如蚯蚓一般了，是因为它们失掉了依托。贤人之所以屈服于不肖者，是因为贤人的权势太轻；而不肖者能服从于贤人，是因为贤人的地位尊贵。尧帝还是个普通百姓时，连他的邻家都不能指使；等到他做了天下的王，则有令必行，有禁必止。由此看来，贤德并不能使不肖者服从，而权势地位足以使不肖者服从，而权势地位也能使贤人屈服。因此，没有名誉声望而能担任决断大事的职责，是由于权重；弓弩不强而矰射得高，是凭借风势；自身不贤而命令却能得到推行，是借助众人的力量。所以，背负重物翻越高山，不能忽视药物；喜爱自己的孩子，不能怠慢保傅；穿越险境、跋涉远途，不能怠慢御者。这是因为凡事得到帮助就会成功，失去帮助就会失败。古代三王、五伯的德行，可与天地相参，可与鬼神相通，可以遍及万物，这是因为他们得到了广泛的帮助。

古者，工不兼事，士不兼官。工不兼事则事省，事省则易胜；士不兼官则职寡，职寡则易守[①]。故士位可世，工事可常[②]。百工之子，不学而能者，非生巧也，言有常事也[③]。今也国无常道，官无常法，是以国家日缪。教虽成，官不足；官不足，则道理匮[④]；道理匮，则慕贤智；慕贤智，则国家之政要，在一人之心矣[5]。

注 释

①“古者”七句：滕辅曰：“古之宰物，皆用其一能，以成其一事，是以用无弃人，使无弃才。若乃任使于过分之中，役物于异便之地，则上下颠倒，事能淆乱矣。”工：古代指从事手工业的劳动者，即工匠。手工业者按行业分类，故有“百工”之称。各工种技艺不同，一般不兼作。省：简约，简单。

②“故士位可世”两句：慎懋赏曰：“士位可世，以其贤也；工事可常，以其专也。”世：世袭，继承。常：恒久。

③“百工之子”四句：慎懋赏曰：“观工有常而事集，则官人者可类推也。”生：本性。

④“今也国无常道”七句：慎懋赏曰：“官不足以任其事，虽教何补；官所以明道理，事兼官则众职废而道理匮矣。”官无常法：指授予官职没有恒久固定的法令，有可能会出现士兼官现象。缪：乖错，差。官不足：意谓为官之单纯性不足，不能做到一人一职。道理：治理国家的理论主张。

⑤“道理匮”五句：滕辅曰：“人之情也，莫不自贤，则不相推。政要在一人，从一人之所欲，不必善，则政教陵迟矣。”一人：指君王。

译 文

古时候，工匠不兼做其他事情，士人不兼任其他官职。工匠不兼做其他事情，事情就简约，事情简约就容易做好。士人不兼任其他官职，职责就少，职责少就容易胜任。所以士人的职位可以世代相继，工匠的职业可以长期不变。百工的子弟不用学习就能掌握技艺，这不是他们生来就心灵手巧，而是因为他们能经常看到父辈做工。如今国家没有长期稳定的治理政策，授予官职没有恒久固定的法令，因此国家政治日趋谬误。实行教化虽然很有成效，但各级官吏缺乏且多数不称职；官吏缺乏且不称职，则治理国家的方法就匮竭；治理国家的方法匮竭，就会仰慕渴求贤能智慧的人；仰慕渴求贤能智慧的人，那么国家政治的关键就完全操纵在一个人的手中。

古者，立天子而贵之者，非以利一人也[①]。曰：天下无一贵，则理无由通，通理以为天下也[②]。故立天子以为天下，非立天下以为天子也[③]；立国君以为国，非立国以为君也；立官长以为官，非立官以为长也[④]。

注释

①“古者”三句：慎懋赏曰：“立天子而尊贵之，非以利其身也。”

②“天下无一贵”三句：慎懋赏曰：“两贵不相事，两贱不相使。无天子之贵，天下无由而理。”理：治理。通理：即指得到治理。

③“故立天子以为天下”两句：慎懋赏曰：“以一人治天下，非以天下奉一人。”又《吕氏春秋·贵公》曰：“天下非一人之天下，天下之天下也。”

④“立官长以为官”两句：慎懋赏曰：“官长，立之使众职兼举，非徒盛其任使也。”官长：长官的通称。

译文

古时候，拥立天子而使他尊贵，并不是让天子一个人得到利益。这是说：天下没有一位尊贵的君主，那么国家的法令就行不通，让法令行得通是为了治理好天下。所以拥立天子是为了治理好天下，并不是设立天下来为天子一个人服务；拥立国君是为了治理好国家，并不是建立国家来为国君一个人服务；设置官职是为了更好地履行职责，并不是设置官职来供长官个人享乐。

法虽不善，犹愈于无法，所以一人心也[①]。夫投钩[②]以分财，投策以分马，非钩策为均也。使得美[③]者，不知所以德；使得恶者，不知所以怨，此所以塞愿望也。故蓍龟[④]，所以立公识也；权衡[⑤]，所以立公正也；书契[⑥]，所以立公信也；度量，所以立公审也；法制礼籍[⑦]，所以立公义也。凡立公，所以弃私也。

注 释

①“法虽不善”三句：慎懋赏曰：“立法以一人心，虽有不善，民亦惧法而不敢越也。”愈：胜过。

②投钩：犹拈阄。钩：古代赌博器具之一。

③得美：与“得恶”皆就赌博或占卜之结果而言，得美指赢，得恶指输。或输或赢，均依规则而由天定。

④蓍龟：占卜用的蓍草和龟甲。

⑤权衡：称量物体轻重的器具。权：秤锤。衡：秤杆。

⑥书契：契约之类的文书凭证。

⑦法制礼籍：记载法令、制度、礼仪的文书。

译 文

即使国家的法制还不完善，还是胜过没有法制，法制可以用来统一人心。用投钩来分配财物，以投策来分配马匹，并不是说投钩、投策就一定是均平的，而是借用这种公正的方法，让那些分得好东西的人不知道对谁感恩戴德，让那些分得坏东西的人不知道对谁抱怨怀恨，这样来堵塞人们的各种欲望。所以用蓍草、龟草占卜吉凶祸福来确立公正的认识，用秤称量物体轻重来确立公正的标准，用文书契约来确立公正的信誉，用度量丈量物体的长短来确立公正的审查准则，用法令制度、礼仪典章来确立公正的道义。凡是确立公正的准则，都是为了摒弃私心。

明君动事分功必由慧①，定赏分财必由法，行德制中必由礼②。故欲不得干时③，爱④不得犯法，贵不得逾⑤亲，禄不得逾位。士不得兼官，工不得兼事。以能受事，以事受利。若是者，上无羡赏，下无羡财⑥。

注 释

①明君动事分功必由慧：慎懋赏曰："君必聪明而后能理天下之事。"动事：举办事业。分功：分担工作。

②"定赏分财必由法"两句：滕辅曰："法者，所以爱民；礼者，所以使事。"慎懋赏曰："财者，民所共趋，法令既一，则无争斗之患；礼无过不及者，由乎礼，则德教制度自无不中。"行德：推广道德。制中：适中，恰当处理。

③干时：违背农时。古代农事为国之大事。

④爱：爱护，加惠。

⑤逾：越过，超过。

⑥"若是者"三句：慎懋赏曰："用法之善，则人安于法；上之赏下，下之事上，各当其则而不过也。"羡：多余。

译 文

贤明的君主做事分功，一定要凭借聪明才智；确定奖赏和分配财物，一定要遵循国家的统一法规；施行德政要做到恰到好处，一定要符合礼仪规范。所以君王的欲望不能违背农时，君主的爱好不能违犯法制，尊贵贤人不能超过亲族辈分，赏赐俸禄不能超过官职爵位。士人不得兼任其他官职，工匠不得兼做其他事务。根据才能的大小授任职事，根据工作中的贡献授予其财利。如果能做到这样，君主和官吏就不会滥用赏赐，臣下和百姓就不会贪收财物。

因循

本篇主要阐述用人之法，重点在于“因人之情”四字。慎子认为，世上之人，各有为己之心，自私自利乃人之本性，英明的君主当先顺应臣民之心，然后趁势利用，而非强行驱使臣民为己所用，满足君主一人之欲。从哲学角度来说，这叫作尊重客观规律；从政治角度来说，这叫作顺应民心。“不受禄者不臣，禄不厚者不与入难”的观点，客观而极具远见，值得后世君主、将帅借鉴。

本篇文字简短，多有残缺。

天道，因则大，化则细①。因也者，因人之情也。人莫不自为也，化而使之为我，则莫可得而用矣②。是故先王见不受禄者不臣，禄不厚者不与入难③。人不得其所以自为也，则上不取用焉④。故用人之自为，不用人之为我，则莫不可得而用矣⑤。此之谓因。

注释

①“天道”三句：滕辅曰：“因百姓之情，遂自然之性，则其功至高，其道至大也。化使从我，物所乐，其理偏狭，其德细小也。”因：指顺应自然，不加干涉。即人应该认识、尊重、服从外界变化的规律，顺应事物发展的必然趋势。同时“因”字也强调人应该发挥主观能动性，利用客观事物的性质、规律，因势利导，取得成功。化：与“因”相对，指违背自然。

②“人莫不自为也”三句：滕辅曰：“违性矫情，引彼就我，则忿戾乖违，莫有从之者。”自为：即为自己，指自私自利之心。

③“是故先王见不受禄者不臣”两句：慎懋赏曰：“不拂其高尚之志为强志者。”按，作者认为，人皆有自私爱利之，不受俸禄，未受厚禄，是违其本心，则其必不能为我所用，故先王不用。入难：共赴国难，指困境中信任相扶。

④“人不得其所以自为也”两句：滕辅曰：“夫君上取用，必须天机之动，性分之痛，然后上下交泰，经世可久耳。故放使其自为，则无不得，仕而使之，则无不失也。”慎懋赏曰：“人不遂其欲为之情，则上不能取用之矣。”

⑤“故用人之自为”三句：慎懋赏曰：“顺其情也，拂其情也，人人乐而为之用也。”

译文

天道之德，因循自然就广大，人为地强行违背自然就缩小。所谓因循自然，就是顺应人情。世上所有人，无不有自私自利之心，顺应其心，则可为我所用，若违背人情而强行使他们为我所用，则往往不能如愿。因此古代的帝王不任用那些不接受俸禄的人为臣子，不与那些没有得到优厚俸禄的人共赴国难。人如果没有私心，不能尽心尽力地去做自己想做的事，君王就不会任用他们。所以君主只能利用臣民的自私爱利之心，使其所作所为不是为君主奉献而是给自己谋利，如此任用他们，而不能指望臣民会为君主做无偿的奉献。若能如此，则天下没有人不能为我所用。这就叫作因循自然，顺应人情。

民杂

本篇多有残缺，原篇名已佚，故取首二字为篇名。

本篇内容主要为两个部分。第一是君主用才，当兼容并纳，因材施用，充分利用臣下的各种可利用的能力，使收效达到最大化。第二是君臣之间的关系，当各司其职，不能逾越。君主作为国家元首，就应该宏观调度，坐享其成，而臣下则必须尽力做好本职工作。若君主追求事事亲力亲为，则不利于调动臣下做事的积极性，还会形成“倒逆”的局面，如此不但于国无益，还有可能引起君臣不睦，甚至导致国家混乱。

慎子还认为“君之智，未必最贤于众也”，可见当时国君只不过是一个国家的特殊组成部分而已。

民杂处而各有所能，所能者不同，此民之情也。大君者，太上[①]也，兼畜下者也。下之所能不同，而皆上之用也[②]。是以大君因民之能为资，尽包而畜之，无能去取焉[③]。是故不设一方以求于人，故所求者无不足也[④]。大君不择其下，故足。不择其下，则易为下矣。易为下，则莫不容。莫不容，故多下。多下之谓太上[⑤]。

注 释

①太上：此指君主的地位至高无上。

②“下之所能不同”两句：慎懋赏曰：“民之所能不同，而皆听上所取用也。”下：指百姓。上：指君主。

③“是以大君因民之能为资”三句：滕辅曰：“夫人君之御世也，皆曲尽百姓之能，兼罗万物之分，因其长短就而用之，使能文者为文，能武者为武，聋者使其视，盲者使其听，故理有尽用，物无弃财。”无能去取：不使任何人的任何能力被废弃。一说对于一个人所失去的某种能力则“去之”，对其尚未失去的能力则“取之”，如聋者不能听则使其视，盲者不能视则使其听。资：资助，凭借。

④“是故不设一方以求于人”两句：慎懋赏曰：“方，类也。人君执己见以求备，则所求者，无一足用也。”一说“方”指限制。

⑤“大君不择其下”数句：慎懋赏曰：“君子易事，人皆乐从也。其下多，故在上者大也。”滕辅曰：“其下既多，故在上者大。”

译文

百姓虽然混杂聚集在一起，但他们各有所能，各自所擅长的东西是不同的，这是百姓的实际情况。人君，至高无上，对下面各有专长的人才都能兼容并蓄。虽然百姓的专长各不相同，但都能为君主所用。因此英明的君主把百姓的各种专长作为自己治理国家的资助，尽力包容他们，精心培养他们，不使任何一人的任何能力被废弃不用。所以君主寻求人才不设任何限制，而他所需求的人才没有不能如愿得到的。君主对臣下不故意挑剔，所以各种人才就充足。君主不挑剔臣下，臣下就容易做事。臣下容易做事，各种人才就没有不被包容的。各种人才被包容，甘居下属为君主效命的人才就多了。为君主效命的下属多了，君主的威望就高了。

君臣之道，臣事事[①]，而君无事[②]。君逸乐，而臣任劳。

臣尽智力以善其事，而君无与焉，仰成而已。故事无不治，治之正道然也[3]。人君自任而务为善以先下[4]，则是代下负任蒙劳也，臣反逸矣。故曰：君人者，好为善以先下，则下不敢与君争为善以先君矣[5]，皆私其所知以自覆掩[6]；有过则臣反责君，逆乱之道也[7]。

注释

①事事：办事。第一个“事”为动词，第二个“事”为名词。

②事：从事。滕辅曰：“百官之属，各有司存。”

③“君逸乐”七句：慎懋赏曰：“人臣分任其事，则人君无为而享成功，治道之正者也。”无与：无为。仰成：仰首等待成功，即坐享其成。

④任：担任职责。务：致力，从事。先下：先于臣下。

⑤“故曰”四句：滕辅曰：“君好见其善，则群下皆淫善于君矣。上以一方之善，而施于众方之中，求其为瞻，偏已多矣。君偏既多，而臣韬其善，则天下乱矣。”

⑥皆私其所知以自覆掩：慎懋赏曰：“君察察以为明，则臣将救过之不暇矣，孰敢与之争能？秦皇、汉宣是也。”知：通“智”，智慧，才能。

⑦“有过则臣反责君”两句：滕辅曰：“夫所以置三公而列百官者，将使群臣各进所知，以康庶绩耳。若乃君显其善，而臣藏其能，百事从君而出，众端自上而下，则臣善不用，而归恶有在矣。”

译文

君臣之间相处的原则，臣子要多做实事，君主则用不着做实事。君主只要安逸享乐就行，臣子则要不畏劳苦地工作。臣子要充分发挥自己的智慧去把事情做好，君主则不需要参与具体事务，只坐享其成就可以了。如此，国家政事没有不能治理好的，治理国家的正道就是这样。如果君主抢在臣下之先而主动担负起具体办事之职责，致力于行善，那就是代替臣下承担责任蒙受劳苦，臣下反而安逸享乐了。所以说，如果国君喜欢抢在臣下之先做事行善，那么臣下就不敢抢在国君之先做事行善了，结果臣下皆将自己的聪明才智隐藏起来。一旦有了失误，臣子反而会出来责备君主，这是导致臣子背叛君主、国家出现祸乱的根源。

君之智，未必最贤于众也，以未最贤而欲以善尽被下，则不赡矣①。若使君之智最贤，以一君而尽赡下则劳。劳则有倦，倦则衰，衰则复反于不赡之道也。是以人君自任而躬事②，则臣不事事，是君臣易位也，谓之倒逆。倒逆则乱矣。人君苟任臣而勿自躬，则臣皆事事矣。是君臣之顺③，治乱之分④，不可不察也。

注　释

①“君之智”四句：滕辅曰：“假使其贤，犹不可推一己之智以察群下，而况不最贤。”慎懋赏曰：“不赡者，一人之智有限，虽有所被，其善易穷也。”被：覆盖，推及。赡：充足，丰富。

②“是以人君自任而躬事”四句：滕辅曰：“言君之专荷其事，则臣下不复以事为事矣。”慎懋赏曰：“所以君任劳，臣反逸也。”

③君臣之顺：即君无为而臣有为。

④治乱之分：慎懋赏曰：“任人则治，自任则乱。治乱之分，人君所当致察也。”

译　文

君主的聪明才智，不见得比群臣高明多少，凭借君主那不是最高明的才智，想要治理好国家，用善来完全覆盖下面，那必然不能使臣民富足。就算君主的才智是最高明的，那么仅凭君主一人的力量而让全部臣下百姓富足，也是相当劳苦的。劳苦过度就会身体疲倦，身体疲倦就会衰老，身体衰老就无法履行职责，这样就会又回到使臣民不能富足的老路上。因此，如果君主主动担负办事之职责，凡事都要亲自去做，那么臣下就无事可做了，君主与臣下的地位就颠倒了，这就叫作倒行逆施。国家出现倒行逆施，就会出现混乱。如果君主只是任命臣下去做事，凡事不求亲力亲为，那么臣下就会尽职尽责。君主之间的正确关系与国家大治或大乱的分界就在这里，不可不明察。

知忠

本篇主要阐述慎子关于“忠”的主张。与儒家思想大相径庭的是，慎子认为无论是治世还是乱世，从不缺少忠臣，但国有忠臣，有害而无益。慎子再次强调，国家想要稳定运转，长治久安，最关键的就是君臣各司其职，谁也不能逾越。忠臣从来都不是一个国家的决定因素，它的存在不仅会彰显国君之恶，而且对国家兴治也没有多少实际益处，有时甚至是国家的祸害。在慎子看来，智士比忠臣重要得多。最后慎子也认为，国家的盛衰兴亡不是一个人的力量所能左右的，只有君臣上下各司其职，智能之士才尽其用，才是国家稳定兴盛的保障。

本篇篇幅简短，似有残缺。

乱世之中，亡国之臣，非独①无忠臣也；治国之中，显君②之臣，非独能尽忠也。治国之人，忠不偏于其君；乱世之人，道③不偏于其臣。然而治乱之世，同世有忠道之人。臣之欲忠者，不绝世，而君未得宁其上④。无遇比干、子胥之忠⑤，而毁瘁主君于暗墨之中⑥，遂染溺⑦灭名而死。

注释

①独：岂。

②显君：此指使国君显扬。

③道：治国之道。一说忠君之道。

④“然而治乱之世”五句：滕辅曰：“夫灭亡之国，皆有忠臣耳。然贤君千载一会，忠臣世世有之，值其一隆之时，则相与而交兴矣。遇其昏乱之主，则相与而俱亡矣。”

⑤比干：商王太丁之子，帝辛（商纣王）时少师，因直言劝谏而遭剖心之刑，惨死。子胥：即伍子胥。春秋时楚国人，入吴国为大将，力劝吴王夫差杀越王勾践，吴王不听。后伍子胥被逼自杀，尸体被投入江中。

⑥瘁：劳累。按，若君主遇忠臣，则周旋于忠臣而不循名责实，国君必事事亲为而劳累。暗墨：昏昧不明。

⑦染溺：指沉溺于昏昧不明之中。

译　文

政治混乱的时代里，大臣所为导致国家衰亡，其原因不仅仅是大臣中没有忠臣；政治清明的国家里，大臣辅佐君主使君主声名显赫，其原因不仅仅是大臣们能尽忠。政治清明的国家中，臣民尽忠并不偏重于国君；政治混乱的时代里，治国之道并不偏重在几个贤臣身上。然而无论是治世还是乱世，都有忠臣。想为国为君尽忠的大臣，世代不绝，但君主在上位却没有得到安宁。即使遇到比干、伍子胥那样的忠臣，却使国君毁于昏昧不明之中，最后使国君（商纣王、吴王夫差）身败名裂而死。

由是观之，忠未足以救乱世，而适足以重非①。何以识其然也？曰：父有良子而舜放瞽叟②，桀③有忠臣而过盈天下。然则孝子不生慈父之家，而忠臣不生圣君之下④。故明主之使其臣也，忠不得过职⑤，而职不得过官。是以过修于身⑥，而下不敢以善骄矜⑦。守职之吏，人务其治，而莫敢淫偷其事⑧。官正以敬其业，和顺以事其上。如此则至治已。

注释

①重非：加重过失。

②瞽叟：帝舜之父，其名不详，因双目失明，故称。瞽叟与其幼子象多次想害死舜，舜皆死里逃生，仍孝顺如常。瞽：指眼瞎。

③桀：夏朝末代君主，历史上著名的暴君，与商纣齐名。关龙逢曾因进谏忠言而被桀杀死。

④"然则孝子不生慈父之家"两句：滕辅曰："六亲不和，有孝慈也；国家昏乱，有贞臣也。"慎懋赏曰："有瞽叟而后见舜之孝，有纣而后见文王之忠。遇之所遭，圣人不得已也。"

⑤职：指分内所应执掌之事。

⑥过修于身：超过修身。儒家强调治国以修身为本。一说指君主有了过失就加以修正。

⑦以善骄矜：指因为自己的才能而自负骄傲。

⑧淫：僭越。偷：惰怠。

译文

由此看来，臣子尽忠并不足以挽救乱世，而恰巧加重了君主的罪过。怎样说明这个道理呢？瞽叟有个孝顺的好儿子舜，结果自身却被舜放逐；夏桀有忠诚的臣子，其自身罪过却闻名于天下。所以说，有慈父的家庭中不会出现孝子，圣明君主统治下不会出现忠臣。因此贤明的君主使用臣子，使臣下尽忠而不越过自己的职权，使臣下尽职而不越过职责范围。因此国君善用臣下超过修身，臣下就不敢因己之能而骄傲自负。各级官吏当忠于职守，为治理国家尽心竭力，不敢僭越，不敢懈怠。各级官吏都能修身敬业，谦和恭顺地事奉君主，如果都能这样，那么国家的治理就达到了最理想的程度。

亡国之君，非一人之罪也；治国之君，非一人之力也[①]。将治乱，在乎贤使任职而不在于忠也。故智盈天下，泽及其君；忠盈天下，害及其国。故桀之所以亡，尧不能以为存。然而尧有不胜之善[②]，而桀有运非之名[③]，则得人与失人也。故廊庙[④]之材，盖非一木之枝也；粹白[⑤]之裘，盖非一狐之皮也；治乱安危、存亡荣辱之施，非一人之力也。

注释

①“亡国之君”四句：滕辅曰：“恶不众，则不足以亡其国；善不多，则不足以兴治也。”

②不胜之善：不可胜言的善行，此指帝尧有许多善行流传后世。

③运非之名：此指夏桀有各种各样的罪行。

④廊庙：殿下屋和太庙，为古代比较高大的建筑。

⑤粹白：纯白。

译文

国家衰亡，不是国君一个人的罪过；国家大治，也不是国君一个人的功劳。要治理动乱的国家，关键在于任贤使能，而不在于忠臣的多少。因此，智能之士充满天下，君主也会得到恩惠；忠正之臣充满天下，灾难就会危及整个国家。所以，夏桀亡国的那个时代，换作帝尧做国君，也不能使国家安存。然而帝尧有不可胜言的善行，夏桀有数不清的罪名，关键在于是得到人才或是失去人才。所以，修建庞大殿宇所用的木材，绝不是一棵树的材料就足够的；纯白的狐皮裘衣，绝不是一只狐狸的皮就能做成的；而国家的治乱安危、存亡荣辱，也绝不是一个人的力量所能决定的。

德立

本篇阐述了早定名分对于国家稳定的重要性。篇名“德立”，即确定封建的等级制度。慎子认为，国家稳定的基础是各阶层互不相疑，而要想各阶层互不相疑，就应该早定名分。天子、诸侯、正妻、嫡子名分早定，则诸侯、大夫、嬖妾、庶子不会有非分之想，也就不会有权位之争。国与家皆无内斗，焉能不强！

本篇文字简短，多有残缺。

立天子者，不使诸侯疑[①]焉；立诸侯者，不使大夫疑焉；立正妻者，不使嬖妾[②]疑焉；立嫡子者，不使庶孽[③]疑焉。疑则动，两则争[④]，杂则相伤。害在有与，不在独也[⑤]。

注释

①疑：怀疑。一说僭越。

②嬖妾：爱妾。

③庶孽：妾生之庶子。

④疑则动，两则争：或作“疑则动两，动两则争”。动：指采取行动争夺名位。

⑤害在有与，不在独也：参与的双方都会受到伤害，而不仅在一方。一说此二句谓导致互相伤害的根源在于名分未定，人人都有得到的机会，而不是名分已定，在于一人。

译文

确立天子的名分，不能使诸侯产生怀疑；确立诸侯的名分，不能使大夫产生怀疑；确立正妻的名分，不能使嬖妾产生怀疑；确立嫡子的名分，不能使庶子产生怀疑。名分不定则有怀疑，有了怀疑则有非分之想，有了非分之想就会产生争斗，一旦争斗就会杂乱无纪，一旦杂乱无纪就会互相伤害。参与的双方都会受到伤害，而不仅在一方。

故臣有两位者，国必乱[①]。臣两位而国不乱者，君在[②]也，恃君而不乱矣。失君必乱。子有两位者，家必乱[③]。子两位而家不乱者，父在也，恃父而不乱矣。失父必乱。臣疑其君，无不危之国。孽疑其宗[④]，无不危之家。

注释

①故臣有两位者，国必乱：政出多门，故国乱。一说国无君，则二臣争为君，国必危乱。

②君在：指权在国君。一说名分在国君。

③子有两位者，家必乱：家族继承者未定，有二子皆有继承之希望，必相争而致家族混乱。

④孽：指庶子。宗：指宗主。

译文

所以，大臣中有两个官位相同的，国家必定发生混乱。有两个官位相同的大臣而国家却没有发生混乱的，是因为君主还在位，正因为依赖君主在位才使国家没有出现混乱的局面。如果君主失位，国家就必然出现混乱。家中如果有两个地位相同的嫡子，家庭就必然出现混乱。有两个地位相同的嫡子而家庭没有出现混乱的，是因为父亲还健在，正因为依赖父亲健在才使家庭没有发生混乱。如果父亲去世，家庭就必然出现混乱。因此，如果臣子怀疑君主，国家没有不发生危险的；如果庶子怀疑宗室，家庭没有不发生危机的。

君 人

本篇主要阐述了依法治国的思想。君人，即国君统治臣民之意。慎子既为法家代表人物，自然主张法治，而非人治。慎子认为，国君若以个人好恶来做决策，那么不管他多么贤明公正，都不免有偏，而一旦赏罚失当，则臣下必生私心，怨望也随之而生。所以国君当凭法制来治理国家，凡事断于法，一切可循，君主无偏颇，臣自然也不会生怨，如此则上下和睦，国家安定。

君人者，舍法而以身治，则诛赏予夺从君心出矣。然则受赏者虽当，望多无穷；受罚者虽当，望轻无已①。君舍法而以心裁轻重，则同功殊赏，同罪殊罚矣。怨之所由生也②。

注 释

①“君人者”七句：滕辅曰：“民之所信者，法也。今在赏者欲多，在罚者欲少，无法以限之，则不知所论矣。虽极聪明以穷轻重，尽心以班夺与，夫何解于怨望哉。”慎懋赏曰：“从君心出者，出一时之喜怒也。赏不由法，虽赏当其功，而望多之心无已。罚不由法，虽罚当其罪，而望轻之心无已。”身治：即人治，指君主以自己的喜好来决定赏罚。望多：指希望奖赏多。望轻：指希望惩罚轻。

②“君舍法而以心裁轻重”四句：慎懋赏曰：“赏不当功也，罚不当罪也。不以功罪为赏罚，而以喜怒而赏罚，则不公矣，焉得不怨！”

译文

君主治理国家，如果舍弃法制而实行人治，那么诛杀、奖赏、任用、罢免都会由君主个人的喜好来决定。这样的话，即使受到的奖赏恰当，但受到奖赏的人的欲望是没有穷尽的；即使受到惩罚得当，但受到惩罚的人都期望无休止地减轻罪行。君主如果舍弃法制而以私人的意愿来裁定赏罚的轻重，那么就会导致相同的功劳受到不同的奖赏，相同的罪过受到不同的惩罚，这样，怨恨就产生了。

是以分马者之用策①，分田者之用钩②，非以钩策为过于人智也，所以去私塞怨也。故曰：大君任法而弗躬③，则事断于法矣。法之所加，各以其分，蒙其赏罚而无望于君也，是以怨不生而上下和矣④。

注释

①策：占卜用的蓍草。一说马鞭。即在分马时以扔马鞭来决定马的归属。

②钩：投钩，犹拈阄赌博器具之一。一说指圆规，丈量土地的工具。

③任法而弗躬：指依法治国而非“身治”。

④“法之所加”四句：慎懋赏曰：“赏罚循其法，而不出一人之意，则不僭不滥而民志定矣，太和之治也。”分：名分。

译文

因此，分马用投策的办法，分田用投钩的办法，并不是说投钩、投策的办法比人的智慧本身高明多少，是因为这样做可以排除私心杂念，堵塞怨恨。所以说，国君依法治理国家而不是以己之好恶来做决策，那么一切事情都可由法制来决断。国君依法治理国家，臣民就会各守其分，受到奖赏或惩罚也不会期望国君增加对自己的奖赏或减轻对自己的惩罚，因此臣民心里就不会产生怨恨，全国上下就会和睦相处。

君 臣

本篇依然阐述的是依法治国的思想。慎子主张，君主之于臣下，当以法制为标准而共同遵守，不能让私情影响对臣下的任免和赏罚，达到“官不私亲，法不遗爱”的程度。如此则君臣相安，上下无异心，国家必定太平。

为人君者不多听①，据法倚数②，以观得失。无法之言，不听于耳；无法之劳。不图③于功；无劳之亲，不任于官。官不私亲，法不遗爱，上下无事，唯法所在④。

注 释

①听：听从，接受。

②数：礼，规则。一说道理。

③图：谋划。

④“官不私亲”四句：滕辅曰：“法令者，生民之命。至治之令，天下之程式，万事之仪表，智者不得过，愚者不得不及焉。”官：任官。法：行法。

译 文

作为一国之国君，不要听信太多人的意见，要依据法制、规则来处理政事，观察得失。不符合法制的言论，不盲目听信；不符合法制的劳作．不算作功劳；没有功劳的亲友，不委任他们官职。任免官职不偏爱亲戚朋友，行赏论罚不遗漏所爱之人，上下相安无事，只有推行法制才办得到。

慎子逸文

慎子逸文流传复杂，各本数量不定，其真假学界亦难考定。此处以守山阁本为底本，综合各家意见，收入了可信度较高的慎子逸文共计五十条，个别字词加以校正。这些逸文散见于《艺文类聚》《太平御览》《意林》及诸子百家之书。

行海者，坐而至越，有舟也；行陆者，立而至秦，有车也。秦、越远途也，安坐而至者，械①也。（此段出自《白孔六帖》卷十一、《太平御览》卷七百六十八）

注　释

①械：器械，器物。

译　文

途经大海的人，坐着就能到达越国，是因为有船；途经陆地的人，站着就能到达秦国，是因为有车。到秦国和越国，路途遥远，却安坐着就能到达，都是倚仗器械的作用啊！

厝钧石①，使禹察锱铢之重②，则不识也。悬于权衡③，则牦发④之不可差，则不待⑤禹之智，中人之知，莫不足以识之矣。（此段出自《太平御览》卷八百三十，又《意林》节引）

注　释

①厝：通“措”，安置。钧：古代重量单位，合三十斤。

②使禹察锱铢之重：慎懋赏曰：“禹虽大智，无权衡则不能察多寡，况天下之大，民物之众，不以法制，岂能悉其情伪也。”锱铢：旧制锱为一两的四分之一，铢为一两的二十四分之一。比喻极其微小的数量。

③悬：揣测。此处指计量。权衡：古代称量物体轻重的器具。

④牦发：泛指兽尾。

⑤不待：不必，用不着。

译　文

安置数钧重的石头，让禹来识察锱铢细物的重量，他是无法做到的。但如果用权衡来称量，那么即使是兽尾那么重的小误差也不会出现，而且不需要禹那样的智者，中等智力的人，没有不能用权衡来识别重量的。

谚云：不聪不明，不能为王[1]；不瞽不聋，不能为公[2]。海与山争水，海必得之。（此段出自《意林》《太平御览》卷四百九十六）

注　释

①不聪不明，不能为王：此言为王者，当耳聪目明，具有超越常人的智慧。

②不瞽不聋，不能为公：此言为家公（媳妇的公公）者，必要的时候应该装瞎作聋，这样才能减少家庭矛盾，促进家庭和谐。瞽：目盲。

译 文

谚语有云：不聪不明，就不能为王；不盲不聋，就不能做家公。大海与大山争水，最多水必归于大海。

礼从俗[①]，政从上，使从君。国有贵贱之礼，无贤不肖之礼；有长幼之礼，无勇怯之礼；有亲疏之礼，无爱憎之礼也。（此段出自《艺文类聚》卷三十八、《太平御览》卷五百二十三）

注 释

①从：遵从。俗：指风俗，民间既成习惯。

译 文

讲究礼仪，要遵从民间的习惯；推行政令，要遵从上级的号令；出使他国，要遵从国君的旨意。国家有对待尊贵者和卑贱者的礼仪，没有对待贤者与不肖者的礼仪；有对待长者和幼者的礼仪，没有对待勇敢者和怯弱者的礼仪；有对待亲者和疏远者的礼仪，没有对待喜爱者和憎恨者的礼仪。

法之功，莫大使私不行；君之功，莫大使民不争。今立法而行私，是私与法争，其乱甚于无法；立君而尊贤，是贤与君争，其乱甚于无君[①]。故有道之国，法立则私议[②]不行，君立则贤者不尊。民一于君[③]，事断于法，是国之大道也。（此段出自《艺文类聚》卷五十四、《太平御览》卷六百三十八）

注释

①"立君而尊贤"三句：慎懋赏曰："君所以任贤，贤所以佐君。立君而尊贤，则尊有二上而政出多门，国必至于乱矣。"

②私议：或作"私义""私善"。

③一于君：指统一忠于国君，只尊崇国君。

译文

法律的功劳，莫大于使私情得不到推行；国君的功劳，莫大于使百姓不相争斗。如今颁立法令，行事却还徇私情，则是私情与法律相争，所导致的祸乱比没有法律时更甚；拥立了国君，却还尊崇贤人，则是贤人与国君相争，所导致的祸乱比没有国君时更严重。所以治理有道的国家，颁立了法令，个人私情就得不到推行；拥立了国君，就不会再尊崇贤者。百姓只一心忠于国君，凡事皆有法律决断，这才是治理国家的大道。

河之下龙门[1]，其流驶如竹箭，驷马[2]追弗能及。（此段出自《太平御览》卷四十）

注释

①龙门：黄河的咽喉，位于今陕西韩城北三十公里的黄河峡谷出口处。此处两面大山，黄河夹中，河宽不足四十米，河水奔腾破"门"而出，黄涛滚滚，一泻千里。传说这里就是大禹治水的地方，故又称禹门。

②驷马：四匹马拉的马车。此段言"借势"。

译文

穿过龙门的黄河水，奔流向前，速度之快犹如竹箭，就算驷马也追不上。

有权衡者，不可欺以轻重；有尺寸者，不可差以长短；有法度者，不可巧以诈伪[①]。（此段出自《意林》《太平御览》卷四百二十九）

注　释

①诈伪：弄虚作假。慎懋赏曰："三者执得其要，故人不能欺也。"

译　文

拥有权衡的人，不可能在轻重方面受到欺瞒；拥有尺寸的人，不可能在长短方面产生误差；掌握法度的人，任何人都不可能拿诈伪之术在他面前偷奸耍滑。

有虞[①]之诛，以幪巾当墨[②]，以草缨当劓[③]，以菲履当刖[④]，以艾韠当宫[⑤]，布衣无领当大辟[⑥]，此有虞之诛也。斩人肢体，凿其肌肤，谓之刑；画衣冠，异章服[⑦]，谓之戮。上世用戮而民不犯也，当世用刑而民不从。（此段出自《太平御览》卷六百四十五）

注　释

①有虞：上古部落名，舜为其首领。

②幪：覆盖。以巾蒙头，使其不能冠饰。墨：墨刑，又称黥刑、黥面，古代一种刑罚，在犯人的脸上或额头上刺字或图案，再染上墨，作为受刑人的标志。

③草：草青色。缨：帽缨。草青色的帽缨为凶冠，让犯人带

上以示羞辱。劓：古代割掉鼻子的一种刑罚。

④菲履：草或麻编成的鞋。刖：古代酷刑，砍掉脚。

⑤艾：斩艾，斩断。韠：蔽膝，古代一种遮蔽在身前的皮制服饰。宫：古代刑罚，割去男人的生殖器。

⑥大辟：古代刑罚，俗称砍头。

⑦章服：礼服。此指身上穿戴的衣冠。

译文

上古有虞氏部落的刑罚，用巾蒙盖犯人的头来代替墨刑，在犯人的冠帽上加上草青色的缨带来代替劓刑，让犯人穿草鞋来代替刖刑，斩掉犯人衣服上的蔽膝来代替宫刑，让犯人穿无领的衣服来代替大辟之刑，这就是有虞氏部落的刑罚。斩断人的肢体，凿刻人的肌肤，叫作刑；在衣冠上做标记，改变衣服的规制，叫作戮。上古时代用象征性的戮，而百姓不再犯罪；当今时代用伤人体肤的重刑，可百姓并没有遵从。

昔者，天子手能衣而宰夫[①]设服，足能行而相者[②]导进，口能言而行人[③]称辞，故无失言失礼也。（此段出自《太平御览》卷七十六）

注释

①宰夫：古代官员，掌管膳食。亦在祭祀时负责君主的礼服。

②相者：古代官员，祭祀时在前引导君主行进。

③行人：与宰夫、相者皆为祭祀时赞礼的官员，负责诵赞辞。亦掌管朝觐聘问之事。

译文

古时候，天子的手能穿衣服，却让宰父来为他选择礼服；脚能走路，却让相者在前面引导；口能言谈，却让行人诵赞辞，所以天子不会有失言或失礼的时候。

离朱[1]之明，察秋毫之末于百步之外，下于水尺，而不能见浅深。非目不明也，其势[2]难睹也。（此段出自《文选·演连珠注》《杨荆州诔注》《文艺类聚》卷十七、《太平御览》卷三百六十六）

注　释

①离朱：即离娄，黄帝时人，善视。

②势：指客观形势。

译　文

离朱的视力超群，能在百步之外看清鸟兽秋天新生的细毛，然而让他下水数尺，他则不能看清深浅。不是视力不够好，是客观形势让他根本无法看清。

尧让许由[1]，舜让善卷[2]，皆辞为天子，而退为匹夫。（此段出自《艺文类聚》卷二十一、《太平御览》卷四百二十四）

注　释

①许由：上古贤人，尧知其贤德，欲禅位于他。许由听说后，坚辞不就，洗耳于颍水，隐居山林。

②善卷：上古贤人，又称单卷相，舜知其贤德，欲禅位于他。善卷坚辞不受，归隐枉山。

译文

尧欲让位给许由，舜欲禅位给善卷，都是想放弃天子的尊位，甘愿隐退为平民。

折券契[①]，属符节[②]，贤不肖用之。物以此得，而不[③]托于信也。（此段出自《太平御览》卷四百三十）

注释

①折：辨认。券契：古代属于契约性质的文书。

②属：合。符节：中国古代朝廷传达命令、征调兵将以及用于各项事务的一种凭证。用金、铜、玉、角、竹、木、铅等不同原料制成。用时双方各执一半，合之以验真假，如兵符、虎符等。

③不：疑为衍文。

译文

辨认契券，对合符节，不管是贤者还是不肖者都可以用此法来建立信用。契券和符节这两种物体也因此成为信用的象征。

鲁庄公[①]铸大钟，曹刿[②]入见曰："今国褊小[③]而钟大，君何不图之？"（此段出自《初学记》卷十六、《太平御览》卷五百七十五）

注释

①鲁庄公：春秋时鲁国国君，姬姓，名同。

②曹刿：春秋时鲁国大夫。

③褊小：狭小。

译文

鲁庄公铸造了一口大钟，曹刿拜见说："如今鲁国地域狭小，钟却很大，国君何不好好考虑这件事？"

公输子[1]，巧用材也，不能以檀为瑟。（此段出自《太平御览》卷五百七十六）

注释

①公输子：即公输班，公输氏，名班，又称公输盘。因是鲁国人，故惯称鲁班。鲁班是春秋时期著名巧匠，木匠的祖师，他的发明包括锯子、曲尺、墨斗、云梯等。

译文

公输子，善于使用各种木材，却不能用檀木来制瑟。

孔子[1]曰："邱少而好学，晚而闻道，以此博矣。"（此段出自《太平御览》卷六百七十）

注释

①孔子：名丘（邱），字仲尼，春秋末期鲁国人，著名思想家、教育家。

译文

孔子说："我少年时好学，晚年时闻道，因此博学。"

孔子云：有虞氏不赏不罚，夏后氏[1]赏而不罚，殷人罚

而不赏，周人赏且[②]罚。罚，禁也；赏，使也。（此段出自《太平御览》卷六百三十三）

注　释

①夏后氏：即夏王，夏朝的国君。

②且：并且，又。

译　文

孔子说：上古有虞氏部落对百姓不奖赏，也不惩罚；夏朝时对百姓只奖赏，却不惩罚；商朝时对百姓只惩罚，而不奖赏；周朝时对百姓既奖赏，也惩罚。惩罚，是为了禁止百姓的奸邪之行；奖赏，是为了更好地任使百姓。

今之重锱铢，役千仞之水[①]，穷泥于[②]后止，势然也。吴舟之重，错[③]之千钧，入水则浮，（非）轻于锱铢[④]，则势浮之也。（此段出自《北堂书钞》卷一百三十七）

注　释

①役：疑为"投"字之讹。千仞：形容极高或极深。古以八尺为仞。

②于：疑为"然"字之讹。

③错：通"措"，安置。

④（非）轻于锱铢：本无"非"字，据文意加。

译　文

如今将一块锱铢重的小东西投入千仞深的水中，必定下沉，至水底泥沙然后止。这是形势使然。吴国的舟船很重，再放上千钧的重物，放到水中却能浮起来，不是千钧轻而锱铢重，是客观形势使它浮起来的。

燕鼎之重乎千钧，乘于吴舟，则可以济[1]，所托者浮道也。（此段出自《太平御览》卷七百六十八）

注　释

①济：渡过。

译　文

燕国大鼎重达千钧，放在吴国的船上，便可以渡河，那是因为它所依托的是可以浮在水面上的船。

君臣之间，犹权衡也。权左橛则右重[1]，右重则左橛[2]。轻重迭相橛，天地之理也。（此段出自《太平御览》卷八百三十）

注　释

①权：指秤锤。橛：原作"轻"，据《太平御览》本改。左橛：指秤锤在秤杆上向左移动一小段。橛：木之一小段曰橛。

②右重则左橛：此句与前文重合，疑当作"左重则右橛"。橛：《太平御览》本作"析"。

译　文

君臣之间，好比有一副权衡。秤锤在秤杆上往左移动则表明右边重，左边重的话秤锤就会往右移动。随着轻重的变换，秤锤交替左右移动，这是天地之间的常理。

饮过度者生水，食过度者生贪。（此段出自《太平御览》卷八百四十九）

译　文

饮水过度体内就多水，吃东西过度体内就多食。

故治国无其法则乱，守法而不变则衰，有法而行私，谓之不法。以力役法者，百姓也；以死守法者，有司也；以道变法者，君长也①。

注　释

①“以力役法者”六句：慎懋赏曰：“百姓畏法，故可驱而使也；有司执法而事治，而百姓安也；随时变法而不失其道，人君之所以宰制兆民也。”役法：服从法令。有司：主管某部门的官吏。古代设官分职，各有专司，故称“有司”。

译　文

所以说，治理国家没有法律，就会发生动乱；遵守法律而一成不变，国家就会衰落；有法律存在，行事却徇私，这叫作不法。以自身行为来服从法律，这是百姓；以生命来遵守法律，这是官员；以大道来变通法律，这是君长。

今一兔走，百人逐之，非一兔足为百人分也，由①未定。由未定，尧且屈力②，而况众人乎？积兔满市，行者不顾，非不欲兔也，分[3]已定矣。分已定，人虽鄙，不争。故治天下及国，在乎分定而已矣。（此段出自《吕氏春秋·慎势篇》《后汉书·袁绍传注》）

注 释

①由：归属，所有权。

②屈力：指有所隐藏，不尽全力。

③分：名分。

译 文

如今有一只野兔奔窜，上百个人争相追逐，并不是一只兔子够一百个人分，是因为野兔的归属未定。当帝位归属未定时，尧这样的贤人尚且有所隐藏，更何况是平凡众人呢？聚集的野兔在集市上随处可见，但经过的人却不会回头，并不是不想要野兔，是因为野兔的归属已经定下了。事物的归属已定，即使是鄙薄无知的人，也不会再去争。所以治理天下和国家，关键在于早定名分。

匠人知为门[1]，能以门，所以不知门也。故必杜[2]，然后能门。（此段出自《淮南子·道应训》，又《文子·精诚》有文与此相似）

注 释

①匠人知为门：此段出自《淮南子·道应训》，文字当有缺。《文子·精诚》曰："匠人智为门，不能以时闭，不知门也，故必杜而后开。"《文子》内容亦似有错讹。其意当指门以开闭为用，若匠人能开而不能闭，则终不知为门之要也。

②杜：关。

译　文

匠人的智慧使他能设计门，也能根据设计制造出来，但还不知道实际安装上去能不能用。匠人只有在安装上门之后，门能成功闭合上，并起到防盗作用，才能说他会造门。

劲而害能，则乱也；云能而害无能，则乱也。（此段出自《荀子·非十二子篇》注）

译　文

强者与能者相争，则国家动乱；能者与无能之辈相争，国家也会动乱。

弃道术[①]，舍度量，以求一人之识识天下，谁子之识能足焉？（此段出自《荀子·王霸篇》注）

注　释

①道术：此指辅助行事的各种权谋、方法。

译　文

放弃各种道理权术，舍去各种度量衡，希望以一人的智慧与见识来认识天下，那么有哪个人的智慧与见识能达到这种程度呢？

多贤不可以多君，无贤不可以无君。（此段出自《荀子·解蔽篇》注）

译 文

国家可以多贤才，但不能多国君；国家可以无贤才，但不能无国君。

匠人成棺，不憎人死，利之所在，忘其丑[①]也。（《意林》，又《太平御览》卷五百五十一引，文字略有不同）

注 释

①丑：此指可耻，不合礼法。一说指同类。慎懋赏曰："溺于其利，则无伤其类之心，故术不可不慎也。"

译 文

木匠制作棺材谋利，所以不憎恶人死，这是利益所在，但他竟忘了这种思想是可耻的。

兽伏就秽[①]。（此段出自《文选·西都赋》注）

注 释

①就：靠近，进入。秽：杂草丛生之地。

译 文

野兽蛰伏就会进入杂草之中。

夫德精微而不见，聪明而不发[①]，是故外物不累其内。

（此段出自《文选·沈约<游沈道士馆诗>》注、嵇康《养生论》注、《周易述》卷十二）

注释

①发：显露，表现。

译文

道德精深微妙之人不表现出来，他们的聪明不会显露，因此外物不会牵累他们的内在。

夫道，所以使贤，无奈不肖何[①]也；所以使智，无奈愚何也。若此，则谓之道胜矣。（此段出自《文选·张协<杂诗>》注）

注释

①无奈……何：对某人或某事没有处理办法。

译文

道术，可以驾驭贤者，对不肖者却无可奈何；可以驾驭智者，对愚者却无可奈何。像这样，可称作道术之优越了。

道胜则名不彰。（此段出自《文选·张协<杂诗>》注）

译文

道术优越，个人的声名不会显扬。

趋事[①]之有司，贱也。（此段出自《文选·谢朓<始出尚书省诗>》注）

注　释

①趋事：办事。一说侍奉。

译　文

具体办事的相关官员，是卑下的。

臣下闭口，左右结舌。（此段出自《文选·陆机<谢平原内史表>》注）

译　文

明君能使臣下和左右之人都闭口不言，没有可劝谏的。

久处无过之地，则世俗听[①]矣。（此段出自《文选·吴质<答魏太子笺>》注）

注　释

①听：了解。一说指治理；一说指接纳；一说指顺从。

译　文

长久地处于没有过失的境地，则世俗之情了然于心。

昔周室之衰也，厉王①扰乱天下，诸侯力政，人欲独行以相兼。（此段出自《文选·东方朔<答客难>》注）

注释

①厉王：即周厉王，姬姓，名胡。在位期间，任用荣夷公搜刮财富，推行暴政。致使国人暴动，袭击周厉王，周厉王逃到彘地（今山西霍县东北），最终死于彘地。

译文

从前周室衰亡，都是因为周厉王扰乱天下，致使诸侯各霸一方，干预朝政，人人皆欲各自为政，兼并对方。

众之胜寡，必也。（《此段出自文选·潘岳<夏侯常侍诔>》注）

译文

多数胜过少数，这是必然的。

《诗》，往志①也；《书》，往诰②也；《春秋》③，往事也。（此段出自《意林》，又《经义考》）

注释

①志：志向和决心。《尚书·舜典》：“诗言志，歌永言。”慎懋赏曰：“诗者，志之所以也，在心为志，发言为诗。”

②诰：诰命，朝廷颁布的命令。慎懋赏曰："二帝之迹，三王之义，明天下情，故曰诰。"

③《春秋》：春秋时期鲁国史书。

译　文

《诗经》，记载的是过往先人的志向；《尚书》，记载的是过往先人的诰命；《春秋》，记载的是过往先人的事迹。

两贵不相事，两贱不相使。（此段出自《意林》）

译　文

两个地位都尊贵的人不互相侍奉，两个地位都卑贱的人不互相使唤。

家富则疏族聚，家贫则兄弟离，非不相爱，利不足相容也。（此段出自《意林》）

译　文

家庭富贵，则疏远的亲族也会聚集；家庭贫穷，则兄弟至亲也会离散，并非亲人间不相爱，是利益不足以使他们相容。

藏甲之国，必有兵遁[①]。市人可驱而战[②]。安国之兵，不由忿起[③]。（此段出自《意林》）

注 释

①遁：疑当作“道”。一说当作“楯”，即盾。

②市人可驱而战：慎懋赏曰：“《三略》曰：‘人主深晓中略，能御将统众，则有兵遁者，虽驱市人而战，无不胜也’。”

③安国之兵，不由忿起：慎懋赏曰：“兵起，非可以私忿也，见其可胜则兴，见其不可胜则止，不敢轻用兵以危其国也。”

译 文

收藏有战甲的国家，必定有兴兵的原则。有了原则，那么君主即使是驱使集市上的人去战斗，也会获得胜利。安定国家的兵，不可由个人私忿而起。

苍颉在庖牺之前[①]。（此段出自《尚书·序疏》）

注 释

①苍颉：即仓颉，《说文解字》载其为黄帝时造字的左史官，见鸟兽的足迹受启发，分类别异，加以搜集、整理和使用，在汉字创造的过程中起了重要作用，被尊为“造字圣人”。庖牺：即伏羲，风姓，又写作宓羲、包牺、伏戏，亦称牺皇、皇羲、伏牺。上古帝王，相传他始创八卦，教民捕鱼畜牧。

译 文

苍颉所处的时代在庖牺之前。

为毳[①]者，患涂[②]之泥也。（此段出自《尚书·益稷疏》）

注　释

①毳：通“橇”，在泥路上行走时的用具。此指以板置泥上通行。

②涂：通“途”。

译　文

行路使用橇这种用具，是因为担心路上的泥渍弄脏衣服。

昼无事者夜不梦。（此段出自《云笈七签》卷三十二）

译　文

白天无所事事的人，夜里不会做梦。

田骈名广[①]。（此段出自《庄子·天下篇》释文）

注　释

①田骈：又称田广，一名陈骈，战国时期齐国人，思想家，本学黄老，借道明法，与慎到齐名。曾讲学于稷下，有辩才。著有《田子》。

译　文

田骈名叫广。

有勇不以怒，反与怯均也。

译　文

有勇气而不以发怒表现出来，则反与怯弱相似了。

小人食于力，君子食于道[①]。（此段出自《意林》及《太平御览》卷八百四十九）

注　释

①“小人食于力”两句：慎懋赏曰：“劳力者治于人，劳心者治人。治于人者食人，治人者食于人。”小人：西周、春秋时对被统治的劳动者的称谓。君子：西周、春秋时对规则的统称。春秋末年以后，“君子”与“小人”遂成为有德者和无德者的称谓。食：吃饭，谋生。

译　文

小人靠劳力谋生，君子凭道术谋生。

治水者，茨防决塞[①]。虽在夷貊[②]，相似如一，学之于水，不学之于禹也[③]。（此段出自《列子·汤问篇》张湛注、《升庵外集》卷六、《绎史》卷一百一十九）

注　释

①茨防决塞：慎懋赏曰：“茨防，即今黄河之埽。决塞者，塞河之决也。”埽：治河时用来护堤堵口的器材，用树枝、秫秸、石头等捆扎而成。

②夷貊：古代对东方和北方民族的称呼。亦泛指各少数民族。

③学之于水，不学之于禹也：慎懋赏曰："法可制而不必有所因，犹水可塞而不必学之禹也。"

译 文

治水的人，用茅草来堵塞河道的缺口。即使在边远少数民族地区，方法也相似如一，这种方法是从水的特性学来的，不是跟善治水的禹学的。

桀纣之有天下也，四海之内皆乱，关龙逢、王子比干不与焉[①]。而谓之皆乱，其乱者众也。尧舜之有天下也，四海之内皆治，而丹朱、商均不与焉[②]。而谓之皆治，其治者众也。（此段出自《长短经·势运篇》注）

注 释

①关龙逢：夏朝末年贤臣，夏桀无道，关龙逢极谏，桀因而杀之。王子比干：商朝末年贤臣，纣王叔伯父（一说庶兄）。纣王淫乱，比干犯颜强谏，纣王大怒，剖其心。

②丹朱：尧之子。尧因丹朱不肖，禅位于舜。商均：舜之子。舜以商均不肖，传位于禹。

译 文

夏桀、商纣拥有天下时，四海之内皆乱，但贤臣关龙逢、王子比干不追随他们。之所以称皆乱，是因为动乱的人太多了。尧、舜拥有天下时，四海之内皆治，但丹朱、商均这两个不孝之徒却不追随他们。之所以称皆治，是因为得到治理的地方太多了。

世高[1]节士。（此段出自《文选·卢谌<赠刘琨诗>》注）

注释

①高：尊崇，推崇。

译文

世人都尊崇有气节的士人。

甘寝。（此段出自《文选·蔡邕<陈太丘碑文>》注）

译文

安寝。

慎子逸文存疑

除了前面所收录的五十条逸文，还有不少真实性存疑的慎子逸文，其中守山阁本中就有十六条。此处收录这十六条逸文，再加上其他辑本中的数条，共计十九条逸文。

君明臣直，国之福也；父慈子孝，夫信妻贞，家之福也。故比干忠而不能存殷，申生[①]孝而不能安晋，是皆有忠臣孝子而国家灭乱者，何也？无明君贤父以听之。（此段出自守山阁本，又见于《战国策·秦策三》）

注　释

①中生：春秋时期晋献公太子，献公夫人齐姜所生。后献公宠爱骊姬，欲立骊姬之子奚齐为继承人，加之骊姬的挑拨陷害，太子申生最终自缢而死。

译　文

国君贤明，臣下忠直，是国家的福分；父亲慈爱，子女孝顺、丈夫守信，妻子贞节，是家庭的福分。比干虽忠诚却不能保全商朝，申生孝顺却不能安定晋国，这都是有忠臣孝子却导致国家败乱灭亡的，为什么呢？是因为没有明君和贤父听从他们。

王者有易政而无易国，有易君而无易民。汤武非得伯夷之民以治[1]，桀纣非得跖蹻[2]之民以乱也。民之治乱在于上，国之安危在于政。（此段出自守山阁本，又见于慎懋赏本《内篇》，亦见于贾谊《新书·大政下》）

注释

①汤：指商朝开国君主成汤。武：指周朝开国君主周武王。伯夷：炎帝神农氏第十四世孙，姜姓。帝尧时，伯夷辅政，掌管礼仪。帝舜时伯夷为秩宗。禹代行天子政时，伯夷尽心辅弼，曾助禹治水。

②跖蹻：盗跖和庄蹻，古代传说中的两个大盗。慎懋赏曰："汤武与桀纣之民一也。在汤武则治，在桀纣则乱，非民之善恶不同，上之政治使然也。"

译文

为君王者，可以改变政令，但无法更换所统治的国家；国君可能改变，但百姓却无法更换。成汤、周武王不是得到伯夷的民众才使国家安定的，夏桀、商纣不是得到盗跖、庄蹻的部属才使国家大乱的。百姓安定或动乱，关键在于国君；国家安全或稳定，关键在于政令。

夏箴[1]曰：小人无兼年[2]之食，遇天饥，妻子非其有也；大夫无兼年之食，遇天饥，臣妾舆马非其有也。戒之哉！（此段出自守山阁本，又见于《逸周书·文传解第二十五》）

注释

①箴：规劝的言论。

②兼年：两年或两年以上。

译文

夏朝有箴言说：平民若没有两年的粮食储蓄，遇到天灾饥荒，他的妻子儿女就不属于自己所有了；大夫若没有两年的粮食储蓄，遇到天灾饥荒，他的臣妾车马就不属于自己所有了！要引以为戒啊！

与[①]天下于人，大事也，煦[②]煦者以为惠，而尧、舜无德色[③]；取天下于人，大嫌也，洁洁者以为污，而汤、武无愧容。惟其义也。（此段出自守山阁本，又见于慎懋赏本《内篇》）

注释

①与：付与，交给。

②煦：恩惠。

③德色：自以为对别人有恩德而流露出来的神色。

译文

将天下交给他人，是一件重大的事，寻常施惠者觉得这是恩惠，但尧、舜欲禅位他人时，都没有施德之色；夺取他人的天下，是一件令人大为嫌恶的事，自诩清白者觉得这是羞耻，但商汤、周武王灭亡夏朝、商朝时，都没有惭愧之容。只是因为他们的行为都符合道义。

日月为天下眼目，人不知德[①]；山川为天下衣食，人不能感[②]。（此段出自守山阁本，《太平御览》卷三以此四句为

《任子》文）

注　释

①德：感恩。

②感：《太平御览》作“谢”。

译　文

日月照亮人间，可谓天下的眼睛，但人却不知道感恩；山川产出万物，供给天下衣食，但人却不知道感谢。

先王之训也。故常欲耕而食天下之人矣，然一身之耕，分诸天下，不能人得一升粟，其不能饱可知也；欲织而衣天下之人矣，然一身之织，分诸天下，不能人得尺布，其不能暖可知也。故以为不若诵[1]先王之道而求其说，通圣人之言而究其旨，上说王公大人，次匹夫徒步之士[2]。王公大人用吾言，国必治；匹夫徒步之士用吾言，行必修。虽不耕而食饥，不织而衣寒，功贤于[3]耕而食之，织而衣之者也。（此段出自守山阁本，又见于《墨子·鲁问篇》）

注　释

①诵：诉说，陈述。

②匹夫：平民男子。徒步：古代平民出门无车，因而以此代称平民。

③贤于：胜过。

译　文

先王的训诫。常希望以耕作来养活天下的人，然而一人努力耕作所得，分给天下人，每人还不能得到一升粟，不能让天下挨饿的人都吃饱，这是显而易见的；希望以织布来给天下人衣服穿，然而一人努力织布所得，分给天下人，每人还不能得到一尺布，不能让天下受冻的人都得到温暖，这也是显而易见的。所以我认为不如去传诵先王的道术，研究他们的学说，理通他们的言论，考察他们的旨意，对上劝说王公大人，其次是平民百姓。王公大人采用我的言论，国家一定会得到治理；平民百姓采用我的言论，品行一定会得到修养。那样即使不去耕作让挨饿的人吃饱，不去织布让受冻的人穿暖，功劳也比耕作让挨饿的人吃饱，织布让受冻的人穿暖更大。

法非从天下，非从地出，发于人间，合乎人心而已。

（此段出自守山阁本，又见于《文子·上义》）

译　文

法律，不是从天上降下的，不是从地下生出的，它只是根据百姓的实际情况而形成，符合百姓的心愿而已。

古之全大体者，望天地，观江海，因山谷，日月所照，四时所行，云布风动。不以智累心，不以私累己。寄治乱于法术，托是非于赏罚，属轻重于权衡。不逆天理，不伤情性，不吹毛而求小疵，不洗垢而察难知。不引绳[①]之外，不推绳之内，不急法之外，不缓法之内。守成理，因自然。祸福生乎道法，而不出乎爱恶。荣辱之责在乎己，而不在乎人。故至安之世，法如朝露，纯朴不欺，心无结怨，口无烦言。故车马不弊于远路，旌旗不乱于大泽，万民不失命于寇戎[2]，豪杰不著名于图书[3]。不录功于盘盂[4]，记年之牒空虚。故曰：利莫长于简，福莫久于安。（此段出自守山阁本，又见于《韩非子·大体》，文字略有不同）

注释

①绳：规则，法律。

②寇戎：指敌军。

③图书：指史籍。慎懋赏曰："所谓英雄无用武之地，无事可载也。"

④盘盂：圆盘与方盂的并称。用于盛物。古代亦于其上刻文记功或自励。

译文

古代顾全大局的人，能瞭望天地，能观察江海，能顺应山谷地势、日月光照、四季运行、云层分布、风向变动。他们不让智慧扰乱心志，不让私利拖累自身。他们把治理混乱寄托在法律道术上，把是非曲直寄托在赏罚上，把物体轻重托付于权衡上。他们不违反自然的规律，不伤害人的本性；不吹毛求疵，不洗净脏垢而去察看难以知晓的底细。他们不引用法律之外的东西，不在准则之内找准则，不着急法律之外的事，不拖拉法律之内的事。他们遵循既定法则，因循客观自然。灾祸与幸福的产生是由于自然法则，而不是因为人的爱好和憎恶。光荣与耻辱的责任在于自己而不在于别人。所以非常安全的社会，法律就像早晨的露水，纯洁质朴而不欺瞒，人们心里没有积怨，嘴里没有牢骚怪话。所以战车军马不会畏惧远路，战旗不会在辽阔的沼泽里错乱，百姓不会丧命于敌寇之手，豪俊杰士不会留名于青史。不会在青铜器上记录功劳，记载大事的史册也是空的。所以说，没有什么比简朴更有利的了，没有什么比安定更有福气的了。

鹰，善击[①]也，然日击之，则疲而无全翼矣；骥[②]，善驰也，然日驰之，则蹶[③]而无全蹄矣。（此段出自守山阁本）

注　释

①击：翱翔，飞翔。

②骥：一种能日行千里的良马。

③蹶：跌倒，倒下。

译　文

鹰善于翱翔，然而如果每日都翱翔，那么鹰就会疲劳，甚至连翅膀都不能保全了；千里马善于奔驰，然而如果每日都奔驰，那么千里马就会跌倒，甚至连蹄足都不能保全了。

能辞万钟之禄于朝陛[①]，不能不拾一金于无人之地；能谨百节之礼于庙宇，不能不弛[②]一容于独居之余。盖人情每狎[③]于所私故也。（此段出自守山阁本，又见于慎懋赏本《外篇》）

注　释

①朝陛：即朝廷。陛：宫殿的台阶。

②弛：松弛，懈怠。

③狎：指态度暧昧而不庄重。慎懋赏曰："小人之情常致谨于人所共见之地，而放失于隐微幽暗之中，是以君子必慎其独也。"

译　文

人们能在朝廷上辞去万钟的俸禄，然而在无人的地方，不可能不会捡起一金这样的小钱；人们在庙宇里能谨遵各种礼节，然而在独居的时候，不可能不会有懈怠的容色。大概人之常情就是习惯于私下放纵。

不肖者不自谓不肖也，而不肖见于行，虽自谓贤，人犹谓之不肖也；愚者不自谓愚也，而愚见于言，虽自谓智，人犹谓之愚。（此段出自守山阁本，又见于《鬻子》）

译　文

不肖者不会自称不肖，但他的行为表现出不肖，即使自称贤能，旁人仍会称他不肖；愚笨者不会自称愚笨，但他的言语表现出愚笨，即使自称智慧，旁人仍会称他愚笨。

法者，所以齐①天下之动，至公②大定之制也。故智者不得越法而肆③谋，辩者不得越法而肆议，士不得背法而有名，臣不得背法而有功。我喜可抑，我忿可窒④，我法不可离也；骨肉可刑，亲戚可灭，至法不可阙⑤也。（此段出自守山阁本，亦见于慎懋赏本《外篇》）

注　释

①齐：整治，整齐划一。

②至公：最公正。

③肆：进献，提出。

④窒：阻塞不通，此指按捺，克制。

⑤阙：缺失，违背。

译文

法律，是用来整治天下人行动的最公正、最稳定的制度。所以智者不能逾越法律再进献谋略，辩士不能逾越法律而枉议是非，士人不能有背离法律的名声，臣子不能背离法律而擅谋功绩。个人的喜好可以抑制，个人的愤怒可以按捺，但法律绝不可违背；骨肉违法可以施刑，亲戚违法可以诛杀，但至高无上的法律不可有任何缺失。

善为国者，移谋身之心而谋国，移富国之术而富民，移保子孙之志而保治，移求爵禄之意而求义，则不劳而化理[①]成矣。（此段出自守山阁本，亦见于慎懋赏本《外篇》）

注释

①化理：教化治理。

译文

善于治理国家的人，将为己身谋划之心移到为国谋划上，将使国家富裕的方法移到使百姓富裕上，将庇护子孙之追求移到庇护国家治理上，将求取爵禄的心意移到求取道义上，那样不须过度劳累，教化治理就自然而成。

始吾未生之时，焉知生之为乐也？今吾未死，又焉知死之为不乐也？故生不足以使之，利何足以动之？死不足以禁之，害何足以恐之？明于死生之分，达于利害之变。是以目观玉辂琬象之状[①]，耳听白雪清角之声[②]，不能以乱其神；登千仞之溪，临猿眩[3]之岸，不足以淆其知[4]。夫如是，身可以杀，生可以无，仁可以成。（此段出自守山阁本，又见于《淮南子·俶真训》）

注释

①玉辂：古代帝王所乘之车，以玉为饰。琬象：美玉和象牙。琬：没有棱角的圭。

②白雪：古代著名琴曲，相传为师旷所奏。清角：传说中黄帝在西泰山会合天下鬼神时所作乐曲。

③猿眩：使猿猴目眩。形容山崖险峻。

④淆其知：《淮南子·俶真训》作“滑其和”。滑：滑乱，扰乱。和：天和。

译文

当初我们还未出生时，怎会知道活着是一种快乐？如今我们还未死亡时，又怎么会知道死亡不是一种快乐？因此生存不足以驱使我们去拼搏，利欲又怎么能打动我们呢？死亡不能禁止，祸害又怎么能使我们恐惧呢？明确了死生的分别，通晓了利害的变化。所以眼睛看到玉辂、琬圭和象牙的形状，耳朵听到美妙的《白雪》《清角》的音乐，也不能祸乱我们的心神；登临千仞深的溪谷，面对着使猿猴头晕的山崖，也不能混淆我们的心智。如果能做到这样，身体可以被杀害，生命也可以没有，但仁义的思想境界就可以达到。

鸟飞于空，鱼游于渊，非术也。故为鸟为鱼者，亦不自知其能飞能游。苟知之，立心[1]以为之，则必堕必溺。犹人之足驰手捉，耳听目视，当其驰、捉、听、视之际，应机[2]自至，又不待思而施之也。苟须思之而后可施之，则疲矣。

是以任自然者久，得其常者济[3]。（此段出自守山阁本，又见于《无能子·真修》）

注　释

①立心：立下心愿，用心。
②应机：顺应时机，随机应变。
③济：成功，成就。

译　文

鸟在天空飞翔，鱼在深渊遨游，并没有运用某种道术，而是出于自然本性。所以飞鸟、游鱼本身，并不知道自己能飞能游。如果知道，用心刻意为之，则必定从天上堕落，在水中溺亡。就好比人用脚奔驰，用手捕捉，用耳听声，用眼视物，当人奔驰、捕捉、听声、视物之时，只是顺应时机而自然地施展这些方面的能力，并非等待思索之后再去施展。如必须等到思考之后再去施展，人就太疲惫了。所以说，听任自然者可得长久，顺应常态者可得成功。

周成王问鬻子曰[1]："寡人闻圣人在上位，使民富且寿。若夫富，则可为也；若夫寿，则在天乎？"鬻子对曰："夫圣王在上位，天下无军兵之事，故诸侯不私相攻，而民不私相斗也，则民得尽一生矣。圣王在上，则君积于[2]德化，而民积于用力，故妇人为其所衣，丈夫为其所食，则民无冻饿，民得二生矣。圣人在上，则君积于仁，吏积于爱，民积于顺，则刑罚废而无夭遏[3]之诛，民则得三生矣。圣王在上，则使人有时[4]，而用之有节，则民无疠疾[5]，民得四生矣。（此段出自守山阁本，又见于贾谊《新书·修政语下》，文

字略有不同）

注　释

①周成王：姬姓，名诵，周武王之子，西周第二位君主。鬻子：史称鬻熊，商末周初人，楚国先祖，曾为武王、成王师，已知最早的道家人物之一。有《鬻子》22篇。

②积于：致力于。

③夭遏：夭折，早亡。

④有时：按照时节，指国君驱使百姓从事劳役不会耽误农时。

⑤疠疾：流行性传染病，即麻风病。

译　文

周成王问鬻子："寡人听说，圣人处于上位，能使百姓富裕且长寿。使百姓富裕，是可以做到的；可使百姓长寿，恐怕是在于上天了吧？"鬻子回答说："圣王处于上位，天下不会有战事，诸侯不会私相攻伐，百姓不会私相争斗，则百姓可安然度过一生。圣王处于上位，国君致力于德治教化，百姓致力于勤勉盛产，妇人纺织制作衣服，丈夫耕作获得粮食，则百姓不会受冻挨饿，就好像得到了第二次生命。圣人处于上位，国君致力于行仁，官吏致力于博爱，百姓致力于顺从，则刑罚废弛不用，不会有人因受死刑而夭折，就好像得到了第三次生命。圣人处于上位，驱使百姓从事劳役不会耽误生产时间，使用民力而有所节制，则百姓不会生疫病，就好像得到了第四次生命。"

尹文子[①]言曰："齐有黄公者，二女皆国色[②]。以其美也，常谦辞毁之为丑恶。丑恶之名远布，而一国之人，无欲聘者。"（此段出自说郛本，《艺文类聚》卷十八、《太平御览》卷三百八十一俱引作《尹文子》文）

注　释

①尹文子：战国时期齐国人，著名哲学家，“宋尹”学派始祖，其思想特征以道家为主，兼儒墨合于自身道法，广收并纳各派学说。著有《尹文子》一书。

②国色：指有绝顶出众的美貌、冠绝一国的女子。

译　文

尹文子曾说：“齐国有个叫黄公的人，他的两个女儿都有冠绝一国的姣好容貌。因为她们很美，黄公就常以谦辞贬低两个女儿称其丑恶不堪。于是这样的名声传得很远，以至于全国都没有想来聘娶黄公两个女儿的人。”

人生一世，如露之托桐叶，其能几何。（此段出自说郛本，《后汉书·王符传》注、《太平御览》卷十一俱引作《苏子》文）

译　文

人生一世，就好比露水附着于桐叶之上，又能有多少光阴可度呢？

子读《易》至《损》《益》[①]，喟然叹曰：“或欲利之，适足以害之。或欲害之，适足以利之。利害之反，祸福之门户，不可不察。”（此段出自《逸语》卷八，又见于《淮南子·人间训》）

注　释

①子：指孔子。《损》《益》：《周易·系辞下》："《损》，德之修也。《益》，德之裕也。"

译　文

孔子读《周易》至《损》《益》时，叹息道："有的人认为对自己有利的，恰好完全对自己有害；有的人认为对自己有害，却反而对自己有利。利害之间的反复变化，祸福的门径，不能不考察清楚。"

邓析子

无厚篇

天于人无厚也，君于民无厚也，父于子无厚也，兄于弟无厚也。何以言之？天不能屏勃厉①之气，全夭折之人②，使为善之民必寿，此于民无厚也。凡民有穿窬③为盗者，有诈伪相迷者，皆生于不足④，起于贫穷，而君必执法诛之，此于民无厚也。尧、舜位为天子，而丹朱、商均为布衣⑤，此于子无厚也。周公诛管、蔡⑥，此于弟无厚也。推而言之，何厚之有？

注 释

①勃厉：因天时不和而引起的疾疫。勃：通“悖”。

②全夭折之人：《指海》本作“令夭折之人更生”，今据明初刊本、《百子全书》本改。

③穿窬（yú）：指翻墙头或钻墙洞的盗窃行为。窬：从墙上爬过去。

④不足：指生计困难，不能自足。

⑤丹朱：尧之子。商均：舜之子。

⑥周公诛管、蔡：《指海》本无此句及下句“此于弟无厚也”，显系脱漏，今据明初刊本、《百子全书》本补。管、蔡：管叔和蔡叔，皆周文王之子，周武王之弟。周武王灭商后，将商王畿分为三部分，交给管叔、蔡叔和霍叔监管，史称“三监”。周武王死后，周公旦摄政辅佐年幼的周成王，管叔、蔡叔不服，与商纣王之子武庚及东方夷族发动叛乱。周公旦东征平叛，杀死管叔，放逐了蔡叔。

译　文

上天对世人无意厚待，国君对百姓无意厚待，父亲对子女无意厚待，兄长对弟弟无意厚待。为什么这么说呢？上天不能摈除瘟疫，保全那些夭折的人，使行善的人必定长寿，由此可见上天对世人无意厚待。百姓中有凿壁穿墙为盗者，有巧言欺诈、作假蒙骗他人者，这些人之所以干不法之事，都因为生计不足，家境贫穷，但国君必定依法对他们施以刑罚，由此可见国君对百姓无意厚待。尧、舜高居天子之位，而他们的儿子丹朱、商均都是布衣平民，由此可见父亲对子女无意厚待。周公旦诛戮管叔、蔡叔，由此可见兄长对弟弟无意厚待。推而言之，哪里有什么厚待可说？

循名责实①，君之事也；奉法宣令，臣之职也。下不得自擅，上操其柄而不理②者，未之有也。君有三累，臣有四责。何谓三累③？唯亲所信，一累也④；以名取士，二累也；近故疏亲⑤，三累也。何谓四责？受重赏而无功，一责也；居大位而不治，二责也；为理官而不平⑥，三责也；御军阵而奔北⑦，四责也。君无三累，臣无四责，可以安国。

注　释

①循名责实：依据名所指示的事物的实质，责求实际存在的事物与之相符。循：依照，依据。责：责求，寻求。

②理：得到治理。

③累：过失。

④一累也：明初刊本、《百子全书》本等世传本此句俱无“也”字，《指海》本据《太平御览》补。下文“二累”“三累”“一责”“二责”“三责”“四责”等句，明初刊本、《百子全书》本等亦均无

"也"字，亦皆由《指海》本据《太平御览》补。

⑤近故疏亲：明初刊本、《百子全书》本、《指海》本等此句皆作"近故亲疏"，今据《意林》改。亲：通"新"，指新人。

⑥为理官而不平：明初刊本、《百子全书》本等此句均无"为"字，《指海》本据《意林》补。理官：治狱之官，审理诉讼案件之官。

⑦御：统御，率领。奔北：败逃。

译文

依据名所指示的事物的实质，责求实际存在的事物与之相符，这是国君的分内之事；奉行法度，宣布政令，是臣子的应尽职责。臣下不得擅自做主，君上操持权柄，国家却不能得到治理，这样的事不会发生。国君有三点过失，臣子有四种罪责。什么是三点过失？只信任亲近自己的人，是第一点过失；依据名望选拔官吏，是第二点过失；亲近故旧而疏远新人，是第三点过失。什么是四种罪责？没有什么功劳却接受重赏，是第一种罪责；居于高位而不谋其事，是第二种罪责；作为治狱之官而不能公正地审理案件，是第三种罪责；统率军队与敌作战，自己却临阵脱逃，是第四种罪责。国君没有三点过失，臣子没有四种罪责，国家才能安定承平。

势者君之舆[1]，威者君之策[2]，臣者君之马，民者君之轮。势固则舆安，威定则策劲，臣顺则马驯[3]，民和则轮利[4]。为国失此，必有覆舆、奔马、折策、败轮之患[5]。轮败、策折、马奔、舆覆，则载者亦倾矣[6]。

注释

①势：权势，威势。舆：车。

②威：威严，威信。策：驱赶骡马的鞭或棒。

③臣顺则马驯：《指海》本、明初刊本、《百子全书》本此句皆作“臣顺则马良”，今依《意林》改。驯：驯服，顺服。

④利：快，迅速。

⑤奔马：马因受惊而奔跑。折策：明初刊本、《百子全书》本作“折轮”，《指海》本据《意林》改为“折策”。败轮：明初刊本、《百子全书》本作“败载”，《指海》本据《意林》改为“败轮”。

⑥轮败、策折、马奔、舆覆，则载者亦倾矣：《指海》本、明初刊本、《百子全书》本皆作“安得不危”，今据《意林》改。倾：倾覆，倒下。

译文

权势就是君主所乘的车，威信是君主的鞭策，臣子是为君主拉车的马，百姓是君主载车的轮。权势稳固车才安稳，威信树立鞭才强劲，臣子忠顺马才顺服，百姓和睦轮才会顺利运转。治理一个国家失去了这些，必定有翻车、惊马、断鞭、毁轮的祸患。车轮毁了，鞭策断了，马惊了，车倾覆了，那么车上所乘坐的人也会被掀翻。

异同之不可别，是非之不可定，白黑之不可分，清浊之不可理[①]，久矣。诚听能闻于无声，视能见于无形，计能规于未兆[②]，虑能防于未然[③]，斯无他也。不以耳听，则通于无声矣；不以目视，则照[④]于无形矣；不以心计，则达于未兆矣[⑤]；不以知虑，则合[⑥]于未然矣。为君者[⑦]，藏于匿影，群下无私；掩目塞耳，万民恐震。

注释

①理：明识，辨别。

②计：筹划，谋划。规：规划。兆：征兆。

③未然：还没有成为现实的事情。

④照：看。

⑤达于未兆矣：此句与下文“合于未然矣”中的“未”，明初刊本皆作“无”，《指海》本改为“未”，与前文相合。达：通晓，明白。

⑥合：应对。

⑦为君者：明初刊本、《百子全书》本此句皆作“君者”，《指海》本据《意林》《太平御览》补“为”字。

译文

异与同不能区别，是与非不能裁定，白与黑不能分辨，清与浊不能明识，由来已久了。确实想要在声音还未发出时就能听见，想形迹还未显露时就能看见，在征兆还未出现时就能做好规划，在事情还未发生时就能考虑防范，这没有别的办法，而只有这样：不仅仅用耳朵去听，就能听到无声之声；不仅仅用眼睛去看，就能看到无形之形迹；不仅仅用心去谋划，就能通晓还未出现征兆的事态；不仅仅用智巧去思虑，就能应付还未发生而将要发生的一切。身为国君，要隐藏自己的心思，凡事不露声色，则臣属不敢存有私心；即使自己不看不听，百姓也会恐惧敬畏。

循名责实，案法立威[①]，是明王也。夫明于形[②]者，分不过于事[③]；察于动[④]者，用不失于利[⑤]。故明君审一[⑥]，万物自定。名不可以外务[⑦]，智不可以从[⑧]他，求诸己之谓也。

注 释

①案法立威：《指海》本作“案法立成”，明初刊本、《百子全书》本作“察法立威”，根据上下文义，当为“案法立威”。案：通“案”，按照，依据。

②形：相对于“名”而言，指事物的实际情形。

③分不过于事：诸世传本皆作“分不遇于事”，当误。分：分际，恰当的界限。

④动：变化。

⑤用不失于利：明初刊本、《百子全书》本皆作“用不失则利”，今从《指海》本，改“则”为“于”。用：行动。利：适宜，恰当。

⑥审：明察。一：即“循名责实，案法立威”。

⑦务：致力，求取。

⑧从：宾从，服从。

译 文

依据其名责求其实，依循法律树立威信，是明智君王所为。明了实际情形，做事就不会越出界限；洞察事物变化，行动就不会失其所宜。所以明智的君王只悉心致力于一件事，即“循名责实，案法立威”，做好了，万千国事和百姓自会安定。名不可以向外求取，智不可以宾从他人，这就是说要求诸于自己。

治世，位不可越①，职不可乱，百官有司，各务其刑②。上循名以督实，下奉教而不违③。所美观其所终，所恶计其所穷。喜不以赏，怒不以罚，可谓治世。

注　释

①位：位分，地位。越：逾越，僭越。

②务：致力于。刑：通“形”，与“名”相对，指相应于官吏名分的实际职责。

③下奉教而不违：明初刊本作“下奉教而不达”，《百子全书》本、《指海》本“达”作“违”。据文义，当为“违”。

译　文

治理国家，位分不可僭越，职守不可混乱，百官各有其专管的事务，各自致力于自己的责任。国君依据名分督促官吏的实际行动，臣下奉行教化而不违背。对于赞赏的人，观察其是否能善始善终；对于厌恶的人，估量其可能堕坏的最大程度。君主不因个人喜好而行赏，不因个人愤怒而施罚，这可以称得上是国家得以治理的太平之世。

夫负重者患涂①远，据②贵者忧民离。负重涂远者，身疲而无功；在上离民者，虽劳而不治。故智者量涂而后负，明君视民而出政③。

注　释

①涂：通“途”，路途。

②据：占据，身居。

③出：发布。政：政策，政令。

译　文

背负重物的人担忧路途遥远，身居高位的人忧虑百姓离散。背负重物跋涉远行的人，往往身体疲惫而没什么成效；身居高位而背离百姓的人，即使再辛劳也难以治理好国家。所以智者会先估量路途的远近再确定所背负物体的轻重，明君先体察民情再颁布政令。

猎罴[①]虎者，不于外圂[②]；钓鲸鲵者[③]，不于清池[④]。何则？圂非罴虎之窟也，池非鲸鲵之渊也[⑤]。楚之不溯流[⑥]，陈之不束麾[⑦]，长卢之不士[⑧]，吕子[⑨]之蒙耻。

注 释

①罴（pí）：熊的一种，也叫棕熊、马熊或人熊。毛棕褐色，能爬树，会游泳。

②圂（hùn）：猪圈。

③钓鲸鲵者：明初刊本作“钩鲸鲵者”，《指海》本据《文选·左思<吴都赋>》李善注所引及《太平御览》改“钩”为“钓”，从之。鲸鲵：即鲸。雄曰鲸，雌曰鲵。

④不于清池：明初刊本作“不居清池”，《指海》本据《文选·左思<吴都赋>》李善注所引及《太平御览》改“居”为“于”，从之。

⑤池非鲸鲵之渊也：明初刊本作“池非鲸鲵之泉也”，马叙伦《邓析子校录》据《太平御览》改“泉”为“渊”，从之。

⑥楚之不溯流：指楚国不溯长江而上向西扩张。楚国是先秦时期南方诸侯国，初建都丹阳（今河南南阳），其领地在长江、汉水之间，以吞并周边小国而扩大疆域，成为地方千里的大国。前689年楚文王即位后，迁都于郢（今湖北荆州），此后不断向东扩张。所以“楚之不溯流”，当指楚国受地理条件的制约，其领土只能向东扩张，而不能向西。

⑦陈之不束麾：指陈国疲于战事而没有卷起军旗的间隙。陈国是先秦时期的诸侯国，建都宛丘（今河南淮阳），其领地在今

河南东部及安徽亳州一带。春秋时，陈国夹于诸大国之间，疲于备战，故“不束麾”。麾：古代用以指挥军队的旗帜。

⑧长卢：疑为楚国隐士。《史记·孟子荀卿列传》载：“楚有尸子、长卢。”《汉书·艺文志》著录有《长卢子》9篇，已佚。士：通“仕”，指出仕为官。

⑨吕子：事迹不详。

译 文

猎取罴虎的人，不会去院外猪圈；捕捞鲸鲵的人，不会去清浅的池塘。为什么呢？因为猪圈不是罴虎的洞窟，池塘不是鲸鲵出没的深水。凡事都会受到客观条件的制约，如楚国不溯江而上向西开拓，陈国疲于战事而无法卷起军旗，长卢不愿意出仕为官，吕子也曾蒙受耻辱。

夫游而不见敬①，不恭也；居而不见爱②，不仁也；言而不见用，不信也；求而不能得，无媒也③；谋而不见喜，无理也；计而不见从，遗道④也。因势而发誉⑤，则行等而名殊⑥；人齐而得时⑦，则力敌⑧而功倍。其所以然者，乘势之在外⑨。

注 释

①游：指周游列国求仕。见：被。

②爱：尊崇。一说关爱。

③无媒也：明初刊本等世传本作“无始也”，清孙诒让《札迻·邓析子·无厚篇》改“始”为“媒”，从之。媒：媒介，推荐的人。

④遗道：背离了道理，在道理上有缺失。

⑤发誉：显示值得赞誉之处。

⑥行：行为。殊：殊异，大不同。

⑦齐：齐心协力。时：时机。

⑧敌：匹敌，相同。

⑨乘：利用，凭借。势：力量，情势。

译文

周游列国求仕却得不到敬重，是由于自己不够恭谨；平素居家却不被人尊崇，是由于自己不够仁义；陈述主张却不被采用，是由于自己所说的还不足凭信；求取名利权位而不得，是因为无人引荐；为他人谋划却不被欣然采纳，是由于自己理由不足；所献计策不被人依从，是由于自己在道理方面有所缺失。顺应时势而显示其所长，相同的所为会获得殊异的名声；与人齐心而不失时机，用同等的气力会赢得加倍的功绩。之所以会这样，是因为利用了自身之外的力量。

推[①]辩说非所听也，虚言非所应也[②]，无益之辞非所举也[③]。故谈者，别殊类[④]，使不相害；序异端[⑤]，使不相乱。谕[⑥]志通意，非务相乖[⑦]也。若饰词[⑧]以相乱，匿词以相移[⑨]，非古之辩也。

注释

①推：疑当作“惟”，形近而误，为发语词。

②虚言非所应也：诸世传本皆作“虚言向非所应也”，王恺銮《邓析子校正》认为“向”为衍字，否则文义不通，从之。应：响应，接受。

③无益之辞非所举也：诸世传本皆作“无益乱非举也”，据孙诒让《札迻·邓析子·无厚篇》改。举：通“与”，赞许。

④殊类：不同的类别。

⑤序：叙述，理清。异端：不同见解和看法。

⑥谕：申明，显示。

⑦相乖：相违逆，相隔阂。

⑧饰词：巧饰欺诈的言辞。

⑨移：改变，动摇。

译　文

讨巧的辩说并不是人们所愿听的，虚妄的言辞也不是人们所愿接受的，毫无益处的议论也不是人们所愿赞许的。所以谈论的人，要分别不同的类属，使其不相混淆而不相妨害；理清各种见解的头绪，使其不至于紊乱。申明各自的志趣而弄懂对方的意向，而并不要造成彼此间的隔阂。如果用巧饰的言辞来使对方混乱，用隐匿真相的话语诱使对方改变主意，那不是古人所主张的辩论。

虑不先定，不可以应卒①；兵不闲习②，不可以当敌。庙③算千里，帷幄④之奇，百战百胜，黄帝之师⑤。

注　释

①卒：通“猝”，突然。此处指突发事件。

②闲：通“娴”，娴熟。习：操练，演练。

③庙：庙堂，即朝廷。

④帷幄：室内悬挂的帐幕，亦指将帅的幕府、军帐。

⑤黄帝之师：黄帝是传说中华夏族的始祖，他先后击败炎帝、诛杀蚩尤，成为中原部落联盟首领。黄帝在军事上颇有建树，故此处以“黄帝之师”喻常胜之军。

译　文

谋略不预先确定，就不能应对突发事件；士兵不熟练操演，就不能抵抗来犯敌军。朝廷之上制定千里之外的作战方略，将帅巧设奇计于军帐之中，才能百战百胜，方可称得上“黄帝之师”。

死生自命[①]，富贵自时[②]。怨夭折者，不知命也；怨贫贱者，不知时也。故临难不惧，知天命也；贫穷无慑[③]，达时序也[④]。凶饥之岁，父死于室，子死于户，而不相怨者，无所顾也。同舟渡海，中流遇风，救患若一[⑤]，所忧同也。张罗而畋[⑥]，唱和[⑦]不差者，其利等也。故体痛者，口不能不呼；心悦者，颜不能不笑。责疲者以举千钧[⑧]，督兀者以及走兔[⑨]，驱逸足[⑩]于庭，求猿捷于槛[⑪]。斯逆理而求之，犹倒裳[⑫]而索领。

注　释

①死生自命：王启湘《周秦名家三子校诠》认为此句与下句中的“自”均当作“有”，《论语·颜渊篇》有“死生有命”句，《庄子·秋水》有“贵贱有时”句，皆其证也。命：天命，中国古代哲学中把天当作神，天能，决定人的命数，而人对于天命，不可违背，不可逆转。

②时：时运，关联于时势的一种运数。

③慑：畏惧，害怕。

④达：豁达，明白。序：通“绪”，头绪。

⑤救患若一：指共同解救祸患，心齐得如同一个人。

⑥畋：捕猎。

⑦唱和：此唱彼和。此处指相互呼应配合。

⑧责疲者以举千钧：《指海》本作“责瘠者以举千钧”，今依明初刊本、《百子全书》本改。

⑨督兀者以及走兔：《指海》本作“督跛者以及走兔”，今依明初刊本、《百子全书》本改。兀：断去一足的人。

⑩逸足：奔跑的脚步。此处指骏马。

⑪槛：关动物的笼子。

⑫裳：裙，即下衣。

译文

人之死生自有天命，富贵自有时运。怨恨夭折的人，不懂得天命；抱怨贫贱的人，不懂得时运。所以面临为难而不畏惧，是因为知晓天命；身处贫穷而不怯弱，是因为明白时运。灾害饥荒之年，父亲死于室内，儿子死于门外，而不相互怨怪，那是由于难以彼此顾念。乘坐同一艘船渡河，中途遭遇大风，人们解救危难时心齐得如同一个人，是因为大家有着共同的忧患。张开罗网捕猎雀鸟，人们呼应配合而不会出一点差错，是因为大家有着一致的利益。所以身体有病痛的人，口中不能不发出哀号；心里喜悦的人，脸上不会不露出笑容。责求疲惫的人举起千钧重物，督促断足之人去追赶奔跑的兔子，驱赶骏马飞奔疾驰于庭院，要求猿类敏捷攀援于笼中，这都是违背常理的苛求，就好比倒提着下衣去寻找衣领一样。

事有远而亲，近而疏，就[①]而不用，去[②]而反求。凡此四行[③]，明主大忧也。

注释

①就：靠近。此处指征召士人出仕或留住某官员。

②去：弃用，打发走。

③凡此四行：明初刊本、《百子全书》本作“风此四行”，当误，据《指海》本改。

译文

任用官吏的事，本当疏远的反倒对其亲近，本当亲近的反倒对其疏远，本当征召的反倒弃而不用，本当弃用的反倒招请，以上四种情形，是贤明君主的大患。

夫水浊则无掉尾[①]之鱼，政苛则无逸乐之士。故令烦则民诈[②]，政扰则民不安。不治其本而务其末，譬如拯溺而锤之以石[③]，救火而投之以薪[④]。

注释

①掉尾：摇尾。形容鱼在水中自由的状态。

②民诈：指百姓为了应付繁琐的法令而采用诈伪手段。

③譬如拯溺而锤之以石：明初刊本、《百子全书》本作“譬如拯溺锤之以石”，《指海》本据《艺文类聚》《太平御览》而增“而”字。锤：通“垂”，指落。

④救火而投之以薪：明初刊本、《百子全书》本作“救火投之以薪”，《指海》本据《艺文类聚》《太平御览》而增“而”字。薪：柴草。

译文

水太混浊就不会有从容游戏的鱼儿，政令苛刻就不会有安逸游乐的隐士。所以，法令烦琐百姓就会变得狡诈，政局混乱百姓就会不得安宁。不治理根本而追求其末端，就好比落石以拯救溺水的人，投柴以灭除火灾。

夫达[①]道者，无知之道也，无能[②]之道也。是知大道，不知而中[③]，不能而成，无有而足，守虚责实[④]，而万事毕[⑤]。

注释

①达：通“大”，为“道”的赞叹之辞。

②能：通“态”，形态。

③中：合适。一说标准。

④守：保持。虚：虚寂。

⑤毕：齐备，完成。

译文

所谓大道，是没有知觉的道，没有形态的道。因此悟知大道的人懂得：道，没有知觉却是诸多事物的标准所在，没有形态却对事物无所不予成全，其空无所有却又一切皆备。守持虚寂的道以责求实存，万事循道而得以完成。

忠生于不忠[①]，义生于不义。音[②]而不收，谓之放；言出而不督[③]，谓之暗[④]。故见其象，致其形[⑤]；循其理，正其名；得其端，知其情[⑥]。若此，何往不复，何事不成。有物者意也[⑦]，无外者德也[⑧]。有人者行也[⑨]，无人者道也[⑩]。故德非所履[⑪]，处非所处[⑫]，则失道。非其道而道则谄[⑬]。意无贤，虑无忠，行无道。言虚如受实[⑭]，万事毕。

注释

①忠生于不忠：诸世传本皆作“忠言于不忠”，孙诒让《札迻·邓析子·无厚篇》据说下句即文义，改“言”为“生”，从之。

②音：言语，说话。

③督：察，检点。

④暗：原指不亮，没有光。此处指昏昧。

⑤致：求取，获得。形：相对于下文“正其名”之“名”而言，

指事物实际存在的情形。

⑥情：本性，真实。

⑦有物者意也：为外物所诱发的是人的意欲。物：此处指财物。意：意志，意欲。

⑧无外者德也：不由外力而获取的是人的德性。

⑨有人者行也：有心为之的是人的行动。人：指有心为之。行：行为。

⑩无人者道也：无心为之的是“无知”“无能”的大道。

⑪德非所履：践行的不是所当践行的德行。履：践行。

⑫处非所处：所据有的不是所当据有的地位。处：享有，据有。

⑬非其道而道则谄（tāo）：诸世传本皆作“非其道不道则谄”，孙诒让《札迻·邓析子·无厚篇》认为句中“不”当作“而”，乃篆文形近而误，从之。谄：可以，虚妄。

⑭言虚如受实：大道虚寂而成全万物。言：句首语气助词，无义。受：成。实：指实际事物。

译文

忠相对于不忠而显现，义相对于不义而显现。说话而没有约束，叫作狂放；出言而不检点，叫作昏昧。所以，对事物要观其表象，了解其内在；依据其事理，厘正其名分；发现其端绪，探知其本性。像这样的话，哪里还会往而不返？还有什么事不能做成？为外物所诱发的是人的意欲，不由外力而获取的是人的德性。有心为之的是人的行为，无心为之的是“无知”“无能”的大道。所以，若践行的不是所当践行的德行，所据有的不是所当据有的东西，那就背离大道了。不是所谓道而以其为道，那就荒诞虚妄了。有贪欲就不会贤明，有私念就不会忠诚，有心为之的人之所行，就会背离大道。大道虚寂而成全万物，万事循道而得以完成。

夫言荣不若辱，非诚辞[①]也；得不若失，非实谈也。不进则退，不喜则忧，不得则亡，此世人之常。真人危斯十者而为一矣[②]。所谓大辩[③]者，别天下之行，具[④]天下之物，选善退恶，时措其宜[⑤]，而功立德至矣。小辩[⑥]则不然，别言异道[⑦]，以言相射[⑧]，以行相伐，使民不知其要。无他故焉，故知浅也[⑨]。君子并物而错之[⑩]，兼涂而用之[⑪]，五味未尝而辩于口[⑫]，五行在身而布于人[⑬]。故无方之道不从[⑭]，面从之义不行[⑮]，治乱之法不用[⑯]。惔然[⑰]宽裕，荡然[⑱]简易，略而无失，精详入纤微也。

注　释

①诚辞：诚实的言辞，真心话。

②真人：存养真性而志趣高卓的人。危：独。

③大辩：即辩大者，指能辨识世道人心之大端的人，亦即对“道”有所悟识的人。辩：通“辨”，辨别，辨识。

④具：辨。

⑤时措其宜：适时地采取相宜的措施。措：施行，运用。

⑥小辩：与“大辩”相对，即那种纠缠于细枝末节的是非之辩。

⑦别言异道：另一种主张，异样的途径。此处指邪妄不正的主张和途径。言：学说，观点。

⑧射：攻讦，抨击。

⑨故知浅也：明初刊本、《百子全书》本作“故浅知也”，《指海》本作“故知浅也”。王恺銮《邓析子校正》认为“故”字训“事”。联系上下文，当作“故知浅也”，指事理懂得不深。

⑩并物而错之：将事物相比较而予以处理。并：比并，比较。错：通“措”，处理，安置。

⑪兼涂而用之：从多种途径发挥其作用。涂：通“途”。

⑫五味未尝而辨于口：明初刊本作“五味未尝而于口”，《指海》本、《百子全书》本补“辨”字，从之。此句意为酸、甘、苦、辛、咸五种味道不用尝，用口即能予以分辨。

⑬五行在身而布于人：金、木、水、火、土五行聚集在自身而遍布于每个人。

⑭故无方之道不从：明初刊本等世传本作“故何方之道不从”，孙诒让《札迻·邓析子·无厚篇》疑“何”当作“无”，从之。方：术，道理，主张。

⑮面从之义不行：当面顺从的言论不予施行。义：通“议”，言论，建议。

⑯治乱之法不用：导致混乱的治理方法不予采用。治乱：导致混乱。

⑰惔（dàn）然：淡然，淡泊。

⑱荡然：坦荡，无所偏私。

译文

说荣耀不如耻辱，并不是真心话；说获得不如失去，并不是诚实语。不前进则后退，不喜悦则忧愁，不得到则失去，这是世人通常的判断。独有存养真性而志趣高卓的人，才有将上述十者视作一体的达观。所谓大辩者，能区别天下人行为的善恶，能分辨天下事物的真伪，选择善举而贬退恶行，适时地采取相宜的措施，从而得以立功、成德。所谓小辩者则不是这样，他们别有主张而另有道理，往往以言语相互攻讦，以行动相互挞伐，使人们无从得其要领。这没有其他缘故，只是因为事理懂得太浅了。君子不同，他们能将事物相比较而予以处理，从多种途径发挥其作用，五味不用尝就能用嘴巴分辨出来，由五行聚集于自身而知其遍布于每个人。所以，没有道理的主张他们不予遵从，当面顺从的言论他们不予施行，导致混乱的治理方法他们不予采用。淡泊而宽宏大度，坦然而简约平易，简略而毫无疏漏，其精密周详贯穿于行为的所有细微处。

夫舟浮于水，车转于陆，此势自然道也[①]。有不治者，知豫焉[②]。夫木击折轊[③]，石戾破舟[④]，不怨木石，而罪巧拙，故不载焉。故有知则惑[⑤]，有心则崄[⑥]，有目则眩。是以规矩一而不易[⑦]，不为秦、楚变节[⑧]，不为胡、越改容[⑨]。常一而不邪[⑩]，方行而不流[⑪]，一日形之，万世传之，无为为之也。

注释

①此势自然道也：明初刊本、《百子全书》本作“此自然道也”，据《指海》本改。

②知豫焉：明初刊本等世传本作“知不豫焉”，据上下文义，“不”当为衍字。知：通“智”，智巧。豫：通“与”，参与，干预。

③轊（wèi）：车轴头，即套在车轴末端的金属筒状物。

④石戾破舟：明初刊本等世传本作“水戾破舟”，据上下文义，“水”当改作“石”。戾：劲疾。

⑤故有知则惑：明初刊本作“故有知则感德”，据《指海》本、《百子全书》本改。惑：惑乱。

⑥崄：通“险”，险恶，险诈。

⑦一：统一。易：改变。

⑧不为秦、楚变节：明初刊本等世传本作“不为秦、楚缓节”，据《淮南子·主术训》改。

⑨胡：古代指北方少数民族。越：古代指东南方少数民族。

⑩常一而不邪：明初刊本等世传本作“一而不邪”，据《淮南子·主术训》补“常”字。

⑪方（páng）行：通行。流：流入。

译 文

船航行于水上，车行驶在陆地上，这是情势所致、自然而然的事。如果车船行驶出了问题，那是人的智巧参与了的缘故。树木碰折了车轴，礁石撞破了船身，人们不抱怨树木和礁石而归咎于驾车或驶船人的巧拙，是因为智巧的参与让车、船失去了运载的功能。所以说，有了智巧就会出现祸乱，动了心思就有险诈，用眼视物就会眩晕。因此规矩一经统一就不能改变，它不会因为秦、楚的国度不同而变化其准则，不会因为胡、越间相距遥远而改其规范。它始终如一而没有偏向，通行各地而不入歧途。信守规矩的共识一旦形成，就会千秋万世流传下去，这可真是为所为而为之啊。

夫自见则明[1]，借人见则暗也[2]；自闻则聪[3]，借人闻则聋也[4]。明君知此，则去就之分定矣[5]。为君者[6]，当若冬日之阳，夏日之阴，万物自归，莫之使也。恬卧[7]而功自成，优游而政自治。岂在瞋目搤腕、手据鞭朴而后为治欤[8]？

注 释

①夫自见则明：明初刊本等世传本作“夫自见之明”，据《意林》改“之”为“则”。

②借人见则暗也：明初刊本等世传本作“借人见之暗也”，据《意林》改“之”为“则”。

③自闻则聪：明初刊本等世传本作“自闻之聪”，据《百子全书》本、《指海》本、《意林》改“之”为“则”。

④借人闻则聋也：明初刊本等世传本作“借人闻之聋也”，据《意林》改“之”为“则”。

⑤去：舍。就：取。分：界限。

⑥为君者：明初刊本、《百子全书》本无“者”字，《指海》本据《太平御览》补，从之。

⑦恬卧：恬然高卧。比喻清静无为的状态。

⑧瞋目搤腕：明初刊本等作“振目搤腕”，据《淮南子·主术训》改“振”为“瞋”。瞋目：瞪大眼睛表示愤怒。搤：通“扼”。手据鞭朴：明初刊本、《百子全书》本作“手据鞭扑”，《指海》本据《太平御览》改为“手操鞭朴”。“操”“据”皆可指手持的意思。朴：未经加工的木料，此处指木棍、木棒。

译文

凡事自己亲眼看就看得分明，借助他人看则看得晦暗；自己亲耳听就听得真切，借助别人听就听不清晰。贤明的君主明白这个道理，人事取舍的界限也就确定了。为国君者，应当像冬季的暖阳，像夏日的树荫，这样万民自会归附，用不着驱使他们这么做。恬然高卧而功业自成，悠然自得而国政自治。哪里需要瞋目扼腕、手执皮鞭棍棒才能治理好国家呢？

夫事有合、不合者[①]，知与未知也。合而不结者，阳亲而阴疏[②]。故远而亲者，志相应也[③]；近而疏者，志不合也。就而不用者，策不得也[④]；去而反求，无违行[⑤]也。近而不御[⑥]者，心相乖[⑦]也；远而相思者，合其谋也。故明君择人，不可不审；士之进趣[⑧]，亦不可不详。

注释

①夫事有合、不合者：明初刊本等世传本作“夫合事有不合者”，据孙诒让《札迻·邓析子·无厚篇》改。

②阳：指表露于外的一面。阴：指隐藏于内的一面。

③志相应也：明初刊本、《百子全书》本作“忘相应也”，《指

海》本据《文选·曹植<白马篇>》李贤注所引改，从之。

④策：策略，计划。得：适宜，得当。

⑤违行：邪僻不正的行为。

⑥御：选拔任用。

⑦乖：违背。

⑧进趣：即“进趋”，求取，追求。此处指选择明主以求实现自己的抱负。

译文

处理政事时，会遇到可以共事的人，也会遇到难以共事的人，这是彼此相知与不相知的缘故。共事而并不团结的人，表面亲近而内心疏远。所以本来疏远而最终亲近的，是由于志趣相合；本来亲近而最终疏远的，是由于志趣不相合。主动亲近的人却不任用，是因为他的谋略不适宜；已经离开的人反倒要召请回来，是因为那离开的人没有邪僻不正的行为。近在身边的人却不举用，是因为心志不一致；远在异地的人反倒无比思念，是因为与他谋略投合。所以明君选用人才，不可不审慎；士人择明主以求进用，也不可不详细谨慎。

转辞篇

世间悲、哀、喜、乐、嗔、怒、忧、愁，久惑于此。今转[①]之：在己为哀，在他为悲；在己为乐，在他为喜。在己为嗔，在他为怒[②]；在己为愁，在他为忧。在己在彼[③]，若扶之与携[④]，谢之与让[⑤]，故之与古[⑥]，诺之与已[⑦]，相去千里也。

注　释

①转：指转换一种说法，以婉转而可能尽致的话语来进行重新解读。

②在己为嗔，在他为怒：根据文义和其他三组六种情绪的分辨看，此两句当作“在己为怒，在他为嗔”。

③在己在彼：明初刊本等诸世传本无“在彼”二字。王恺銮《邓析子校正》云：“钱熙祚校刊本作‘在己彼’，孙诒让云：‘在己下当更有在字，今本误脱。’宜据钱、孙二氏说，于‘在己’下补‘在彼’二字。”从之。

④扶：扶持。携：提携。

⑤谢之与让：明初刊本等诸世传本作“谢之与议”，据《淮南子·说林训》改。谢：逊让。让：谦让，将自己所有的给予别人。

⑥故之与古：明初刊本等诸世传本作“故之与右”，王恺銮《邓析子校正》云：“洪颐煊《读书丛录》云：‘右当作古。’《淮南子·说林训》作‘先’，‘古’‘先’义同。”“古”之于“右”，形近而误。

⑦诺：承诺。已：完成。

译　文

世间悲、哀、喜、乐、嗔、怒、忧、愁等情感，世人长久地困惑于它们之间界限的所在。如今用婉转尽致的话对它们进行解读：对自己来说是哀伤，对他人来说是悲痛；对自己来说是快乐，对他人来说是喜悦；对自己来说是恼怒，对他人来说是生气；对自己来说是愁苦，对他人来说是忧虑。这些对于自己和对于他人来说的不同，就像扶持与提携，逊让与让与、过去与古代、承诺与完成之间的分别，看似相近，实则相差千里。

夫言之术：与智者言，依于博；与博者言，依于辩；与辩者言，依于要[①]；与贵言者，依于势；与富者言，依于豪；与贫者言，依于利；与贱者言，依于谦[②]；与勇者言，依于敢[③]；与愚者言，依于说[④]。此言之术也[⑤]。

注　释

①依于要：明初刊本、《百子全书》本作“依于安”，《指海》本据《鬼谷子·权篇》改，从之。依：凭借，倚仗。

②与贱者言，依于谦：明初刊本、《百子全书》本、《指海》本俱无此二句，据《鬼谷子·权篇》补。

③敢：果敢，不胆怯。

④说：解说，答惑。

⑤此言之术也：《指海》本作“此言之说也”，据明初刊本、《百子全书》本改。

译　文

说话的技巧在于：与智者交谈，要凭借渊博的学识；与博学者交谈，要凭借高超的辩才；与善辩者交谈，要凭借要言不烦；与尊贵者交谈，要凭借不卑不亢的气势；与富有者交谈，要凭借从容达观的豪气；与贫穷者交谈，要凭借施惠让利；与卑贱者交谈，要凭借谦和平易；与勇武者交谈，要凭借刚毅果敢；与愚笨者交谈，要凭借能答疑解惑。以上就是说话的技巧。

不困在早图[①]，不穷在早豫[②]。非所宜言勿言，以避其患[③]。非所宜为勿为，以避其危。非所宜取勿取，以避其咎。非所宜争勿争，以避其声[④]。一言而非[⑤]，驷马不能追[⑥]；一言而急，驷马不能及[⑦]。故恶言不出口，苟语[⑧]不留耳，此谓君子也。

注释

①不困在早图：明初刊本等诸世传本作“不用在早图”。王恺銮《邓析子校正》认为“用”当作“困”，与“穷”相对，从之。

②不穷在早豫：明初刊本等诸世传本作“不穷在早稼”。王恺銮《邓析子校正》认为“稼”当作“豫”，从之。

③以避其患：明初刊本等诸世传本无此句，据《说苑·说从篇》补。

④声：此处指不好的名声。

⑤一言而非：明初刊本、《百子全书》本作“一声而非”，《指海》本据《意林》改“声”为“言”，从之。

⑥驷马不能追：明初刊本、《百子全书》本作“驷马勿追”，《指海》本据《意林》改“勿”为“不能”，从之。

⑦驷马不能及：明初刊本、《百子全书》本作“驷马不及”，《指海》本据《意林》补“能”字，从之。

⑧苟语：妄言。

译文

要想不陷入困厄，就必须早做谋划；要想不落于穷途，就必须预先准备。不当说的话就不要说，以免招致祸患；不当做的事就不要做，以免引来危险；不当取的就不要取，以免产生罪过；不当争的就不要争，以免毁坏了名声。一句话说错了，就算四匹马拉的马车也拉不回来；一句话仓促失当，就算四匹马拉的马车也追不上。所以口不出恶言，耳不听妄语，这才称得上是君子。

夫任臣之法，暗①则不任也，慧②则不从也，仁则不亲也，勇则不近也，信则不信也③。不以人用人④，故谓之神⑤。怒出于怒⑥，为出于不为⑦。视于无形⑧，则得其所见；听于无声，则得其所闻。故无形者，有形之本；无声者，有声之母。循名责实，实之极也；按实定名，名之极也。参以相平⑨，转而相成，故得之形名。

注 释

①暗：昏聩，不明事理。

②慧：此处指狡黠。

③信则不信也：行事随意者不予信任。前一个“信”指任意，任凭，意为行事随意，不奉公守法。后一个“信”指信任。

④不以人用人：不因为个人品性而任用人。前一个“人”指人的品性或德行。此处说选用官吏当看重其是否奉法，而不是个人品性。

⑤神：通“审”，慎重，谨慎。

⑥怒出于怒：努力出于无所谓的努力的律法。怒：通“努”，努力。

⑦为出于不为：作为出自本身无所作为的教令。

⑧视于无形：明初刊本等诸世传本作“视于无有”，据马叙伦《邓析子校录》改。

⑨参以相平：（名与实）相互检验以求彼此相副。参：检验，

验证。

译 文

任用臣子的方法是：昏聩不明者不予任用，狡黠诡诈者不予听从，讲求仁惠者不予亲近，好勇斗狠者不予接近，行事随意者不予信任。不因为个人品性而任用人，因为可称之为审慎。努力出于无所谓的努力的律法，作为出自本身无所作为的教令。看到了不露形迹的东西，就知晓了所见事物的实质；听见了不作声响的东西，就懂得了你所听声音的依据。所以说，没有形体的东西是有形体东西的根本，没有声音的东西是有声音的东西的母体。按照名称责求名所指示的事物的实质，这被指示的是实质的极致；按照事物的实质确定事物的名称，这被确定的是名的极致。名与实相互检验以求彼此相附，转而使二者互相成全，由此而得以知晓所谓“形名”——事物名称与名称所指的事物实质之表现的关系。

夫川竭而谷虚，丘夷而渊实[①]。圣人以[②]死，大盗不起，天下平而无故也[③]。圣人不死，大盗不止。何以知其然？为之斗斛[④]而量之，则并与斗斛而窃之[⑤]；为之权衡[⑥]以平之，则并与权衡而窃之；为之符玺以信之[⑦]，则并与符玺而窃之[⑧]；为之仁义以教之，则并与仁义而窃之[⑨]。何以知其然？彼窃财者诛[⑩]，窃国者为诸侯。诸侯之门，仁义存焉，是非窃仁义耶？故逐于大盗[⑪]，霸诸侯，此重利也，盗跖而不可禁者[⑫]，乃圣人之罪也。

注 释

①夷：铲平。实：填塞。

②以：通“已”，尽，毕。

③天下平而无故也：明初刊本、《百子全书》本此句作“天下平而故也”，《指海》本据《庄子·胠箧》增“无”字，从之。

④斗斛：斗与斛，两种量器。十升曰斗，十斗曰斛。

⑤则并与斗斛而窃之：明初刊本作“则并与斗斛而均之”，《百子全书》本作“则并斗斛而窃之”，《指海》本据《庄子·胠箧》改“均”为“窃”，增“与”字，从之。

⑥权衡：称量物体轻重的器具。权：秤锤。衡：秤杆。

⑦符：古代用作凭证的符券、符节、符传等信物。玺：皇室所用的印。臣民所用称印。

⑧则并与符玺而窃之：明初刊本作“则并与符玺而功之”，据《百子全书》本、《指海》本改。

⑨则并与仁义而窃之：明初刊本作“则并仁义以窃之”，《百子全书》本作“则并仁义而窃之”，《指海》本据《庄子·胠箧》补“与”字，并改“以”为“而”，从之。

⑩彼窃财者诛：明初刊本、《百子全书》本作“彼窃财诛”，据《指海》本补“者”字。

⑪故逐于大盗：明初刊本等诸世传本作“故遂于大盗”，据《庄子·胠箧》改“遂”为“逐”，盖形近误也。逐：争先。

⑫盗跖而不可禁者：明初刊本、《百子全书》本作“盗趾所不可桀者”，《指海》本据《庄子·胠箧》改“趾”为“跖”，改“桀”为“禁”，从之。盗跖：传说是春秋时期的率领盗匪数千人的大盗。原名展雄，展氏，名跖，又名柳下跖、柳展雄，在先秦古籍中被称为“盗跖”或“桀跖”。

译 文

河流干涸了，山谷也随之空虚；山丘削平了，深渊也随之填塞。圣人死绝了，大盗也不会出现，天下也会太平而不会发生大变故。圣人不死，大盗就不会消亡。如何知道是这样的呢？圣人为世人创造出斗斛来量东西的多少，大盗连同斗斛一起偷了去；圣人为世人创造出权衡来称量物体的轻重，大盗连同权衡一起偷了去；圣人为世人创造出符玺来作为取信的凭证，大盗连同符玺一起偷了去；圣人确认仁义来教化百姓，大盗连同仁义一起偷了去。如何知道是这样的呢？那些偷窃财物的人会遭到诛戮，而窃取国家的人却能做诸侯。有了诸侯的门第，就有了所谓的仁义，这不是连同仁义一起偷了去吗？所以人们会争着做大盗，竞相称霸诸侯，这是有重利可图啊，盗跖之类的大盗不可禁绝，完全是圣人的罪过。

欲之与恶，善之与恶[①]，四者变之失。恭之与俭[②]，敬之与傲，四者失之修[③]。故善素朴、任惔荡而无失[④]，未有修焉，此德之永也。言有信而不为信，言有善而不为善者，不可不察也。

注　释

①善之与恶：明初刊本作“善之与善”，《百子全书》本、《指海》本作“善之与恶”，根据文义，从后者。

②俭：通“险”，阴险，险诈。

③修：指矫饰造作以取悦于人。

④故善素朴、任惔荡而无失：明初刊本等诸世传本作“故善素朴、任惔忧而无失”，“惔忧”语不成义，又《无厚篇》有“惔然宽裕，荡然简易”句，疑“惔忧”为“惔荡”之误，今改之。惔荡：淡泊，坦荡。

译　文

喜好与憎恶，良善与邪恶，这四者如果由喜好良善、憎恶邪恶变为喜好邪恶、憎恶良善的话，那就错了。恭谨与险诈，敬重与傲慢，这四者如果恭谨失其本来而成为险诈、敬重失其本来而成为傲慢，那是矫饰造作的缘故。所以，喜好素朴、一任淡泊坦荡而不失真情之自然，不去矫饰造作，这才能保持德性的长久。言之凿凿、信誓旦旦却并不做可信的事，说得天花乱坠却不施与实实在在的善行，对于这样的人不可不留心观察。

夫治之法，莫大于使私不行①；君之功②，莫大于使民不争。今也立法而行私，是私与法争，其乱也甚于无法③。立君而尊贤④，是贤与君争，其乱也甚于无君。故有道之国，法立则私议不行⑤，君立而贤者不尊⑥。民一于君，事断于法，此国之大道也⑦。明君之督大臣，缘身而责名，缘名而责形，缘形而责实。臣惧其重诛之至⑧，于是不敢行其私矣⑨。

注　释

①莫大于使私不行：明初刊本等诸世传本作“莫大于私不行”，今据《艺文类聚》《太平御览》所引《慎子》逸文补“使”，与下文对应。

②君之功：明初刊本、《百子全书》本无“君之”二字，《指海》本据《慎子》逸文补，从之。

③其乱也甚于无法：明初刊本作“其乱也甚于无私”，《百子全书》本、《指海》本作“其乱也甚于无法”，从后者。

④立君而尊贤：明初刊本、《百子全书》本作“立君而尊愚”，《指海》本据《慎子》逸文改“愚”为“贤”，从之。

⑤法立则私议不行：明初刊本、《百子全书》本作“则私善不行”，今据《慎子》逸文补“法立”二字，并改“善”为“议”。

⑥君立而贤者不尊：明初刊本、《百子全书》本作“君立而愚者不尊”，《指海》本据《慎子》逸文改“愚”为“贤”，从之。

⑦此国之大道也：明初刊本等诸世传本作“此国之道也”，《慎子》逸文补“大”字。

⑧臣惧其重诛之至：《指海》本作“臣慎其重诛之至”，今据明初刊本、《百子全书》本改“慎”为“惧”。

⑨于是不敢行其私矣：明初刊本作“于不敢行其私矣”，《百子全书》本、《指海》本补“是”字，从之。

译文

治理国家的法则，最重要的莫过于使官吏不得曲从私情；君主的功劳，最重要的莫过于使百姓不起竞争之心。如今虽然确立了法度，但官吏们仍然怀着私心行事，这是私心与法度相争，由此造成的混乱比没有法度还要严重。既已确立了国君，还去尊崇贤能之士，这是贤士与国君相争，由此造成的混乱比没有国君还要严重。所以，政治清明的国家，法度一旦确立，私人的主张就不再施行；国君一旦确立，贤能之士就不再受尊崇。百姓一律服从国君的号令，凡事依据法度来决定，这才是治理国家的大原则。明君督导大臣，依据其自身情形而令其担任有着确定名分的官职，依据其所任官职的名分而令其有相应的表现，依据其表现或行动要求其取得所当取得的实际效果。臣子们惧怕严酷的刑罚落到自己的头上，于是没人敢曲从私心而行事。

心欲安静，虑欲深远。心安静则神策生[①]，虑深远则计谋成。心不欲躁，虑不欲浅。心躁则精神滑[②]，虑浅则百事倾。

注释

①心安静则神策生：明初刊本等诸世传本俱如此。《鬼谷子·本经阴符七术》曰：“心欲安静，虑欲深远。心安静则神明荣，虑深远则计谋成。”疑“神策生”为“神明荣”之误，然“神策生”与上下文义亦通。

②滑：惑乱，迷乱。

译文

心神想要安静，思虑想要深远。心神安静才会生出神妙的计策，思虑深远才能使计谋得以成功。心神不可浮躁，思虑不可浅薄。心浮气躁则精神迷乱，思虑浅薄则百事倾败。

治世之礼，简而易行；乱世之礼，烦而难遵。上古之乐，质而不悲；当今之乐，邪而为淫[①]。上古之民，质而敦朴；今世之民，诈而多行[②]。上古象刑[③]而民不犯教，今有墨、劓不以为耻[④]，斯民所以乱多治少也。尧置欲谏之鼓[⑤]，舜立诽谤之木[⑥]，汤有司直之人[⑦]，武有戒慎之铭[⑧]。此四君者[⑨]，圣人也，而犹若此之勤。至于栗陆氏[⑩]杀东里子，宿沙氏[⑪]戮箕文，桀诛龙逢[⑫]，纣刳比干[⑬]，四主者乱君，故其疾贤若仇。是以贤愚之相觉[⑭]，若百丈之溪与万仞之山[⑮]，若九地之下[⑯]与重山之颠。

注释

①淫：放纵，无节制。

②诈：诡诈。行：伪。

③象刑：指让受刑者穿戴不同于常人的服饰而辱其形象，从而达到惩罚犯罪者和警诫其他人的作用。《慎子》逸文：“有虞之诛，以幪巾（用巾蒙盖头）当墨，以草缨（冠帽上加上草青的缨带）当劓，以菲履（穿草鞋）当刖，以艾韠（斩掉衣服上的敝膝）当宫，布衣无领（穿无领的衣服）当大辟。”

④今有墨、劓（yì）不以为耻：明初刊本、《百子全书》本作“教有墨、劓不以为耻”，《指海》本作“今墨、劓不以为耻”，二

者相较，改“教”为“今”，并补“有”字。墨：又称黥刑、黥面，古代一种刑罚，在犯人的脸上或额头上刺字或图案，再染上墨，作为受刑人的标志。劓：古代割掉鼻子的一种刑罚。

⑤欲谏之鼓：即求谏之鼓。相传尧曾设鼓一面，希望人们进谏，对他提出批评建议。

⑥诽谤之木：记录君主过失的木牌。相传舜曾立一木牌，鼓励人们指出其过失。

⑦司直之人：主管矫正君主过失的官员。司：主管。

⑧戒慎之铭：警诫自己谨慎行事的铭文。

⑨此四君者：明初刊本、《百子全书》本作“此四君子者”，《指海》本据《太平御览》删“子”字，从之。

⑩栗陆氏：上古部落首领，其臣东里子因规谏被杀。

⑪宿沙氏：又作夙沙氏，上古部落首领。炎帝之世，夙沙氏叛，其臣箕文谏而被杀。

⑫桀诛龙逢（páng）：夏朝末年，忠臣关龙逄因直言进谏而为暴君夏桀所杀。

⑬纣刳比干：商朝末年，少师比干因直言进谏而被暴君商纣王剖心虐杀。

⑭相觉：相比较。

⑮万仞之山：万仞的高山。仞：古代长度单位，七尺为一仞，一说八尺为一仞。

⑯九地之下：在古人相沿成习的观念中，地有九层，天有九重。“九地之下”指地的最深处。

译文

太平盛世，礼仪简约而容易践行；混乱之世，礼仪烦琐而难以遵从。上古的音乐，质朴而不哀伤；当今的音乐，邪僻而无节制。上古的百姓，诚挚而敦厚朴实；当今的百姓，诡诈而善于伪饰。上古仅有象征性的刑罚，而百姓却没有作奸犯科的；当今有墨刑、劓刑，百姓遭受刑戮却丝毫不以为耻，这便是百姓得到治理的时候少而社会混乱的时候多的原因所在了。帝尧曾设置一面大鼓，鼓励人们提出规谏；帝舜曾树立一块木牌，鼓励人们指出他的过失；商汤王曾设立主管矫正君主过错的官员；周武王曾令人在所用器物上镌刻铭文以警诫自己谨慎行事。这四位君主都是圣人，而犹能如此尽心于自我的诫励。至于栗陆氏杀死谏臣东里子，宿沙氏杀戮谏臣箕文，夏桀诛杀谏臣关龙逄，商纣剖心虐杀谏臣比干，这四位君主都是暴君，因此他们嫉恨贤臣犹如寇仇。因此贤者与愚者相比，他们的差距就好比百丈壑谷与万仞高山，好比九地的最下层与重山的最顶峰。

明君之御民，若御奔而无辔[①]，履冰而负重。亲而疏之，疏而亲之。故畏俭则福生[②]，骄奢则祸起。圣人逍遥一世之间[③]，宰匠万物之形[④]，寂然无鞭朴之罚[⑤]，莫然无叱咤之声[⑥]，而家给人足，天下太平。视昭昭[⑦]，知冥冥[⑧]，推未运[⑨]，睹未然[⑩]。故神而不可见，幽而不可见，此之谓也。

注　释

①奔：奔驰的马车。辔（pèi）：马缰绳。

②畏：敬畏，谨慎。俭:《百子全书》本作“检”，明初刊本、《指海》本作“俭”，从后者。

③圣人逍遥一世之间：明初刊本、《百子全书》本作“圣人逍遥一世”，《指海》本据《昭明文选》之《南州桓公九井诗》《宣德皇后令》《三国名臣序赞》等篇李善注，补“之间”二字，从之。

④宰匠：主宰，掌治。明初刊本、《百子全书》本作“罕匹”，并接于上句以断句。《指海》本据《昭明文选》李善注改“罕匹”为“宰匠”，从之。万物：此处指万民。形：通“行”，所作所为。

⑤寂然：恬然宁静貌。鞭朴：用作刑具的鞭子和棍棒。此处指鞭刑和杖刑。

⑥莫然无吒咤（chì zhà）之声：明初刊本作“莫然无咒咤之声”，今据《百子全书》本、《指海》本改“咒”为“吒”。莫然：即漠然。吒咤：怒斥，大声吆喝。

⑦昭昭：显著，明白。

⑧冥冥：幽深，幽暗。

⑨推：推测，推算。未运：指事物还未运作。

⑩未然：还没有成为事实。

译文

贤明的君主统御万民，就好像驾驭一辆没有马缰绳可抓的奔驰的马车，就像背负着重物在冰上行走。对于亲近自己的人能同他疏远，对于疏远自己的人能同他亲近。所以，谨慎、节俭就会带来福祉，骄纵、奢侈就会引起祸患。圣人一生逍遥自得，管理百姓的所作所为，恬然宁静而没有鞭笞杖击的刑罚，漠然淡泊而没有斥骂指责的声音，而百姓家家富裕、人人满足，天下太平无事。看到显露的事象，就能知晓深藏的原委，推测于事物运作之前，就能预见未来的结果。所谓神奇而不可窥知，所谓幽妙而不可闻见，说的就是这一点啊。

君人者不能自专而好任下[①]，则智日困而数[②]日穷。（志）迫于下则不能申[③]，行随于国则不能持[④]。知不足以为治，威不足以行诛，则无以与下交矣[⑤]。故喜而便赏[⑥]，不必当[⑦]功；怒而便诛[⑧]，不必值[⑨]罪。不慎喜怒，诛赏从其意，而欲委任臣下，故亡国相继，弑君不绝[⑩]。古人有言，众口铄金[⑪]，三人成虎[⑫]，不可不察也。

注释

①自专：指凡事自己做主，独断专行。任：听凭，听任。

②数：策略，权谋。

③迫于下则不能申：明初刊本等诸世传本皆如此，但据下句“行随于国则不能持”，“迫”上显然脱一字。据文义，当补“志”字。迫：迫胁，受制。申：申示，伸张。

④行随于国则不能持：行动若附和于国人就难以掌握国家权力。

⑤则无以与下交矣：明初刊本、《百子全书》本、《指海》本皆无“则”字，据刘氏覆宋本加。

⑥喜而便赏：明初刊本、刘氏覆宋本、《百子全书》本作“喜而使赏”，《指海》本据《意林》改“使”为“便”，从之。

⑦当：适合，符合。

⑧怒而便诛：明初刊本、刘氏覆宋本、《百子全书》本作“怒而使诛”，《指海》本据《意林》改“使”为“便”，从之。

⑨值：当，适合。

⑩弑君不绝：明初刊本、刘氏覆宋本、《百子全书》本作“杀君不绝”，《指海》本改“杀”为“弑”，从之。

⑪众口铄金：指众人的言论能够熔化金属。比喻舆论影响的强大。铄：销，熔化。

⑫三人成虎：三个人谎称城市里有老虎，听的人就信以为真。比喻说的人多了，就能使人们把谣言当作事实。典出《战国策·魏策二》庞葱谏魏王事。

译文

统治百姓的国君不能凡事都自做决断而惯于听任臣下，那他的才智就会日益枯竭而权谋也会日益穷尽。意志受制于臣下就不能申示，行动附和于国人就难以掌握国家权力。智谋不足以治理国家，威望不足以行使诛罚，那就无法与臣下以君臣之礼相交了。高兴起来就赏赐，所赏未必与受赏者功绩相称；恼怒起来就施与诛罚，所罚未必与被罚者的罪过相当。喜怒没有节制，诛罚、赏赐都随意而行，而又委弃自己的权力于臣下，所以亡国的事件相继出现，弑君的惨剧一再发生。古人有云，众口铄金，三人成虎，不可不明察啊！

夫人情，发言欲胜，举事欲成。故明者不以其短疾人之长，不以其拙病[①]人之工。言有善者，明而赏之[②]；言有非者，显而罚之。塞邪枉之路[③]，荡淫辞之端[④]，臣下闭口[⑤]，左右结舌，可谓明君。为善者君与之赏，为恶者君与之罚。因其所以来而报之，循其所以进而答之。圣人因之，故能用之。用之循理[⑥]，故能长久。今之为君[⑦]，无尧、舜之才，而慕尧、舜之治，故终颠殒乎混冥之中[⑧]，而不知觉寤于昭明之术[⑨]。是以虚慕欲治之名，无益乱世之理也。

注 释

①病：嫉恨。

②明而赏之：明初刊本等诸世传本作“则而赏之”，王启湘《周秦名家三子校诠》认为“则”当作“明”，从之。

③塞邪枉之路：明初刊本、刘氏覆宋本、《百子全书》本等此句皆如此，《指海》本“邪枉”作“枉邪”，今从前者。

④荡：荡涤，清楚。淫辞：邪僻荒诞的言论。

⑤臣下闭口：明初刊本、刘氏覆宋本、《百子全书》本等此句作“臣下闵之”，《指海》本据《文选·陆机平原内史表>》李善注改“闵之”为“闭口”，从之。

⑥用之循理：明初刊本、刘氏覆宋本、《百子全书》本等此句作“因之循理”，《指海》本改“因”为“用”，从之。

⑦今之为君：明初刊本、刘氏覆宋本作“今之为”，《百子全书》本、《指海》本补“君”字，从之。

⑧颠殒：颠覆，覆灭。混冥：混乱，蒙昧。

⑨而不知觉寤于昭明之术：明初刊本等诸世传本作“而事不觉于昭明之术”，马叙伦《邓析子校录》据《淮南子·要略》改“事

不觉”为“不知觉寤”，从之。觉寤：觉悟，觉醒。昭明：光明。

译文

人之常情在于，说法总想胜过别人，做事总想获得成功。所以明智的人因为自己有短处就嫉妒别人的长处，不因为自己的笨拙就嫉妒别人的工巧。言论有可褒扬的地方，就公之于众并予以奖赏；言论有可指责的地方，也公之于众予以惩罚。堵塞邪曲不正的路径，清除邪僻荒诞的端倪，让臣子们闭口不肆意乱说，使亲随们缄默而无从传言插话，这可以称之为明君。做善事的，君主给予奖励；有恶行的，君主予以惩处。依其所以归服而礼遇他，依其所以进仕而酬报他。圣人凭借这一用人准则，所以能使贤能者为其所用。用人有理可循，所以能够治世长久。当今做君主的人，没有尧、舜的才能，而又想效仿尧、舜那样的治理，所以终究会在昏昧迷乱中倾覆，而不懂得觉醒于光明之途。因此，他们空有效仿尧、舜而想达到国家治理的虚名，却对于面前这个乱世的治理无所补益。

忠怠于官成[①]，病加于少瘳[②]，祸生于懈慢，孝衰于妻子。察此四者[③]，慎终如始也。

注释

①忠怠于官成：明初刊本、刘氏覆宋本、《百子全书》本此句作“患生于官成”，《指海》本据《意林》改“患”为“忠”、改“生”为“怠”，从之。

②病加于少瘳（chōu）：明初刊本等诸世传本此句作“病始于少瘳”，马叙伦《邓析子校录》改“始”为“加”，从之。

③察此四者：明初刊本等诸世传本无“察”字，据孙诒让《札迻·邓析子·转辞篇》补。

译文

忠心懈怠往往是在仕途成功时，病情加重往往是在稍有好转时，祸乱发生于警觉松弛时，孝行衰减于娶妻生子时。审察这四者，一个人为人处事就应当谨慎地坚持到最后，一直像开始时那样。

富必给[①]贫，壮必给老，快情恣欲[②]，必多侈侮[③]。故曰：尊贵无以高人，聪明无以笼人[④]，资给无以先人[⑤]，刚勇无以胜人。能履行此，可以为天下君。

注释

①给：敏捷，快捷。

②快：放肆，放纵。恣：放纵，放肆。

③侈侮：大辱。侈：大。

④聪明无以笼人：明初刊本、刘氏覆宋本此句作“聪明无以宠人”，《百子全书》本、《指海》本改“宠”为“笼”，从之。笼：笼罩，遮掩。

⑤资给：天资聪敏，言语变节。先人：指凡事争人之先。

译文

富贵者总会很快贫穷，强壮者总会很快衰老，毫无节制地放纵情欲，必定会招致奇耻大辱。所以说：不要因为高贵就傲视他人，不要因为聪明就掩抑他人，不要因为伶牙俐齿就先声夺人，不要因为刚强勇猛就盛气凌人。能做到以上这些，可以做天下人的君主了。

夫谋莫难于必听，事莫难于必成[①]，成必合于数[②]，听必合于情。故抱薪加火，燥者必先燃[③]；平地注水，湿者必先濡[④]。故曰：动之以其类[⑤]，安有不应者？独行之术也。

注　释

①事莫难于必成：刘氏覆宋本作“事莫难于必威”，明初刊本、《百子全书》本、《指海》本“威”皆作“成”，从之。

②成必合于数：刘氏覆宋本作“威必合于数”，明初刊本、《百子全书》本、《指海》本“威”皆作“成”，从之。

③燥者必先燃：明初刊本、刘氏覆宋本、《百子全书》本作“烁者必先燃”，《指海》本据《艺文类聚》改“烁”为“燥”，从之。

④濡（rú）：沾湿。

⑤动：行动。类：事理。

译　文

谋划最难的莫过于使人必定听从，行事最难的莫过于必定成功，做事想要成功必须合于命数，谋略想被人听从必须合乎情理。所以，如果抱着柴草加到火上，其中干燥的必定先燃烧起来；在平地上灌水，潮湿的地方必定先被浸渍。所以说：依其事理去做，哪会有不相宜的呢？这是唯一可行的办法。

明君立法之后，中程者赏[①]，缺绳者诛[②]。非此之谓[③]，君曰乱君，国曰亡国。

注　释

①中（zhòng）：符合。程：章程，法律。

②缺绳者诛：刘氏覆宋本作“缺渑者诛”，明初刊本、《百子全书》本、《指海》本皆作“缺绳者诛”，据文义，当以后者为是。缺：损害。绳：法度，规矩。

③非此之谓：明初刊本、刘氏覆宋本、《百子全书》本、《指海》本皆作“此之谓”，根据上下文义，不可通。王恺銮《邓析子校正》认为“此之谓”下文有脱漏。王启湘《周秦名家三子校诠》认为下文“乱君”之“乱”训为“治”，而“亡国”之“亡”为“王”之误。此义虽通，但稍显牵强。伍非百《邓析子辨伪》认为“此之谓”上脱“非”字，今从之。

译　文

贤明的君主确立了法度后，对于符合章程的行为就给予奖赏，对于有损于规定的行为就予以惩罚。如果不是这样，那国君就是乱国之君，国家就是将亡之国。

智者察于是非①，故善恶有别；明者审于去就②，故进退无类③。若智不能察是非④，明不能审去就，斯非虚妄⑤？

注　释

①智者察于是非：明初刊本等诸世传本此句皆作“智者寂于是非”，王启湘《周秦名家三子校诠》认为“寂”当作“察”，盖形近而误，从之。

②明者审于去就：明初刊本等诸世传本此句皆作“明者寂于去就”，王启湘《周秦名家三子校诠》认为“寂”当作“审”，从之。审：详究，细察。

③类：通“颣（lèi）”，瑕疵，缺点。

④若智不能察是非：明初刊本、刘氏覆宋本、《百子全书》本此句皆如此，《指海》本作“若智不能是非”，今从前者。

⑤斯非虚妄：明初刊本等诸世传本此句皆如此。马叙伦《邓

析子校录》改“非”为“谓”。马叙伦以陈述句而作此改，若以此句为反问句，则不须改。

译 文

才智是用来明确分辨是非的，这样善恶就有了区别；聪明是用来慎重决定去就的，这样进退才不会有缺憾。若是人的才智不能用来明确分辨是非，聪明不能用来慎重决定去就，这不是很虚妄吗？

目贵明，耳贵聪，心贵公[①]。以天下之目视，则无不见；以天下之耳听，则无不闻；以天下之智虑，则无不知。得此三术[②]，则存于不为也[③]。

注 释

①心贵公：刘氏覆宋本作“心贵聪”，明初刊本、《百子全书》本、《指海》本皆作“心贵公”，从后者。

②得此三术：刘氏覆宋本作“得此四术”，明初刊本、《百子全书》本、《指海》本皆作“得此三术”，从后者。

③则存于不为也：刘氏覆宋本作“则有于不为也”，明初刊本、《百子全书》本、《指海》本皆作“则存于不为也”，从后者。存：掌管，管理。可引申为治理。不为：无为。

译 文

眼睛贵在看得清楚，耳朵贵在听得明白，心志贵在公正无私。凭借天下人的眼睛去看，则没有什么看不清楚；凭借天下人的耳朵去听，则没有什么听不清楚；凭借天下人的心智去思虑，则没有什么不可知晓。懂得这三种办法，就可以无为而治了。

图书在版编目(CIP)数据

商君书·慎子·邓析子/(战国)商鞅,(战国)慎到,(春秋)邓析著;田国梁译注.—南昌:二十一世纪出版社集团,2017.3

(线装中华国粹系列)

ISBN 978-7-5568-2445-8

Ⅰ.①商… Ⅱ.①商… ②慎… ③邓… ④田… Ⅲ.①商鞅变法②法家③名家④《商君书》—译文⑤《商君书》—注释⑥《慎子》—译文⑦《慎子》—注释⑧《邓析子》—译文⑨《邓析子》—注释 Ⅳ.①B226 ②B225.1

中国版本图书馆 CIP 数据核字(2017)第 003764 号

商君书·慎子·邓析子 (战国)商鞅 (战国)慎到 (春秋)邓析 著 田国梁 译注

策　　划 张秋林
责任编辑 周向潮　张波虹
出版发行 二十一世纪出版社集团(江西省南昌市子安路75号 330009)
www.21cccc.com　cc21@163.net
出 版 人 张秋林
经　　销 全国各地书店
印　　刷 南昌市印刷十二厂有限公司
版　　次 2017年3月第1版　2017年3月第1次印刷
印　　数 0001 ~ 10000册
开　　本 787mm × 1092mm　1/16
印　　张 20
字　　数 268千字
书　　号 ISBN 978-7-5568-2445-8
定　　价 24.90元

赣版权登字—04—2017—103